《奴隶船》
J. M. W. Turner (1775—1851)

Slavers Throwing Overboard the Dead and Dying: Typhoon Coming On, 1840
Oil on canvas, 90.8 × 122.6 cm
Museum of Fine Arts, Boston

海国图志

上海世界观察研究院 主办

在灵泊深处

西洋文史发微

林国华 著

北京大学出版社
PEKING UNIVERSITY PRESS

奥林波斯诸神创造了第二代种族……白银种族，
这个种族的孩子在其善良的父亲和母亲身旁一百年长大，
语言贫乏，在家里孩子气十足地玩耍。

Però che gente di molto valore
conobbi che'n quel limbo eran sospesi.
Dante Alighieri, *Inferno*, IV. 44—45

目　录

《在灵泊深处》读后

读完国华的《在灵泊深处》，我心中充满了年长者对年幼者的震惊、崇拜和钟爱。20余年前，我将国华从青海一所偏僻的大学，在成绩还差几分的条件下强力引进到全国最高学府北京大学，我至今认为这是我毕生所为的一件最重要、最正确、最有价值的事。我并不认为今天我真有条件来为这本充满灵气和智慧的独特的书作序，国华所论及的书籍资料比我曾阅读过的远为广博，他所思考的问题比我所曾思考过的远为深邃透彻。我之所以不惮浅薄来写这篇序，只是因为他所走的正是一条我心向往之而终未能至的路。我崇尚广博，追求多思，总想超越时空，看到更广阔的思想世界和现实世界。然而，岁月不留，我如何再能追回那20余年在政治扰攘中抛洒的岁月呢？我如何再能坐拥图书馆，天南海北读想读之书，作想作之冥想呢？转眼我已是80余岁，这一切都已成为不可能。然而，国华正走在我想走的路上，我至少可以尾随他再追寻年轻时的旧梦！

看过这本书的人，可能首先都会惊诧于作者深广的阅读。他围绕中世纪哲学的核心命题，深入辨析了哲学与神学、理性与启示、智慧与风习等各个方面。过去，谈起中世纪，我们多半只会想起宗教裁判所，严酷压制，监禁、火刑，总之是"黑暗的中世纪"。国华的文史政治随笔却使我们眼界大开，为我们展开了全然不同的场景和思绪。

他总是带着问题，寻本溯源，不作泛泛的阅读。例如在读阿维罗伊撰写的巨著《“矛盾论”的矛盾》时,他带着哲学与宗教的区分这个问题,进行了追根究底的深入思考,最后得出结论,这种区分“存在于哲学家的知识与民众的宗教(习俗)之间的深刻差异:前者是恒定不变的,因为它起源于恒定不变的自然,而后者则是人为的,所以变动不居,因为它的起源是立法者。所谓哲学,世间只有一种,所谓宗教(习俗),则可有百态。因此,哲学无所谓优劣之分,但是,宗教(习俗)却一定要分出个优劣,并且服膺严酷的、绝不滥情的优胜劣汰的万民法则”。这种区分是否正确自当别论,但它却为读者进一步思考开辟了空间,带来了新的启发。

寻本溯源并不是轻而易举,一蹴而就的,这需要在广泛阅读的基础上融会贯通,广泛联系。我很喜欢《在灵泊深处》中的一篇不长的短文“政治哲学如何研究‘血’?”这篇文章从政治哲学家施特劳斯(Leo Strauss)在《思考马基雅维里》的一个不起眼的脚注中的一句话,开发出深邃而广阔的联想。施特劳斯指出:“血”是一个极为敏感,又极为根本的政治哲学论题。政治哲学最崇高的研究主题是“建国”,而最棘手的研究主题则是“革命”。“建国”与“革命”无往不是血淋淋的事情。国华进一步推论,在“血”这个论题上,政治哲学与政治史二者几乎没有那种通常存在于理论与现实之间的巨大差别。他适时地引用了伏尔泰在《风俗论》序言中提供的一份可怕的杀人数据,其依据就是《圣经·出埃及记》:

利未人膜拜摩西的兄弟所铸的金牛之后共被杀死 23000 人;

因可拉反叛摩西事件而被烧死 250 人,被耶和华降瘟疫杀害 14700 人;

因一个百姓与米甸女人睡觉而被耶和华降瘟疫杀害 24000 人;

因以法莲人口音不准,将“示播列”(Shiboleth)读成“西播列”,被斩杀 42000 人;

因和便雅悯人发生内讧共死约 85000 人;

伯士麦人偷看约柜而被处死 50070 人。

合计:239020 人

《出埃及记》的主题是摩西的“建国”,而《启示录》的主题则是“末世论革命”,前者事关“起源”,后者事关“终点”。国华认为在“起源”和“终点”的地方,政治最具血腥味儿。政治技艺的精髓就体现在对这种知识同时进行巧妙的掩盖和揭示,也就是适度的“启蒙”与适度的“蒙昧”。因此,成熟稳健的政治行动与政治教诲只存在于“启蒙”与“蒙昧”之间的微妙地带,在这里,血的殷红色并没有被全部掩盖,但无疑会被稀释,从而让嗜血的人变得节制,让晕血的人变得勇敢。有了勇敢与节制这两个基础德性(cardinal virtues),建造一个运转良好的正义、睿智的共和国的基本石材就算是到位了。施特劳斯说过,既“启”又“蒙”才是正确的启蒙,他说,西方政治思想史上只有柏拉图和迈蒙尼德娴熟地掌握了这项复杂的技术。这篇小文章充分体现了国华的博学多思,和广泛联系的才情。

国华在自己的书中从不提及西方中世纪与中国的关系和联想,但这种潜在的关联存在于文章各处的字里行间。例如上面谈到的“血”和“启蒙”与“蒙昧”之间的微妙地带就使人不能不联想到中国历史上的建国与革命。这样的篇章还很多,“博丹的‘和声正义’”就是其中很值得玩味的一篇。在这篇文章中,国华指出,博丹的贡献是在传统的“分配正义”与“交换正义”的分类之外,提出了一种特殊的“和声正义”(la justice harmonique)。这种正义是正当的分配奖赏与惩罚,它必须和谐地兼顾交换正义与分配正义的原则。在这里,国王与臣民的关系宛如父子,因为他在他们之中施行和声正义。特别有意思的是国华另外引用了博丹一部很有趣的书《七个智者论崇高事物的秘密》,这部书假想了七个智者在一座风景美丽的私人花园里,围坐在一起,讨论人世间最崇高的事物。七个智者来自不同的哲学、神学与宗教派别,代表着七种看待世界与真理的伟大传统:自然哲学家、加尔文派神学家、穆斯林、罗马天主教神学家、路德派神学家、犹太人以及怀疑论者。七智者针对终极的问题分别提出最终立场,并由此展开为期数天的讨论。“讨论在欢愉和平的氛围中展开,没有肉身性的意气和怨恨,只有心灵与智慧的交流和触碰。那崇高的、秘密的真理,在七位智者用睿智的言辞所谱成的‘和声’中,庄严神圣地向世界敞开和呈献”。这里所描绘的那座美丽的庄园,正是博丹理想中的、实行“和声正义”的“君主国”。这里从不提起中国,更没有“比较”之类肤浅的表面文章,但它时时激起你有关中国的联想。例如以上关于“和声正义”的谈论总是会让你想起中国的“和而不同”、“君义臣忠”,“兄友弟恭”,“道并行而不悖”、“极高明而道中庸”等等,还有那些在齐国的宫廷里“坐而论道”、“议而不治”的“稷下学士”。这种遥远的“共鸣”,也许就是刘勰所说的“秘响旁通”吧。

《在灵泊深处》虽是文史与政治典籍随笔,却不乏感情充沛,令人动情的段落和篇章。在本书的“自序”和末章“‘灵泊’里的婴儿”中,我们可以深深体味到作者和他的小女儿茌兮小朋友朝夕相处的那些快乐日子和无限深情。他所向往的是古希腊诗人赫西俄德描写过的那个奇妙的“白银时代”,那里的人都是孩子,他们围着善良的父亲和母亲终日玩耍,一百年都长不大。作者生造“灵泊”一词用来翻译但丁《地狱》中的 Limbo,也是充满了美丽的想象和动人的情怀。在作者笔下,“灵泊”是地狱的第一层,“是一处点缀着青翠草坡、美丽小河的地方”。但丁称之为 Limbo,意从拉丁语 Limbus,自然是取了阿刻隆河的青青草畔或九重地狱之最外缘的意思。在但丁的地狱里,Limbo 是唯一一处没有惩罚、林青木秀的地方,它收留了一些非常特殊的亡灵,即那些早逝的婴儿。这些婴儿本就纯净无瑕,正在走向一处“更加美好、更加神圣的领域”。他们的灵魂未曾受到身体强加给它的扭曲和约束,只在身体中逗留片刻便被更高的力量解放,很快就进入到它源初的自然状态。作者高远的想象和对纯洁的追求跃然纸上,远远超出于一般学术政论的写作,而给人以美好的文学享受。

又如在“读亚里士多德《天象论》第一卷有感”中，我们本来预期读到一篇解释自然科学和哲学的文字，但我们读到的却是：“露下霜凝的奇妙现象唤起了我的好奇，字里行间的‘寒冷的地带’、‘温和季节和温和的地区’以及‘晴朗的日子’等等此类表述时间与空间的文字，似乎是一种神秘的索引，把我的思想带到一个遥远的地方和遥远的年代，在那里，夏日清晨的麦穗上跳跃着初生的、潮湿的阳光，而深秋时分，西风骤起，冷硬的严霜给贫瘠的土地涂上一层肃杀与庄严。——在这世上，还有什么比空间的隔离与时间的隔绝更能称作令人痛苦的变易无常呢？童年时代、童年时代的乡村生活以及其中的风霜雨露……这一切的确越来越远了。——阅读《天象论》的时候，突然被这种感触深深淹没”。亚里士多德的“自然科学”讲稿竟然让作者如此感伤，并从此又引出一段古希腊诗人赫西俄德的描述：“在菊芋开花时节，在令人困倦的夏季里，蝉坐在树上不停地震动翅膀尖声嘶叫。这时候，山羊最肥，葡萄酒最甜，女人最放荡，男人最虚弱。那时候天狼星烤晒着人的脑袋和膝盖，皮肤热得干燥。在这时节，我但愿有一块岩石遮成的阴凉处，一杯比普里诺斯的美酒，一块乳酪以及老山羊的奶，尚未生产过牛犊的放牧在林间吃草的小母牛的肉和初生山羊的肉。我愿坐在阴凉下喝着美酒，面对这些美味佳肴心满意足；同样，我愿面对清新的西风，用长流不息的洁净泉水三次奠水，第四次奠酒”（《劳作与时日》，584—595）。作者略带感伤地说：“赫西俄德笔下的劳作世界与亚里士多德笔下的严霜薄露一样，都已经远去了。山羊、母牛、菊芋花开、云中燕子、还有心急如焚的农夫……这一切就像童年时代的霜露，早已幻化成不知所踪的云气，翩然留驻在了另外一个我永远回不去的地方和年代。”在这些动人心魄的抒情之后，博学的作者陡然笔锋一转，引述了一段亚里士多德的哲学结论，从而使得作者空灵的抒情得到坚实的理论依靠：“于是，这就明白了，既然时间是无限的，宇宙是永恒的，无论泰那河或尼罗河，都不能无休止地长流，它们现在的径流,从前就曾是旱地。它们的活动有尽,而时间恰是无限的……在时间的历程中,一切都在演变。那么,当忽然发觉有一个年代、有一个地方永远回不去的时候,人们可能也就泰然处之了”。

总之,这是一本真诚而美好的书。人们不仅可以从这里获得知识,激发思考,而且可以从字里行间去寻找隐秘的潜流,得到充沛的发现的喜悦和动人心魄的美的感受。

是为序。

乐黛云

2013 年 1 月 31 日

北京大学 朗润园

代序:但丁《神曲·地狱篇》中的“灵泊”小议

笔者用“灵泊”翻译但丁《神曲·地狱篇》中的Limbo。这个词很早就有人使用过,比如维吉尔、奥维德、瓦罗等等,以维吉尔最著名。文艺复兴初期,但丁在《神曲·地狱篇》第四歌中从哲学与神学的层面使其获得了不朽的意涵。汉语学界对Limbo的认识大都来自但丁,其次是维吉尔。

这个词的中文翻译有好几种,其中以“林勃”最盛行,但也是比较粗陋的。这个译法出现在田德望(人文版,2004)和黄文捷(译林版,2005)两位先生的译本中。杨周翰先生在他的维吉尔《埃涅阿斯记》中译本(译林版,1999)里也采用了这个译法。从“出版说明”和“译者序”中,我们得到如下信息:杨周翰先生在1983年初完成《埃涅阿斯记》的中译工作,田德望先生翻译但丁《神曲》则始于1982年,成于2000年。在没有更多参考资料的前提下,仅就这些信息而言,笔者很难确定“林勃”的译法是哪位先生首创。不过,这并不重要,重要的是针对译法本身的探讨。

不难看到,“林勃”只是简单的音译,看不出推敲琢磨的痕迹,但丁的中国读者和研究者风而习之,这个译法也就逐渐盛行起来了。也有人对这个译法稍稍动了点手术,译为“林勃狱”(张曙光,广西师大版,2005),这个译法有了点实际的意义指涉,即“狱”,但是这个意思与但丁原意似乎相左,因为Limbo的地理位置虽然居于所谓“地狱”的第一层,但其实是“地狱”的最外围,仔细推究,可以发现其中并没有惩罚,和“狱”的意思难以勾连。我们知道,在但丁构筑的罪与罚的精致的世界里,惩罚行为是以“审查罪行,做出判决”为先行前提的,这是由判官米诺斯(Minos)负责督办的,但是,米诺斯却把守在地狱的第二层入口。换言之,第一层 Limbo 中的灵魂不受审查,自然也就不获刑罚。另外,对应于地狱的惩罚,但丁所构想的罪行主要依据亚里士多德与基督教传统中的德性学说,在地狱获刑受苦的灵魂,其前生都有悖于以上伦理与德性标准,Limbo 中的两类亡灵(古代贤人与早夭的婴孩)应该不在此列。所以,“林勃狱”的译法不够准确。依此类推,所有用“狱”的 意思来翻译 Limbo 的做法似乎都不可取,比如朱维基先生的“林菩狱”(上海译文版,1990)。不过,可以看到,朱先生的“林菩”这个译法似乎暗含佛家思想的玄机,在保留音译的前提下,比“林勃”又多了一层提示读者深思的哲理空间,因此,这个译法值得赞赏。同样的情况也适用于钱稻孙先生的译法,他在《地狱》第二曲的注释里把 Limbo 译为“林卜”(《神曲一脔》,商务印书馆,1924)。

讲到但丁 Limbo 中没有惩罚这个哲学问题,这里值得插一句题外话,那就是,和但丁不同,在维吉尔的笔下(《埃涅阿斯记》第六卷),作为审判官的米诺斯的确出现在 Limbo 中,而且维吉尔的 Limbo 中也存在惩罚,在 Limbo 入口处,也有看门恶犬刻勃路斯把守着地狱的道路,这样看起来,维吉尔的 Limbo 似乎就很接近中文里以“犬”为偏旁的“狱”的意思了,但是,要知道,整个看来,维吉尔构想的只是古代异教世界一直沿用的“冥界”(Hades)理念,严格来讲,异教的“冥界”并不具备但丁以“惩罚”为思想纲领所构建的更加博大复杂的基督教传统中的“地下监狱”(Inferno)的特征。这个问题需要另外专文讨论。正是考虑到但丁的 Limbo 中不存在惩罚,所以王维克先生的“候判所”(人文版,1983)这个译法也是不准确的。Limbo 中的亡灵不受审判,他们永远悬在半空,地狱的永罚和天堂的至福与他们都没有关系,正像但丁说的,他们既不期盼,也不等候,不抱希望地存在着,因此,“候判”也是有违但丁原意的。另有一种译法是“幽域”（黄国彬，九歌版，2003），这当然是意译，Limbo 固然是一处“幽域”，然而，整个九层“地狱”不都是“幽域”吗？所以，这个译法过于宽泛，并没有呈现出 Limbo 的独特本色。

维吉尔以降，Limbo 已成为西洋文学创作的基本语汇，后来也多有作家使用这个词，且大都沿袭但丁的意思。法国作家图尔尼埃（Michel Tournier）写过一部作品叫做 *Vendredi ou les limbes du Pacifique*，题目里就用了 Limbo 这个词。这个题目被王道乾先生翻译为《礼拜五——太平洋的灵薄狱》（上海译文出版社，1994）。Limbo 被王先生译为“灵薄狱”。粗看起来，这应该是迄今最好的译法，尤其是“灵薄”两字颇得神韵，因为地狱中的亡灵皆不具肉身，轻盈单薄。但是，这个译法似乎仍然经不起推敲。首先，如前所述，Limbo 之中没有惩罚，所以不应该做“狱”的理解；删掉“狱”，则仅剩下“灵薄”，虽然与 Limbo 的读音丝丝入扣，但却毫无实际意义。其次，“灵—薄”二字固然得“薄—灵”之神韵，即地狱中的亡灵皆不具肉身，轻盈单薄，但是，“薄灵”乃是九重地狱之中的亡灵的共性，不唯独是第一层 Limbo 之专属。这和黄国彬先生的“幽域”译法有着类似性质的失误，只不过前者的失误起因于音译，后者则起因于意译。

要想译好 Limbo 这个词，首先可能要从它的“边缘”这个有着空间指涉的本意着手，然后再推敲维吉尔或者但丁的文本赋予它的深意，最后再考虑这个词的发音问题。笔者初读但丁之时，发现 Limbo 中矗立一座城堡，于是就用“灵堡”迻译，但是这有两个困难；其一，在维吉尔那里，Limbo 中没有城堡，其二，在但丁那里，固然出现了一座城堡，但 Limbo 本身的主要地理景观却是一片原野，那座城堡也只是 Limbo 的一部分，还不足以涵盖 Limbo 的全部意思，所以，“灵堡”的译法并不合适。后来，际遇巧合，二零零六年初秋，我在西南一隅讲授《神曲·地狱篇》，一日，雨后黄昏，与诸学子登歌乐山，山野中散落着很多烈士墓和无名者墓，令人顿生忧惧与感伤之意，加上这座山终年林青木秀，雾霭沉沉，颇多水意，在地理貌相上虽然不似但丁笔下的 Limbo 那么平坦,但是,其精神性的意蕴却与后者神似,心中顿时浮出“灵泊”二字。

在但丁笔下,Limbo 是一处点缀着青翠草坡、流淌着一条“美丽小河”的地方。之所以用 Limbo(边缘)这个词,乃是因为这个地方毗邻阿刻隆河的河畔,而且也是九重地狱的最外缘,更是不被天堂圣光恩泽的地方——它地地道道是个放逐之所在。在维吉尔那里,Limbo 也得到浓墨重彩的描绘,其地理貌相没有但丁笔下的 Limbo 那样明丽清秀,而是略呈黯淡苍茫,有“哀伤的原野”(*lugentes campi*, VI. 41)之谓,不过,其中却也有广袤森林、通幽小径这样的别致风景(Hic, quos durus amor crudeli tabe peredit, secreti celant calles et myrtea circum silva tegit. VI. 42—44. Inter quas Phoenissa recens a volnere Dido errabat silva in magna. VI. 51)。可以看出,Limbo 的地理貌相与水和草有重大关联,可以称得上是一处青青草畔、雾霭茫茫的灵魂国度。

“泊”,古汉语亦通“薄”。《说文解字》:“浅水也”,这与 Limbo 的地理情状并不存在背离。罗马诗人奥维德(Ovid)《变形记》中有 tenues undas(浅水)一语,或可粗略对应汉文言中的“泊”。在奥维德的理解中,tenues undas(泊)是一片纯粹的无主之域,不为私人占有和圈闭,保留着大自然所赋予的原始自由(nec solem proprium natura, nec aera fecit, nect tenues undas. *Metamorphasis*, VI. 349—351)。另外,在但丁的构想中,九层地狱分别被三条河泊所围困,担当护城河与界河的作用,其边缘的意思判然可见。同样,“泊”的“边缘”涵义也可以从“法”的字源讲究中得到进一步佐证。《说文解字》:“灋(即‘法’字),刑也。平之如水,从水;廌,所以触不直者去之,从去”。“从水,从去”,可以联想为“放逐到水那边去”,即从政治共同体中驱逐到水泊那一边。这样,“泊”不仅呈现出了 Limbo 的基本地理貌相,更含有“放逐”的文学寓意,而放逐,正是流亡中的但丁在 Limbo 中为古代异教诗人、哲学家和政治家所寄托的深意,也是其中亡灵所承受的唯一“惩罚”——如果那也算得上惩罚的话。

综上所述,用"灵泊"这个词来翻译Limbo似乎比较稳妥。其一,"泊"体现出了Limbo的地理情状;其二,"泊"隐含有"边缘"与"放逐"的意思;其三,"灵泊"中的"灵",自然当是亡灵的意思;其四,从该词的读音角度看,"灵泊"与Limbo也能够对应。这样,从"信达雅"三重判准考究起来,"灵泊"二字与Limbo可以大致匹配。

最后想指出的是,这篇小文的立论仅仅是尝试性的,故以"小议"命名之。要想最终为Limbo一字寻到更加合适的中译,仍然需要针对其来源做更深入的探究。这意味着,我们需要回到希腊的古老语境,感受Elysion(Elysium = Elysian Field)这个古字所能够向但丁展示的高贵而又略带感伤的丰沛涵义。

可以作为初步提示的是,Elysium这个词是"乐土"的意思。古希腊诗人认为,英雄们的灵魂在那里度过死后的永恒时光。在古希腊文献中,有三处文献奠定了古人对Elysium的想象:其一,赫西俄德《劳作与时日》第160—172行对大海深处的"幸福岛"的刻画。其二,荷马《伊利亚特》第23卷第103—104行,帕特罗克洛斯的亡魂向阿喀琉斯显现之际,阿喀琉斯的喟叹:"啊,这是说在哈德斯的宫殿里还存在某种魂灵和幽影,只是没有生命。"其三,荷马《奥德赛》第4卷第561—568行:"宙斯抚育的墨涅拉奥斯,你已注定不是死在牧马的阿尔戈斯,被命运赶上,不朽的神明将把你送往埃琉希昂(Elysium)的处所,居住在那里的人们过着悠闲的生活,那里没有暴风雪,没有严冬和淫雨,时时吹拂着柔和的西风,轻声哨叫,大洋神奥克阿诺斯遣它给人们带来清爽。"这些对Elysium的原型般的描绘激发了古希腊诗人们更加大胆地想象死后世界,所以有了俄而弗斯、赫拉克勒斯、奥德修斯等神话人物勇闯冥界的事迹,这极大地丰富了古希腊人对冥界与来世的文献记述。在他们的文献基础上,罗马诗人维吉尔在《埃涅阿斯纪》第6卷构想了爱涅阿斯漫游冥界的著名史诗情节,在这位拉丁诗人浓墨重彩的刻画中,古希腊英雄亡魂们的"乐土"终于以一片青青郊原的样子出现了,这是一片欢乐的原野,泛着紫色的光芒,被赐福的魂灵栖居其中,更加奇特的是,这里有着属于它们自己的天宇、太阳和星辰(His demum exactis, perfecto munere diuae, deuenere locos laetos et amoena uirecta fortunatorum nemorum sedesque beatas. Largior hic campos aether et lumine uestit purpureo, solemque suum, sua sidera norunt. VI. 637—641)。另外,据埃及学学者阿斯曼(Jan Assmann)的语源考证,elysium 来自埃及文 ialu,即英文所谓的 reeds(芦苇),reeds fields,即埃及文的 sekhet iaru,芦苇荡,或可引申为象征着田园诗的"芦笛"。(Jan Assmann, *Death and Salvation in Ancient Egypt*, Cornell University Press, 2001, p. 392.)荷马在《奥德赛》第24卷开篇和第11卷第538—540行也确证了在Elysium中生长着长春花(asphodel),那是一片常青常绿的梦幻所在、雾霭蒙蒙的灵魂国度。

欧忒尔佩的魔笛

哲人不进城

政治哲学家施特劳斯对“建城”问题有着特殊兴致，他终生致力于研究“耶路撒冷”和“雅典”这两座城，但似乎从来没有打算在其中任何一座城定居下来。他也许看透了这两座城的建筑结构以及其中的生活律法，却没有心思进城去做一个普通公民。

施特劳斯从他的第一权威柏拉图那里知道，任何一座城的构建都致力于对自然“整全”的模仿，然而，对于“整全”，凡人并不具备明确的知识，所以，任何一座城都有着足以导致自身毁灭的天生的漏洞和缺陷。这也许就是施特劳斯不进城的原因所在。——“耶路撒冷”和“雅典”的生活律法，不管来自神启还是自然，都不足以安顿这位哲人的生活。这就像那个古代神话中的彭忒乌斯(Penteus)一样，不进城，实在是因为进不去城，进不去城，则是因为无城可进。卢梭是另一个例子，只不过在他那里，这种感情表露得太过尖刻。

因为自己公民身份的归属的问题，卢梭苦恼了一辈子，他性格里的优柔寡断在这个问题上得到最清楚的体现。在《忏悔录》和其他作品的“献辞”中，下面措辞比比皆是：“我决不想居住在一个新成立的共和国里”、“我愿意选择这样一个国家作为我的祖国”、“我情愿生在这样一个国家……自由地生活，自由地死去”、“假如对于出生地也可以选择地话，我一定会选择这样一个国家”、“我将选择一个立法权属于全体公民的国家作为我的祖国”、“我特别要逃避一个因下面的情形而治理得不好的国家”等等。与此一致的是，卢梭时而满足于做一个日内瓦公国的公民，用极其恶毒的言辞诋毁

“世界公民”，时而又洋洋自得地宣称自己就是一个“世界公民”，并用同样恶毒的言辞诋毁共和国的德性。

有人把卢梭惶惶不可终日的人生视为“民族国家”时代所特有的“身份认同危机”问题，但这是个肤浅的解释，并没有触及问题的核心。真实的情况可能是，卢梭的彷徨所彰显的是深埋在人类灵魂的原始底层的不安全感，正像《论人类不平等的起源和基础》所提示的，这是一种对“政治状态”的恐惧，一种迟迟不愿进入政治生活的犹疑，一种对任何意义上的“身份认同”的怀疑，一种对任何意义上的“身份”的不认同，一种在本体论—生存论意义上的“不认同”，简言之，一种对人类和世界的怀疑、警惕、甚至仇恨，这是一种“建城之前”的感情，一种自然状态里的野蛮人面对城邦文明所特有的感情。在《爱弥儿》里，卢梭把这种情感化作了对亚里士多德的坚硬抵抗：人天生并非政治的动物。

同样都是“不进城”，卢梭尖刻，施特劳斯淡然，原因在于，施特劳斯立足于“立法者”的政治智慧，而卢梭却立足于“自然人”新鲜锋利的洞察。——施特劳斯的立足之处乃是哲学的终点，而卢梭的立足之处正是哲学的起点。从新生婴儿的第一声尖厉啼哭到风霜老者的淡然承受，哲学始终都不曾进城。

值得一提的是，卢梭在任何形式的国家或者政治体中都感到了敌意，似乎政治生活本身就是他的天敌。只有“自然状态”——那个“过去不曾存在过、将来也不会存在的状态”才能最终把这个躁动不安的灵魂安顿下来，就像《一个孤独漫步者的遐想》所记述的那样。甚至在那里，他所谓的“安宁”、“神一样的幸福”、“存在的美妙感觉”，等等，仍然浸满了不安。海市蜃楼般的“自然状态”不仅惑乱了卢梭的人生，也惑乱了他身后的世界。对此，卢梭早已了然于胸：

> 我所要谈的时代已经很遥远了。我觉得的确有这样一个时代，人们会愿意停留在那里：你将会追寻你愿意整个人类在

那里停留的那个时代。你不满意你的现状,由于种种原因预示着你的不幸的后裔将会感到更大的不满,所以你或许愿意能够倒退。这种感情无异于对你的始祖的颂扬;对你的同时代人的批评;而且也会使不幸生在你以后的人感到震惊。

(《论人类不平等的起源和基础》本论.7)

卢梭人生的无所适从使得他在《论人类不平等的起源和基础》"序言"中引用的讽刺诗别具意味:"神曾命令你做什么样的人?/你现在在人类中占着什么样的位置?/对此你应当有所领悟。"(Quem te deus esse iussit et humana qua parte locatus es in re. Persius, *Satura*, III. 71—72.)

“那杀身体的杀不了灵魂”

霍布斯用圣经《约伯记》里的凶兽“比希莫特”(Behemoth)象征混沌无序的状态,它似乎是出自神的作品,尚未烙上人的意志、技艺和智慧的印记。这种状态被晦暗不明的神意所笼罩,遭受着“运气和暴力”的摆布,这是一种一切人反对一切人的战争状态(Omnia in omnes),霍布斯称之为悲惨的“自然状态”(status naturalis)。

为了克服“比希莫特”的暴力和捉摸不定的偶然性,霍布斯仍然援引圣经《约伯记》而创制了一头更加凶猛的海中怪兽“利维坦”(Leviathan),以此象征政治状态及其强大的主权者,它的任务是用律法来终结比希莫特所主宰的自然状态。在这个领域,霍布斯一再强调,主权者的权力必须触及臣民的听觉、视觉乃至触觉,因为“没有有形的力量使人们畏服、并以刑法之威约束他们履行信约和遵守自然法时,自然状态中的战争状况便是人类自然激情的必然结果”(《利维坦》第十七章开篇)。这一政治慎虑具有古老的渊源:古代希腊诗人赫西俄德在其《神谱》中对“人神之父”宙斯的权力象征的描述中,刻意提到了三件东西:闪电、雷霆、霹雳——“宙斯使了浑身力气紧握武器——雷霆、闪电和惊人的霹雳,从奥林波斯山跳起来轰击这个怪物,灼烧他所有怪异的头颅”(赫西俄德《神谱》690—691,699—700)。——闪电触及视觉,雷霆则触及听觉,霹雳则诉诸身体的触觉,其中,霹雳的威力最大。

罗马哲人塞涅卡(Seneca)在他的《自然问题》第二卷第四十四章曾经讨论了宙斯的“霹雳”。他认为,霹雳正是主权者权力的象征。

他说，在古代人的理解中，如果宙斯发出的霹雳有时候比较微弱的话，那就是在教导那些执掌刑罚的人间主权者要量刑而施罚，不可一成不变地滥用重典。

按照亚里士多德的哲学观点（《形而上学》开篇），在人类的诸种感官中，视觉最高贵，而触觉最低贱，因为前者接近言辞（logos）和哲学，后者则深植于身体与物质。赫西俄德对宙斯三种权力刻画暗示了这样一个道理：对于最低贱的势力的驯服必须借助最强暴的权力，那就是能够触及身体的权力，比如惩罚权和战争权等。在这个意义上，不难理解，为什么霍布斯的《利维坦》开篇就是对身体（body）及其运动（其实就是冲突、战争）的讨论。——政治技艺的精髓其实就是安排好人类身体的秩序，这一点使政治深刻地区别于旨在用论辩和修辞教养人类灵魂美德的哲学力量。正如西塞罗的格言："在修正人类的过犯上，法律和哲学大相径庭：法律止于那些粗糙可触的东西，即身体，而哲学则达于理性与智识之领域，即灵魂。"（《论公职》，第三卷第十七章，Sed aliter leges aliter philosophi tollunt astutias, leges quatenus manu tenere possunt, philosophi, quatenus ratione et intelligentia.）

只有身体才是主权者权力所能触及的东西。对于这一点，没有谁比塞涅卡理解得更深刻：Errat si quis putat servitutem in totum hominem descendere; par enim melior excepta est. Corpora obnoxia sunt et ascripta dominis, mens sui iuris est。——认为奴役的状态透入了被奴役者的存在整体的至深之处的想法是错误的；他的存在中的优质部分并不受奴役：只有身体被主人役使，而精神依然独立（《论恩惠》第三章）。也许就是因为这个原因，君士坦丁大帝曾经称自己为"统治外在事物的大主教"（episkopon ton ektos），在这位帝王看来，"内在王国"与他的外在的政治权威没有直接关系，它只接受神的管辖，因为只有神的智慧才能够探达人心的幽暗所在（Solus autem Deus est kardiognostes. Hugo Grotius, *De imperio summarum potestatum circa sacrua*, caput iii. i）。

上面这种思想的根本原则距离斯宾诺莎在《神学政治论》最后一章的结论仅仅一步之遥：没有人将因为思想而遭受惩罚(Cogitationes poenam nemo patitur)。在这个意义上,《神学政治论》最后一章与其说补充了《利维坦》,不如说提示我们记住亚里士多德针对政治生活与沉思生活的古老区分。

灵魂世界的装饰品，政治世界的缄默者

1994年秋，我进北京大学比较文学研究所读书，跟从乐黛云和刘小枫两位先生研究19世纪俄罗斯文学与宗教哲学，尤醉心于陀思妥耶夫斯基、别尔嘉耶夫、舍斯托夫等人，沿着这些人的足迹，我甚至追踪到了与“俄罗斯灵魂”息息相关的德国神智论大师雅各·波墨（Jakob Böhme，1575—1624），此人是个补鞋匠，撰写了极端神秘主义二元论著作，在黑格尔的《哲学史演讲录》中所占篇幅之大仅次于康德和斯宾诺莎。在这一群人之中，舍斯托夫（Lev Shestov）留给我很深刻的印象，我仍然记得，董友先生翻译的有着绿色封皮的《在约伯的天平上》被我翻了好几遍。

作为一位19世纪末的俄罗斯思想家，舍斯托夫接受并陶醉于犹太启示思想，并据此诋毁自然理性和世俗哲学与政治生活。在《在约伯的天平上》、《旷野呼告》、《雅典与耶路撒冷》以及对陀思妥耶夫斯基与尼采的研究中，他对斯宾诺莎这位被革除犹太教籍的哲学家的道德义愤是罕见的，斯宾诺莎有一句话使舍斯托夫尤其感到不适，这句话几乎被舍斯托夫当成西方受诅咒的理性主义的标签：

> 当谈论人世间时，决不应当讥讽、悲哀或诅咒，而应当首先去理解。（《政治论》I. i）

犹如当年的摩西站在犹太子民的流亡路与肥美的迦南地之间一样，斯宾诺莎发现自己作为一个犹太政治思想导师正站在屈辱的古代与未知的现代之间。“当谈论人世间时，决不应当讥讽、悲哀或诅咒,而应当首先去理解”,这项关于思考习性的建议对于斯宾诺莎自己的民族而言有着深刻的政治含义,它关系到他的“摩西式”的政治使命:通过把犹太民族的思想习性从漫长的“被侮辱与被损害的”的道德怨诉转变为对公正、理性和坚韧的政治意志的健全的热爱,斯宾诺莎试图把丧失了独立与自由的犹太民族从屈辱的神学—政治命途中解救出来,并且以安静和平的“公民”身份、而不是以虚荣好战且屡战屡败的“选民”身份安顿在现代世界。在这个意义上,斯宾诺莎的全部著作都可以冠之以“新出埃及记”的副标题。

“当谈论人世间时,决不应当讥讽、悲哀或诅咒,而应当首先去理解”,这句格言遥遥呼应着罗马帝国中期哲学家、政治家塞涅卡的斯多亚式的坚韧:

> 这个俗世中的事情是渺小琐屑的,我们之所以决定还要在其中活下去,是因为它还有值得研究的地方。(Pusilla res hic mundus est, nisi in illo quod quaerat omnis mundus habeat. Seneca, *Naturales quaestiones*, vii. 31. 2)

和帝国斜阳中的塞涅卡一样,洞穿人世的斯宾诺莎同样表达了一种坚定的政治与思想意志:要按照人世的本来面目去看待人世,而不要按照我们所希望的样子去想象这个人世。(《政治论》I. i—iv,《神学政治论》,序言。)

舍斯托夫对斯宾诺莎的道德义愤的源头并非他本人声称的所谓圣经启示真理,而是他自己所属的俄罗斯民族历史处境。自身民族的悲惨历史虽然无法改变,但是这却可以给舍斯托夫一个倾泻民族怨恨与生存苦闷的契机,他甚至陶醉其中,几近于审美。这才是舍斯托夫政治神学的要害所在,也是19世纪俄罗斯文人传统的精髓所在,即通常所谓的“受苦的俄罗斯灵魂”,它其实是粗野的斯拉夫民粹思想、精致的东正教末世论神权政治狂信以及古老的日耳曼极端二元论神秘神学的大杂烩。“俄罗斯灵魂”从“受苦”中诞生,最后以“受苦”为崇高归宿,它滋养了一个没有“政治文明”的民族,蔑视“服从”,也不获“保护”,它津津乐道的是似是而非的“精神自由”,但却无往不在身体和灵魂的枷锁之中,从索洛维约夫、陀思妥耶夫斯基、别尔嘉耶夫,一直到布尔加可夫、舍斯托夫、梅烈日夫斯基以及发明了典型的俄罗斯式“撞墙哲学”的安德列耶夫,莫不如此。

然而,与此同时,19 世纪的俄罗斯文人又是那么迷醉于所谓“高尚文化”,却疏忽了去培养一种在他们看来极其低贱的文化,一种一个民族借以克服命运与暴力的威胁并体面地安身立命的文化:国家政治生活秩序。那时,这种文化在西欧已经有两百年历史了。遗憾的是,19 世纪的俄罗斯文人对这种文化抱的态度不是紧张疑虑就是深恶痛绝,但同时却都在奢谈民族复兴与国民救赎。他们编织着高贵的民粹谎言,并把自己感动得痛哭流涕。他们深情地赞美俄罗斯农民,甚至在劳作的农妇身上看到了圣母的影子,直到暴动的农民们砍断他们的脖子。从来没有哪个民族的文人像 19 世纪俄罗斯文人那样自以为替下层人立言,而实际上却又离下层人那么遥远;最终把这两个群体连接起来的不是文人们的同情与怜悯,而是下层人的镰刀和斧头。——文化除了用来装点文人自己的脆弱灵魂以外,不但救不了国,甚至也救不了自己。

1994 年秋,我进北大的时候,校园仍然薄薄地迷漫着一丝八十年代文化热浪的最后一缕余烟,据说那是某个被叫做“文化救国”的传统的余脉,可惜渐渐干涸老去了。现在,世相虽然不定,但书生文人们似乎各自都有了去从,启蒙救亡的集体伟业成了不切实际的空谈,读书问学慢慢变得个体化,思想也在恢复其自由独立的本来面目。我仍然记得进北大读的第一本书是以赛亚·柏林的英文著作《人性的曲材》(*The Crooked Timber of Humanity*),当时浑然不觉作者正是“消极自由”理念的辩护人,现在回身再看,在那个年代捧读这本书,确有一种冥冥之中的象征深意的。

1994年,别尔嘉耶夫、舍斯托夫等这些“文化救国者”的著作还没有什么中译本,我读的都是从图书馆借出来的英文本。记得很多书都有“燕京大学图书馆”的蓝色印章,印章旁边的借阅记录所透露出的信息曾经深深地震撼了我:那些书大都出版于19世纪末与20世纪初的年代里,它们迅速被燕大图书馆购进收藏,然后马上就被中国读者借阅,而且是非常频繁地借阅。细细揣摩那些借阅日期无异于阅读一部隐秘的历史。最让我震动的是,在那些可谓“救国文献”的借阅记录中,几乎所有的借阅日期都在1937年戛然而止。1937年以后,借阅单上一片空白。——北京南郊的卢沟桥与西北郊的燕京大学尽管相隔很远,但东洋人攻城的炮声足以把燕大图书馆的借阅单变成空白,哪怕是“救国文献”也不例外。在最需要救国的时刻,文化却往往保持缄默。

1994年,这些在57年前或许被一群灰布长衫的儒者匆匆归还的书籍在缄默了半个多世纪光阴以后,在我的手上重见天日。这些透着贵族气息并且散发着霉味的书籍已经被深深地尘封。现在,2012年,又有了将近二十载光阴的流逝,世相和逝去的岁月一样依然纷纭不定,有的东西已经死去,有的东西还在,或生或死,都不过是幽冥之中之命运左右着:

> 人的一切劳碌,就是他在日光之下的劳碌,又有什么益处呢?(《传道书》1:3)

我此时感到,当年我从尘封中唤醒的也许并不是我曾经自以为是的有着鲜活生命的文化,而是生人永远都不该去打扰的亡魂,古老的命运命令它们对阳光下的必死人世缄默不语。

“已过的世代,无人记念;将来的世代,后来的人也不记念”,因为那出自尘土的,必将归于尘土,那已归尘土的,则不该再看到阳光。寄居特洛伊的希腊美妇人海伦曾经虚荣地预见到自己死后将会成为“后世的歌题”,而我们的文人们实则应该做好不被后人纪念的准备。就是这样，从来没有什么“救国文化”，文化就是文化，灵魂世界的装饰品，政治世界的缄默者，它既出于必死之人，自己也必将死去。凡以文为生者，都当如斯宾诺莎那样感知到命运所给予的平凡。——做歌者，何以盼望成为后世的歌题呢？

落叶与飞鸟

That time of year thou mayst in me behold
When yellow leaves, or none, or few, do hang
Upon those boughs which shake against the cold,
Bare ruined choirs, where late the sweet birds sang.

"那样的时节,你将在我身上看到,/当黄叶消残,凋零,孤单地悬挂,/枝头朝着冰冷荒废的歌坛摇摆,/甜蜜的飞鸟曾在那里歌唱。"这是莎士比亚十四行诗诗集中的第73首,落叶与飞鸟一起重叠着生与死的意象。飞鸟曾经被荷马用于比喻特洛伊人的军队。"有如飞禽啼鸣,白鹤凌空的叫声响彻云霄,飞向长河边上的支流,给侏儒种族带去屠杀和死亡的命运。"(《伊利亚特》3.3—7)在这里,这只是个普通的荷马式的明喻,生死深意尚不明朗。在索福克勒斯那里,不计其数的死亡明确地被喻之以飞鸟,"这闻名的土地不结果实……只见一条条生命,像飞鸟,像烈火,奔向西方之神的岸边。"(《俄狄浦斯王》,第174—178行)与模棱两可的飞鸟相较,落叶简直是死亡的最佳隐喻,"他们如同树叶,你看那些绿叶,靠吸吮大地养分片片圆润壮实,但一旦生命终止便会枯萎凋零。"(《伊利亚特》21.464—466)荷马对落叶的兴趣丝毫不低于他对刻画英雄死难的兴趣,因为二者神似,正是他的这几行诗文使这一死亡意象永垂不朽:"正如树叶的枯荣,人类的世代也如此,秋风将树叶吹落到地上,春天来临,林中又会萌发,长出新的绿叶,人类也是一代出生,一代凋

零。”(《伊利亚特》6.146—149)贺拉斯化用了荷马的“世代如落叶”的意象,来诠释语言文字的变迁与兴亡:

> 每当岁晚,林中的树叶发生变化,最老的树叶落到地上;文字也如此,老一辈的消逝了,新生的字就像青年一样会开花、茂盛。我们和我们所有的一切都注定是要死亡的……一切能够消亡的成就都将消亡,我们的语言不论多么光辉优美,更难以长存千古了,但是将来又会复兴;现在人人崇尚的词汇,将来又会衰亡。[1]

把落叶与飞鸟最早并置在一起的似乎是维吉尔,二者共同比喻群集在阿刻隆河畔等待超度的亡魂们:

> 整群的亡魂像潮水一样涌向河滩,有做母亲的,有身强力壮的男子,有壮心未已但已丧失了生命的英雄,有男童,有尚未婚配的少女,还有先于父母而死的青年,其数目之多恰似树林里随着秋天的初寒而飘落的树叶,又像岁寒时节的鸟群从远洋飞集到旱陆,它们飞渡大海,降落到风和日丽的大地。这些亡灵到了河滩就停下来,纷纷请求先渡过阿刻隆河,他们痴情地把两臂伸向彼岸。

> Huc omnis turba ad ripas effusa ruebat, matres atque viri, defunctaque corpora vita magnanimum heroum, pueri innuptaeque puellae, impositique rogis iuvenes ante ora parentum: quam multa in silvis autumni frigore primo lapsa cadunt folia, aut ad terram gurgite ab alto quam multae glomerantur aves, ubi frigidus annus trans pontum fugat, et terris immittit apricis. Stabant orantes primi transmittere cursum, tendebantque manus ripae ulterioris amore. (VI. 305—315)

---

〔1〕 贺拉斯:《诗艺》,杨周翰译,人民文学出版社 1962 年版,第 129 页。

群集的亡魂最早也是出现在荷马的诗文里(《奥德赛》11.37—43),维吉尔几乎原封未动地把它们抄录下来,再辅以更加精致的秋日林中的落叶与初寒时节迁徙的飞鸟意象。落叶飘零,固然象征着枯萎和死亡,云集的飞鸟,“飞渡大海,降落到风和日丽的大地”,这又何尝不是一种新生的初始呢?——落叶与飞鸟第一次在维吉尔这里模糊了生与死的边界。(比较弥尔顿《失乐园》I.302以下诗行)更加令人惊奇的是,那片“风和日丽”、落满了飞鸟一样的亡魂的土地也许暗示着维吉尔笔下的“乐土”,那里居然有它们自己的天空、太阳和星辰(solemque suum, sua sidera norunt. VI. 637—641)。死亡就是这样被维吉尔表现得更加精幽别致,散发着令人匪夷所思的生命的气息。

维吉尔与荷马的差别不仅体现在对这两个意象的处理方面,更体现在维吉尔最后那行诗文上面:“这些亡灵到了河滩就停下来,纷纷请求先渡过阿刻隆河,他们痴情地把两臂伸向彼岸”(tendebantque manus ripae ulterioris amore)。对彼岸(死亡)的热爱(amore),对于荷马而言,绝对是一种不可思议的思想;然而,但丁却继承了这谜一般的思想,同时也继承了落叶与飞鸟这两个史诗意象。同样是在阿刻隆河畔,同样是那个眼睛冒火的老艄公,iam senior sed cruda deo uiridisque senectus,这次轮到但丁在维吉尔的带领下来目睹又一代的亡魂了:

> 如同秋天的树叶一片一片落下,直到树枝看见自己的衣服都落在地上一样,亚当的有罪孽的苗裔一见(卡隆)招手,就一个一个从岸上跳上船去,好像驯鸟听到呼唤就飞过来似的。他们就这样渡过水波昏暗的阿刻隆河,还没有在对岸下船,这边就又有一群新来的鬼魂集合。
>
> (《神曲·地狱篇》3.112—120)

直到这个时刻,维吉尔才解释了亡魂为什么热爱死亡的谜底:

> 凡在上帝震怒中(Ira di Dio)死去的人，都从各国来到这里集合；他们急于渡河，因为神的正义(divina giustizia)鞭策他们，使恐惧化为爱欲(disio)。
>
> (《神典·地狱篇》3.122—126)

灵魂的生命并没有止于枯死的落叶，他们抛弃腐坏的身体犹如抛弃凋零的落叶，化作飞鸟，从各处的角落里振翅高飞，最终栖居在一处神奇的土地上，这正如各国的子民离开了自己古旧野蛮的习俗，渴望定居在新的万民法之下，昔日的祖国也许纵容了他们的罪行，如今，神的正义将对他们施行新的审判。对于《帝制论》的作者来说，还有什么比这更好的帝国隐喻呢？（参《以赛亚书》66:18，比较帕斯卡《思想录》11.713）

另外，笔者在7世纪大学者、被称为“德高望重的比德”(Bede Venerabilis)所撰的史书中偶然发现了一段无比奇妙的文字：

> 陛下，当我们比较尘世的生活与未知世界的生活时，我觉得这就像是一只麻雀飞过了宴会厅，时值冬日，陛下与领主、大臣们围坐着享用晚宴。大厅中生起舒适的火堆温暖整个厅堂；大厅外，冬日暴雨或大雪呼啸肆虐。雀儿迅速从大厅的一扇门飞进，从另一扇门飞出。当它在屋里时，免于冬天的风暴摧残，在短暂舒适之后，它又消失在原先的萧条世界中——它从冬天里来，又回到冬天里去。我们的人生稍纵即逝，但此生之前和之后，我们一概不知。
>
> (德高望重的比德:《英吉利教会史》,第二卷,第13节)

这段文字的背景是这样的，诺森伯利亚国王(585—633)统治了大部英吉利人和不列颠人之后，在是否改宗基督教的问题上犹豫不决，教皇卜尼法斯热心催促，但国王仍然不能肯定这种新奇学说(noua doctrina)是否值得信靠，遂召集麾下贤达商谈此事，其中一位贵族就讲述了这段话。尘世生命温暖而短暂，但这似乎并不是国王的焦虑所在,他关心的是生命两端的茫茫冬雪夜,这两个端头世界的不可确知让国王惴惴不安。那位贵族讲了这段话以后,说道:“如果这种新鲜的学说能带来一些确定的知识,那么它似乎就值得被遵循。”(Unde si haec noua doctrina certius aliquid attulit, merito esse sequenda uidetur.)从对彼岸世界的无知到热爱,基督教带来的这种“新奇学说”的确起了最重要的作用。

赫西俄德与但丁的无名者

在赫西俄德撰写的"五代神话"中,神埋葬了过于脆弱的"白银时代",然后创造了以强力为本性的"青铜时代",结果,强力导致"狂妄"(hubris),狂妄致使这个时代陷入普遍的战争,人们最终在自相残杀中尽数死去。他们死后,赫西俄德说:他们的名字不曾流传后世(《劳作与时日》第106—200行)。

但丁刚刚穿过地狱大门的时候,听到了一片由叹息、悲泣和呼号所混成的喧嚣声回荡在昏黑的空气中,维吉尔告诉他:

> (那是)一生既无恶名又无美名的凄惨的灵魂发出来的悲鸣哀叹……他们(生前)只顾着自己,各重天都驱赶他们,以免自己的美为之减色,地狱深层也不接受他们,因为作恶者和他们相比,还会觉得有点自豪……(他们)盲目度过的一生如此卑不足道,世上不容许他们的名字留下来。
>
> (《神曲·地狱篇》,第3歌)

两位诗人不约而同地谈到了那些死后的无名者,不同的是,他们并非同一种人,甚至是完全相反的两种人。在但丁这里,他们缺乏德性(哪怕是作恶的德性),平凡卑微的生活在他们生前就早早吞没了他们,他们过着不具名的生活,死后也是无名的。在赫西俄德的"青铜时代"里,人的灵魂中充斥着"狂妄"的激情,陷入野性的暴力与争斗,终于因为自相残杀而死后无名。之后,发生了最令人惊诧的事情:"狂妄"品性被"青铜时代"之后的"英雄时代"里的人们继承下来了,它激发了英雄们突破凡人卑微生活的界限,臻至崇高的领域,这是一个德性和邪恶并生的领域,是灵魂剧烈震荡的领域,是充斥着恐惧与悲悯的领域。英雄时代终于因为德性而流芳后世,而德性的首要含义就是对凡人的卑微生活的界限的僭越,这也就是"狂妄"的题中一义。所谓英雄,其实首先是狂妄之徒。被但丁打入另册的那些无名者既没有德性,也没有邪恶,换言之,他们不是狂妄之徒。但是,但丁并非是在单纯地崇尚"青铜时代"的暴力,事实上是,他的时代和马基雅维里的时代一样,太需要那些狂妄之徒们所禀赋的古代德性了。(参考马基雅维里:《君主论》篇末引彼特拉克诗《我的意大利》)

“雪花飞舞后面的繁星”：博尔赫斯的东方遐想

在“《一千零一夜》”这篇文学评论中，我们看到东方如何像谜一样迷人地展现给博尔赫斯，然后博尔赫斯又是如何像谜一样迷人地把他看到的东方展现给我们看。“(《一千零一夜》)这是世界上最美的书名之一。”博尔赫斯这样说，因为它意味着无穷无尽。对于博尔赫斯来说，无穷无尽不仅是时间上的，也是空间上的。“为了描述一个遥远的地方，尤维纳利斯这样说：在曙光和恒河的那边。这四个(拉丁)字就是我们的东方。谁也不知道尤维纳利斯当时是否感受到我们所感受到的东西。我想是的。东方对于西方人来说总会引起遐想。”

博尔赫斯的遐想并不纯粹是浪漫派诗人的，其中混合着历史的肃穆，因此他可以说得这样敏锐与博学：“西方国家历史上的一个重大事件就是发现了东方。更准确地说，可称为一种东方意识，他是连续的，可以与希腊历史中波斯的存在相比较。”博尔赫斯的视野远远超越了拜伦和雨果的东方视野。他提到了《伊利亚特》，提到了希罗多德，还提到了亚历山大大帝、维吉尔、老普林尼以及尤文纳尔。这是古典学家的领地，只不过博尔赫斯的古典研究又透出诗人特有的匪夷所思的情感元素，恣肆汪洋：

> 关于西方与东方的漫长对话……常常是悲剧性的。我们想一想年轻的维吉尔，两手抚摸着来自遥远国度的印花丝绸的情形吧。那是中国人的国家，他只知道这个国家十分遥远平和，人口众多，囊括了东方最遥远的地方。维吉尔在《农事诗》

中将回忆这些丝绸，这种无缝的丝绸，上面印着他熟悉的庙宇、皇帝、江河、桥梁和湖泊的图案。

这段文字是惊人的，博尔赫斯使用了古老的 ekphrasis（图说、读画诗、如画的文字）的手法，其中，文字不再是简单地对事物的摹仿，而是唤起一种记忆，一种足以触动灵魂中最隐秘的激情的记忆。在博尔赫斯这里，这种激情是一种无需究问缘由的悲伤，它被时间和空间上的遥远冲淡，在广漠无际的历史与命运感面前，化作淡淡的惆怅。我认为，这就是博尔赫斯遐想中的东方在他的灵魂中唤起的基本激情。ekphrasis 这种古老的艺术手法使得对诗与画的界限的谈论成为不可能，这是属于诗人的技艺和魔法，这种技艺给诗人一块画布，诗人却在上面写下文字，文字又在我们灵魂中唤醒文字无法摹仿的古老激情。令人更加着迷的是，博尔赫斯用这种技艺把维吉尔写进他的画布，而我们知道，维吉尔也曾经使用同样的技艺把埃涅阿斯写进另一块被称作《埃涅阿斯纪》的画布。在那里，也就是第一卷，维吉尔让兵败特洛伊的埃涅阿斯伫立在迦太基的神殿跟前凝视墙壁上的壁画，潸然泪下。

“西方国家历史上的一个重大事件就是发现了东方。更准确地说，可称为一种东方意识，它是连续的，可以与希腊历史中波斯的存在相比较。”“关于西方与东方的漫长对话……常常是悲剧性的。”这些以及诸如此类的谈论显示着博尔赫斯的历史修养，这种历史修养即使不是主导但至少也是滋养着博尔赫斯的文学判断。关于《一千零一夜》，他说：

随着浪漫主义的发展，东方完全进入了欧洲意识之中……我们可以说浪漫主义运动始于诺曼底或者巴黎，有人阅读《一千零一夜》的时刻。那时它正在离开布瓦洛管辖的世界，进入浪漫自由的世界。……我们再次回到首次翻译《一千零一夜》的时候（1704 年）。那是所有欧洲文学界的一件大事。当时是

1711 年故世的布瓦洛(的清规戒律)管辖的法国。毫无疑问,他的理论正在受到这灿烂的东方入侵的威胁。

希罗多德的“欧罗巴与亚细亚的纷争”在博尔赫斯的文学世界里复活了。在这场纷争里,博尔赫斯作为欧罗巴的子民表达了自己的立场,他愿意偶尔“投靠”他遐想中的亚细亚:“一个人希望丢失在《一千零一夜》中,他知道,进入这本书就会忘记自己人生可怜的遭遇;一个人可以进入这个世界,这个世界只由寥寥几个典型人物构成。”同样的感受似乎也隐隐约约在博尔赫斯的“词源学”研究中有所透露:“东方是太阳升起的地方。德语中有一个词很美,我想提一下,是指东方的:Morgenland,‘清晨之地’。指西方的是 Abendland,‘傍晚之地’。你们一定会记得斯宾格勒的 *Der Untergang des Abendlandes*,意思是‘黄昏大地的沉沦’,或者更加散文化地译成‘西方的没落’。我认为我们不能丢弃东方一词,一个那么优美的名字……”当身处没落的黄昏之地,又有谁不渴望清晨之地初生阳光的沐浴呢?

博尔赫斯遐想了东方的很多东西:犹太的喀巴拉、伊斯兰的古兰经、秦始皇的长城和烧掉的书、柯勒律治的蒙古大汗、格鲁塞的草原帝国、紫式部、曹雪芹……

博尔赫斯说,他感受到了镜子的魔鬼性质。他让我们回忆普罗提诺,有人想给这位伟大的柏拉图主义者画像,他拒绝了:我自己就是一个影子,是天上那个原型的影子,为什么还要给这个影子再做一个影子?普罗提诺心目中的艺术只不过是第二次的表象,他拒斥这种被亚里士多德称作“摹仿”的艺术。博尔赫斯认为,除了重复现实的摹仿,诗人另有魔幻般的技艺,那就是 ekphrasis。他用“阴影中的镜子”命名这种古老的诗艺,接着又把这面“阴影中的镜子”称作“阴影中的一轮明月”。由于这面镜子,诗歌和言辞可以变得魔幻,而这面镜子显然也将彻底改变普罗提诺看到的,以及被他蔑视的影子般的世界。博尔赫斯就是手持这面魔镜观看他遐想中的东方的。

比如,他是这样结束东方学家格鲁塞的《草原帝国》的书评的:

> “骑在马上的人”的形象颇有令人惆怅之感。在匈奴王阿提拉、成吉思汗和帖木儿指挥下的叱咤风云的骑兵曾经摧毁过并建立过巨大的王国,但是这一切都昙花一现,骑手建立的功业和他们本人一样转瞬即逝。“文化”一词与种庄稼的农夫有关,“文明”一词则与城市有关,但骑手却像一阵暴风雨,很快就消失了。

对于习惯于穿透历史的琐碎尘埃、抵达尘埃后面那层神秘庄严的意义的博尔赫斯来说,“骑在马上的人”无疑是一件蜡像馆的作品,它栩栩如生,但却是一尊没有生命的蜡像,它是一尊没有生命的蜡像,但却栩栩如生。这意味着,对某些人来说,那死去的真的死去了,对另一些人来说,那死去的仍然活着。博尔赫斯属于“另一些人”。他在那些半人半马的怪物被色萨利人打败的希腊神话中、在牧羊人亚伯被农夫该隐谋杀的圣书典故中看到了“骑在马上的人”的没落。与此同时,博尔赫斯最后说:“无论希腊人、还是罗马人,抑或是日耳曼人,他们都是从事农业的民族。”我能够感觉到,博尔赫斯是在又一次把我们拉回到他的起点:对东方、对亚细亚的遐想需要在亚细亚与欧罗巴的漫长而严酷的冲突中展开。只有这样,或许才可以摆脱拜伦与雨果所主导的那个了无风骨的浪漫时代。我们可以领受到历史的修养所赋予博尔赫斯手中魔镜的神秘力量,它虽然是“一轮明月”,但却隐在“阴影中”。这也体现在博尔赫斯对中国一些故去的事情的理解:“空间范畴的长城和时间范畴的焚书都是旨在阻挡死亡的具有魔力的屏障……也许长城是一个隐喻,始皇帝惩罚那些崇拜过去的人去干一件像过去那样浩繁、笨拙、无用的工程。也许长城是一种挑战,始皇帝是这么想的:‘人们厚古薄今,我和我的刽子手无法改变这种状况,但是以后可能出现想法和我相同的人,他像我毁书一样毁掉我的长城,那人抹去我的名声,却成了我的影子和镜子而不自知。’始皇帝把帝国围起来,也许是因为他知道这个帝国是不持久的;他焚书,也许是因为他知道这些书是神圣的,书里有整个宇宙或每个人的良知的教导。焚书和筑城可能是相互秘密抵消的行动。”(《长城与书》)

博尔赫斯的魔镜也偶尔泛着清冷柔软的光。关于《源氏物语》,他这样说:

> 日本第二位皇后手下的一位贵妇人在一千年前就写成这部小说,而欧洲直到19世纪以前还无法读懂它。这不等于说,紫式部的巨著比菲尔丁或者塞万提斯的作品更深刻,而是说,紫式部的作品更复杂,描写的文化更精致。换句话说,我不敢肯定紫式部拥有塞万提斯的才智,但我敢肯定,只有情感更细腻的读者才会倾听紫式部的心声。在《堂吉诃德》里,塞万提斯局限于区分开白天和黑夜,而紫式部可以站在窗前望见“雪花飞舞后面的繁星”。(《紫式部〈源氏物语〉》)

只有情感更细腻的读者才会倾听到紫式部的心声,也就是说,只有情感更细腻的读者才会在白天与黑夜的粗陋交替循环中看到“雪花飞舞后面的繁星”。那些情感更细腻的读者,有谁在读到博尔赫斯这句满含褒奖的评判的时候而不欣然动容呢?他们有着更细腻的情感,他们因此看到了更多,也因此忍受了更多。

关于《红楼梦》,博尔赫斯只有只言片语,这表明了他面对这部深不可测的东方经典之际的谦卑。博尔赫斯曾经频繁引用爱默生的话:图书馆是具有魔力的珍藏室,里面每一部书都是一个着魔的灵魂,只有当真正称职的读者翻开书页时,灵魂才会醒来。也许博尔赫斯不认为自己是《红楼梦》的称职读者,也许是因为他太称职了,以至于不愿多说。关于这部书,这部同样被某种拥有魔鬼性质的镜子所支配的世界,博尔赫斯说了两句话:一句是,“我们好像在一幢具有很多院子的房子里迷了路。”另一句是，“全书充斥着绝望的肉欲”（《曹雪芹〈红楼梦〉》）——又是 ekphrasis 的技法。当我们把这两个意象合并起来的时候，我们将得到意想不到、但又并非不可思议的另一个意象：在一幢拥有幽暗弯曲的、分岔小径的花园庄院里，迷路的肉欲被绝望地围困着。关于这部东方经典，还有什么能比这个意象说出更多的东西呢？

但丁《神曲》曾经给了博尔赫斯一个机会去坦白自己古怪的欲望：

> 我认为文学以及一切书籍的巅峰就是《神曲》……没有哪一本书曾给过我如此强烈的震撼。我是个享乐派读者，再说一遍，我是在书中寻找震撼的。《神曲》是我们大家都应该读的，不读这本书就是剥夺了我们的享用文学所能给予我们的最高礼物的权利，就是让我们承受一种古怪的禁欲主义。（《奇妙〈神曲〉》）

毋庸置疑，如今的世代，我们甚至连让博尔赫斯所不齿的“禁欲主义者”的名称都不配。“禁欲主义”是一个伟大的名称，它属于布瓦洛、加尔文甚至塞尼卡的清规戒律的伟大世代，而我们，只不过是“无欲主义”的一代，我们无欲，因为我们柔弱无骨。这一代，注定看不到但丁和紫式部曾经看到的东西——那片“繁星”，那片“雪花飞舞后面的繁星”。（注：但丁《神曲》三卷书的最后一个字都是“星”[stelle]。）

秉笔直书的克丽奥

古代诗与奥古斯丁

一、古代诗的政治负担

当人类尚在草昧之时,神的通译——圣明的俄耳甫斯——就阻止人类不使屠杀,放弃野蛮的生活,因此传说他能驯服老虎和凶猛的狮子。同时,忒拜城的建造者安菲翁,据传说,演奏竖琴,琴声甜美,如在恳求,感动了顽石,听凭他摆布。这就是古代诗人的智慧,他们教导人们划分公私,划分敬虔,禁止淫乱,制定夫妇礼法,建立邦国,铭法于木,因此诗人与诗歌都被看作是神圣的,享受荣誉与令名。[1]

远在人类的理智用语言表出之前,也没有什么文明,也没有什么法典,所有的人都顺着粗野的本性,散漫地,在森林里,逐水草渔猎羶腥;暴力代替一切,无正义也无法权,打死人没有制裁,人杀人可以随便。但是后来辞令的和谐动人的技巧,对这种野俗蛮风奏着柔化的功效,使森林里的人们由分散渐渐集合,定居在同一个地方,环绕着坚固城郭,利用公开的酷刑警戒这强者的跋扈,利用法律的支柱保护弱者的无辜。这种秩序据说要归功于原始诗歌。因而有下列许多风行世界的传说:奥尔菲的歌声散在特拉斯山上,老虎听到都心软,由凶猛变得驯良;安飞音的竖琴声居然能走石飞沙,聚集到台白山头建立了高城

[1] 贺拉斯:《诗艺》,杨周翰译,人民文学出版社 1962 年版,第 391—405 行。

> 大厦。和谐音律初生时便生出这些奇迹。后来上天启发人也用诗传达旨意;每当巫觋通神时震动得有如癫痫,阿波罗凭而显圣,也用诗授着真言。不久荷马出来了,复活着古代英雄,叫他们建立功劳,激起他们的神勇。接着又是海肖德唱着有益的训示,督促疲顽的畎亩,勤稼蔷勿失农时。无数著名的作品载着古圣的心传,都是利用着诗向人类心灵灌输;那许多至理名言能处处发人深省,都由于悦人之耳然后能深入人心。九缪斯造福人类真乃名目繁多,此所以希腊当年对她们时供香火;又由于她们艺术引起生灵的崇拜,为表示推尊艺术到处都立着祭台。[2]

不管是贺拉斯精简单纯的古风,还是布瓦洛华丽铺陈的拟古风,两人都注解了古代诗对政治与道德的负担和抱负。从上引贺拉斯的诗论可以看到,在诗歌的滥觞期,其立法意图最为显著,之所以如此,是因为法律在古代大都以神法的修辞与格式出现,而诗在古代时期则大都与神学有着千丝万缕的联系,神往往被诗人尊奉为最古老的立法权威,正如柏拉图《法律篇》的开篇问答所提示的。谈到古代诗与诸神的联系,不难发现,关于诸神的谱系乃是古代诗最重要的题目。“历史之父”希罗多德尝言:“赫西俄德与荷马的时代比之我的时代不会早于四百年;是他们把诸神的家世教给希腊人,把它们的一些名字、尊荣和技艺教授所有的人并且说出了它们的外形。”[3]这句话堪称诗与神话的关联的最早证词,它证实并肯定了古代诗编修神谱的尝试和功劳。古罗马大学者瓦罗(Marcus Terentius Varro,前116—前27)从另外一个角度确证了这一事实,他从古代文明传统中分辨出了三种神学:神秘神学(mythicon)、自然神学(physicon)和政治神学(civile),其中,神秘神学就是古代诗,它也是诗的古老形

[2] 布瓦洛:《诗的艺术》,任典译,人民文学出版社1959年版,4.133—166。
[3] 希罗多德:《历史》,王以铸译,商务印书馆2005年版,2.53。

态。(奥古斯丁:《上帝之城》,6.5.1)

论及诗的古老起源,薄伽丘为我们提供了一份周详的研究。众所周知,作为《十日谈》(*Decameron*)的作者,薄伽丘是文艺复兴时期的大诗人,不过,知道他是一位博学的古典学者的人并不多。[4] 他的15卷本《论异教神谱》(*Genealogia deorum gentilium*)是一部以瓦罗的《神人古史纪》和奥维德的《变形记》为榜样而撰就的百科全书式的著作,意在展示古代世界的神学宝藏,堪称古代世界的"神学大全"。可以说,这部作品的主题正是瓦罗所谓的"神秘神学",也就是古代诗;从这个意义上看,它又是一部博大精深的"诗学"作品,这个判断从其中的"序言"和最后两卷内容可以看得尤为清楚。这一部分内容曾经被近人抽取出来,译成英文,以"薄伽丘论诗"为标题单行出版。[5] 根据薄伽丘的检索,诗的起源大概有三种说法。第一种,诗起源于古人的神圣祭祀仪式,这种说法适用于古代希伯来人,因为《圣经》说这些人是最早向神献祭的民族,比如人类的远祖该隐与亚伯就曾经向神献祭(《创世记》4.3—5),挪亚在洪水退却后也曾经走出方舟并向神献祭(《创世记》8.20),亚伯兰(亚伯拉罕)同样

---

〔4〕 薄伽丘对自己的诗才和诗艺十分自负,他曾经有一句很有趣的宣言垂世:

> 这就是我的美名、我的荣耀,
> 在塔斯干人中间灌输希腊人的诗歌。

古罗马最早的诗人恩尼乌斯(Ennius)也曾经有相同的自负:

> 诗人恩尼乌斯万岁!他把如火的诗
> 灌到尘俗人的骨髓里。

转引自特奥多尔·蒙森:《罗马史》,李稼年译,商务印书馆2005年版,第三卷,第414页。从修辞和意图上看,薄伽丘的宣言与恩尼乌斯的宣言颇神似,前者模仿了后者也未可知。此中最重要的讯息是,二者虽隔两千载有余,但是把古希腊诗的精神和语言移植到意大利土地上的意图却是相同的。

〔5〕 Charles G. Osgood, *Boccaccio on Poetry, Being the Preface and the Fourteenth and Fifteenth Books of Boccaccio's Genealogia Deorum Gentilium in an English Version with Introductory Essay and Commentary*, Princeton University Press, 1930; New York: The Liberal Arts Press, 1956.

在战胜敌人之后也向神的大祭司麦基洗德献上了面包和酒(《创世记》8.20)。这种说法认为,此类神圣祭仪往往伴有某种严肃的祈祷词,这就是诗的原初样态:诗就是祈祷。最典型的范例就是摩西,他带领以色列子民越过红海之后,安排了一整套包括祈祷在内的祭仪,摩西可谓是身兼立法者与诗人的绝好典范(《创世记》24—31)。与这种说法不同,第二种说法认为最早开创诗传统的是巴比伦人,具体而言,就是他们的祖先宁录(Nimrod)。宁录发现了人类对火的依赖,就声称能够从火苗的晃动和声音等迹象中预知未来,于是就创立了对火的崇拜仪式,迦勒底人纷纷归附于他,这也算是最早的拜物教了。为此,他建造神庙,设立祭司,并撰写祈祷词。对这种说法,极度珍惜诗的荣誉的薄伽丘嗤之以鼻,他不相信诗这种如此崇高典雅的艺术竟然出自宁录这个野人之手。宁录是圣经《创世记》记述的一个上古猎人,是挪亚的第二个儿子含(Ham)的后代,分得了亚细亚的广袤土地,并在上面创建过包括尼尼微在内的诸多古城,此人勇武过人,却以武犯禁,担任过臭名昭著的巴别塔工程的领袖。伊西多尔(Isidore of Serville)曾经说,宁录是第一个为人类世界带来战争的人,他发明了诸多武艺和战争器具。[6] 奥古斯丁在《上帝之城》第4卷第6节提到的亚述国王尼努斯(Ninus)其实就是宁录。根据奥古斯丁的报道,宁录热衷"改变各民族的风俗,渴望新的统治,于是第一个对邻国发动战争,打败了那些不善于反抗的民族,把疆域延伸到了利比亚"。(《上帝之城》,4.6)[7]在宁录身上,可以看到帝国霸权与暴政的最早起源。不管薄伽丘情愿与否,这个上古猎人仍然是一位城市的缔造者、帝国的主人,他不仅以武力征服异族,而且用神圣的诗为被征服者订立律法和宗教。古老的"立法诗人"的粗

〔6〕 primus bella institutuit, et armorum instrumenta invenit. Isidore of Serville, *Chronicon*, 12. 转引自《拉丁教父集成》(Migne, *Patrologia Latina*),第83卷,第1023节。

〔7〕 对圣奥古斯丁《上帝之城》的引证,本文采用了上海三联书店2007年版本,凡遇到含混错讹之处,本文不再采用,而由笔者根据洛布古典丛书(Loeb Classical Library)收录的拉丁文本自行译出。

朴和杀气在宁录身上倒也体现得淋漓尽致。(Boccaccio, *De genealogia deorum gentilium*, Basel, 1532, XIV.8.)

与以上两种说法不同,第三种说法认为诗起源于希腊人,详情是这样的:当希腊人还是野蛮人的时候,他们在森林里漫游,对大自然充满好奇,然后开始沉思,并领悟到世界上有一种至高的存在,主宰着万物的生命和秩序,他们就称之为神。对神的敬拜场所、仪式、服饰与司职人员等等也随之出现了。"鉴于考虑到祭祀在举行敬拜仪式时保持绝对沉默显得太过荒唐,希腊人就创造了某种祈祷词来表达他们对神的仰慕,颂扬诸神的壮举,提出他们的愿望以及对神的恳求。"继而,希腊人中的贤人智者又考虑到,与神交谈的言辞不应该随便出自山野村夫、引车卖浆之徒,而是应当尽显华美庄严才配得上神的荣耀,便督请祭司精心雕琢祈祷词。这就是诗在希腊世界的最早起源,这些祭司就是最早的诗人,薄伽丘列举了其中三个人的名字:穆塞欧(Musaeus)、林努斯(Linus)、俄耳甫斯(Orpheus)。(Boccaccio, *De genealogia deorum gentilium*, *ibid*, XIV.8.)这三个圣人的名字我们并不陌生,柏拉图与亚里士多德曾经把他们纳入到自己的乐教理论中,奥古斯丁则是这样谈论他们的:

> 在这个时代(即希伯来人的士师时代),还出现了一些诗人,也被称作神学家,因为他们创造了歌颂诸神的赞美诗;然而,这些神毕竟要么曾经是人,哪怕是伟大的人;要么是真正的上帝创造的这个世界的元素;要么是因为造物主的意愿加上他们的功绩而被赐予天使的品级和权柄。也许他们用那众多虚妄和虚假的诗歌也歌唱了唯一真正的神,但他们把他和另外一些不是神的被造物一同敬拜,把本来只应该献给唯一神的赞美也给了他们,毕竟算得上是没有用恰当的仪式敬拜他。哪怕是俄耳甫斯、穆塞欧、林努斯等等,都不能免于用无稽之谈去污损他们的

诸神，不过，这些神学家的确是敬拜诸神的。[8]

（《上帝之城》，18.14）

奥古斯丁对三位异教立法诗人的讨论是批判性的，这自是服务于其《上帝之城》张扬基督教、贬抑异教的政治使命所致。薄伽丘认为，这些最早的希腊诗人受到了神圣心思的激励，撰就了赞美神明的诗。为了增加这些宗教诗的律法权威，他们把神圣事物的最高秘密包裹在朗朗上口的通俗言辞中，以免至高的神明沦为普通大众的流言偏见，敬拜的对象遭到蔑视。

比较以上关于诗起源的三种说法，虽然彼此各有侧重和差异，但是却都不约而同地点明了同一个现象，即诗的宗教与道德的出身以及诗人兼具神学家、祭司以及立法者的多重身份。这一点从关于穆塞欧的身份来历的争论可见一斑。穆塞欧原是一位希腊诗人，但在古代晚期和中世纪曾经一度被认为和希伯来立法者摩西是同一个人，比如，尤西比乌斯（Eusebius of Caesarea）就认为，Musaeus 是希腊人给摩西（Moses）起的希腊名字。（Eusebius of Caesarea, *Preparation for the Gospel*, 9.27〈http://www.ccel.org〉）中世纪晚期的神学家约翰（John of Salisbury）也认为，穆塞欧常常被人当做是摩西。在所有的古代诗人中间，也许俄耳甫斯最能体现他们的立法者身份。俄耳甫斯的故事在古罗马诗人奥维德（Publius Ovidius Naso）的《变形记》（*Metamorphoses*）中有着动人的记载。他的妻子遭蛇咬而坠入冥世，不得复生，诗人便隐居在色雷斯群山之中，以琴声感化野兽、草木乃至顽石，由于诗

〔8〕 阿里斯多芬则用调侃的语调并列提到了俄耳甫斯、穆塞欧、赫西俄德与荷马：“试看自古以来，那些高贵的诗人是多么有用啊！俄耳甫斯把秘密的教仪传给我们，教我们不可杀生；穆塞欧传授医术和神示；赫西俄德传授农作术、耕种的时令、收获的季节；而神圣的荷马之所以获得光荣，受人尊敬，难道不是因为他给了我们有益的教诲，教我们怎样列阵，怎样鼓励士气，怎样武装我们的军队吗？”（阿里斯多芬：《蛙》，第1030—1035行，《阿里斯多芬喜剧六种》，《罗念生全集》，第四卷，上海人民出版社2007年版。）

人的乐声,不开化的山林荒野之中竟然有了法度和秩序。[9] 俄耳甫斯以乐声立法,也就成了后世诗学津津乐道的主题之一。从柏拉图、亚里士多德、贺拉斯到奥古斯丁、拉克坦修、伊西多尔,再到薄伽丘、培根、西德尼、布瓦洛、维柯,莫不对此议论纷纷。据笔者的检索,培根的解读似乎最有深意,他在俄耳甫斯的生平中看到了两种事业:自然哲学与政治哲学。在《论古代人的智慧》(*De sapientis veterum liber*, 1609)第 11 章,培根认为:俄耳甫斯的乐声有两种功能,讨好冥府的神灵鬼怪与感化世间的野兽草木。前者象征自然哲学,后者则象征道德、律法与政治哲学,因为自然哲学的最高任务是恢复和更新不能持久的东西,或者退而求其次,把事物保持在当前的状态,使其免去腐朽甚至死亡的命运,这项事业要求恰如其分地调节自然的各个部分,酷似精确地调节琴弦、使之发出和谐的乐声,这是人世间最困难的事业,皆以失败告终,这就是俄耳甫斯深入地狱,终不能克服死亡的寓意所在。培根接着说:"一旦发现自己不能胜任(前一种)伟大事业之后,哲学怀着忧郁的心情转向了适合自己的人类事务,通过说服和雄辩潜移默化地让人们热爱美德、正义与和平,教导人们团结友爱、服从政权、自我节制和遵纪守法。"[10] 培根的解说道明了古代"立法诗"的关键所在,直接激发了后来的维柯极富原创性地发明了用"真理—创造"(verum-factum)的图式重新解释古代文明传统的"新科学"。

二、圣奥古斯丁的批判

关于古代诗人的神学家身份,瓦罗论讲得非常清楚,可惜他数百卷著作大都被基督教会焚毁,他关于古代神学的讨论仅仅被奥古

---

〔9〕 奥维德:《变形记》,杨周翰译,人民文学出版社 1958 年版,10. 86—105,143—145;11. 1—2。

〔10〕 培根:《论古人的智慧》,李春长译,华夏出版社 2006 年版,第 11 章。

斯丁零星转述，也正是得益于奥古斯丁的转述，瓦罗对三种古代神学的经典区分才流传下来。这一点我们前文略有叙述。在这三种神学中，政治神学是城邦民众使用或者适用于城邦民众的，自然神学是哲学家们讨论的话题，而神秘神学则是诗人的技艺。(《上帝之城》,6.5.1)奥古斯丁对这三种异教神学颇多微词，尤其对神秘神学与政治神学展开了非常激烈的批判，不惜纵容狭隘的护教情绪流布在字里行间，这无疑妨碍了我们去理解神学诗人这一株古代文明的奇葩。(《上帝之城》,6.5—9)作为比较，亚里士多德就此为我们提供的解释则显得大度得多：

> 我们远古的列祖把他们世代相承的认识以神话的形式遗于后裔，说这些实体（星辰）是诸神，神将全部自然的秘密封存在列宿之中。以后因维护礼法，劝诫民众以及其他实际的作用，而神话形式的传说被逐渐扩充；他们以人或某些动物的形态叙拟诸神，他们更由此而踵事增华，竟为附丽。但人们若将后世的附会删除，俾古初的本意得以明示于世间——他们识得了原始本体为诸神，人们当不能不惊心于此意，毋乃灵感之所启发，故能成此不朽之嘉言；并回想着每一学术，每一技艺，一代代或立或亡，或传或失，而这些观念恰像荒谷遗珍，一直为我们保存到如今。只有这样看法，我们才能明了祖先和早期思想家们的信念。[11]

需要指出的是，奥古斯丁针对异教神学和神话的批判仅限于文字的表面意思，而并没有深入字里行间，这样的话，他看到的当然多

---

〔11〕 亚里士多德:《形而上学》,1074b1—14,吴寿彭译,商务印书馆 1995 年版。对于古代诗与神学以及律法的彼此交融，蒙森深有体会，他说:“上古不知有近代那种属于个人生活的诗歌，上古创造性的诗歌事业多半落在一种神秘的时代里，即一个民族正在为生长而忧而喜的时代……他们的诗歌大体是由那些关于人性的神和神性的人的原始故事改编而来。”特奥多尔·蒙森:《罗马史》,第三卷,李稼年译,商务印书馆 2005 年版,第 411—412 页。

是怪力乱神之类的无稽之谈，而文字内里的艰深含义则被暗暗过滤掉了。奥古斯丁的这种做法，酷似17世纪的霍布斯对圣经的批判，后者也是仅仅着眼于圣经文字的表面意思，看到的自然也都是教士们的权力伎俩，与人类自然的理性与常识多有隔膜。不过，如果仅凭这一点就指斥霍布斯在神学方面肤浅无知，那就大错特错了，他对圣经的"字面批判"（literal criticism）乃是服务于他的政治学巨著《利维坦》的思想大战略，神学义理层面的纠缠与研究并非他的兴趣所在。（参考《利维坦》最后一卷对"黑暗王国"的种种"治国术"的讨论）奥古斯丁对古代诗的"字面批判"与霍布斯的做法可谓异曲同工，同样也是为某种思想与政治战略服务的。和霍布斯看透基督教士的政治意图一样，奥古斯丁也看透了古代诗（亦即异教神学）的政治含义；笔者甚至相信18世纪的维柯在古代诗那里看到的隐秘的政治奥义，奥古斯丁可能早就看到了，但是他并没有深入纠缠下去，而是仅仅从古代诗字面上的荒诞意思着手批判。对于重新建构一种面向民众的政治共同体，这已经足够了。《上帝之城》一共有22卷，前10卷着力批判广义上的异教诗人，亦即瓦罗所谓的三种神学，可谓"诗学卷"；中间8卷考究圣经历史，可谓"史学卷"，最后4卷比较天地两座城邦，提出明确的政治主张，可谓纲领性的"政治卷"。从另一种意义上看，前面的"诗学卷"实际上是对理想形态意义上的古代异教文明史的研究，又可谓之"俗世史"；而后面的"史学卷"探究的则是选民的神圣历史传承，可谓之"救赎史"。——"俗世史"与"救赎史"作为人类历史上两股博大雄浑的生命活力，支撑着各自的思想道统与政治文明，二者的张力自始至终都灌注在《上帝之城》汹涌澎湃的文脉中。（详参本书《维吉尔的帝国诗文》一篇）由于"救赎史"的介入，奥古斯丁的《上帝之城》无疑提出了一种全新的视野和方法来研究古代的诗传统以及与其有着千丝万缕的联系的世俗历史。

奥古斯丁对古代异教传统的诗学—神学批判是在瓦罗已经奠

定的基础上展开的。如前所述，按照瓦罗，古代文明传统以神学的样式体现出来，可以再进一步分为三种，即神秘神学、自然神学和政治神学，它们分别被诗人、哲人和民众所使用。神秘神学即古代诗，它充斥着诗人们的虚构，它们大都有损神明的尊贵，比如：

> 有的神从头顶出生，有的从大腿出生，有的从血滴出生；神会偷窃，会奸淫，会当人的奴仆；总之，不仅发生在人身上的事情会发生在神身上，甚至发生在最卑贱的人身上的也会发生在他们身上。
>
> （《上帝之城》，6.5.1）

与神秘神学不同，自然神学是哲学家对神的本性的严肃研究，瓦罗以毕达哥拉斯和伊壁鸠鲁为其范例，他似乎和阿里斯多芬一样，认为这种神学只适合在学院围墙里面讨论，不宜在城邦广场上兜售。最后，政治神学则属于民众以及祭司们的知识，这种神学的要义在于使公民知道“应该崇拜哪些神，对每个神应该怎么样举办仪式和祭献牺牲”。就这三种神学，瓦罗总结说，诗人的神秘神学针对的是剧场，哲人的自然神学针对的是世界，公民和祭司们的政治神学针对的则是城邦。（《上帝之城》，6.5.2—3）奥古斯丁非常精准地看到，尽管瓦罗三分了古代神学，尤其是把政治神学作为一种独立的领域与另外两种分开，但是，他仍然提示读者注意三种神学的密切关系，尤其是诗人与哲人的神学思考对政治神学的制约。诗与哲学虽然不尽相同，“但是都有不小的一部分进入城邦的思考中”。对于诗人与哲人对城邦的影响，瓦罗的态度十分含混，他曾经表达过这样的希望：“我们更应该和哲学家，而少和诗人为伍。”很难弄清楚瓦罗所谓的“我们”指的是哪些人，也许是罗马统治精英，也许是像他一样的学者，但肯定不是普通民众，因为他很清楚民众更加倾向于诗人的虚构，而不是哲人的研究。（《上帝之城》，6.5.3；瓦罗：《论拉丁语言》〈*De lingua latina*〉，10.55）奥古斯丁由此推断，瓦罗让自然神学远离广场，也就是远离民众，把它关在学院的围墙里面，但遗憾的是，却没有让诗人的神学，也就是"最骗人、最下流的神学"远离城邦。瓦罗似乎暗示了诗人的神秘神学与城邦的政治神学两者之间的默契，奥古斯丁察觉到了这一点，因此他才这样说："另外两种神学，也就是第一种和第三种，是针对剧场和城邦的，瓦罗是要把它们区分开还是要合在一起呢？……剧场在哪里？不就在城邦里吗？剧场不就是国家设制的吗？"(《上帝之城》,6.5.3)瓦罗身居古代特殊的政治道统之核心，对古代神学的分类可谓精微审慎，但是，奥古斯丁对瓦罗的苦心孤诣并不体恤，他认为，瓦罗固然聪慧，但还不够大胆：

> 哦，瓦罗，虽然你是最睿智而且无疑最博学的人，但你还是人，不是神，你被神圣的精神提升起来观看并宣告神圣的真理，固然发现神圣的事物应该与人间的琐屑与谎言分离开来，但是你却不敢冒犯民众最腐败的意见以及他们的公共迷信里的种种习俗……你的本心驱使你崇拜自然的神祇，你却被迫崇拜城邦的神祇……你确实说过，神话的为剧场服务，自然的为世界服务，政治的为城邦服务，可是，世界是神的作品，而城邦和剧场只是人的作品，那些在剧场里被嘲笑的神祇正是神殿里被崇拜的神祇……如果你说有些神是自然的，有些神是人造的，那么你将会显得多么自由和精确啊！关于人造的神，诗人们给出了一种说法，祭司们给出了另一种说法；然而，他们两者实际上却是朋友，他们因谬误而结盟，取悦与真理的教义不共戴天的魔鬼。(《上帝之城》,6.6.1)

奥古斯丁这段话对瓦罗有失公正，如果与前面一节评论(《上帝之城》6.4.2)以及后面两节评论(《上帝之城》6.8.2;6.9.5)合起来看，甚至显得自相矛盾，不过，这段话的真正用意并非批判瓦罗，而是借批判瓦罗提出奥古斯丁自己的更加极端的主张，即瓦罗所谓的神秘神学与政治神学之间的区分是多余的，两者你呼我应，沆瀣一气，其实是一回事,“无论是神秘神学还是政治神学,凡人都不能借以获得永生”。与瓦罗的哲人式的枯燥研究相较,奥古斯丁的修辞几乎有着诗人的激烈:

> 前者(神秘神学)播种诸神的下流的虚构故事,后者(政治神学)兴奋地收获;前者散布那些谎言,后者把它们收集起来;前者在谬误的罪行中追踪神事,后者把由诸神的罪恶构成的表演当成神事;前者虚构渎神的故事,写进人间的诗,歌之咏之,后者把这些故事搬上献给诸神的庆典,舞之蹈之;诸神的荒唐行径,前者唱,后者爱;前者展览或虚构的东西,后者或是证实为真,或是明知为假也乐此不疲。两者都下流,两者都该诅咒。只是,剧场里的神学教导着被众人厌憎的事物,而城邦的神学则用这些事物装点着自己。我们还怎么从这两种连短暂的此世都能够污染了的神学中祈求永生呢?
>
> (《上帝之城》,6.6.2)

诗人对神的虚构本应该遭到谴责,但是却通由舞台演员的表演在政治神学中被唤起,并成为后者的一部分,这在奥古斯丁看来不仅仅是诗人的耻辱、演员的耻辱、剧场的耻辱,而且还是公民的耻辱、神事的耻辱和神殿的耻辱。换言之,不仅仅是神秘神学的耻辱,而且更是政治神学的耻辱。(《上帝之城》,6.7.1,3, 比较 6.8.2)对戏剧的厌恶是一种古老的政治与道德情感。19 世纪的海涅看到,对戏剧的反感受制于“一种古老的、反艺术的决死战斗的激情”,它体现了“两个截然相异的世界观之间统治了一千八百年的那种宿仇的一个方面,一种世界观发生在犹太的贫瘠土壤上,另一种则发生在繁荣的希腊”。[12] 奥古斯丁和其他众多基督教神学领袖并不是这种

---

〔12〕 海涅:《海涅文集 · 批评卷》,张玉书(选编)人民文学出版社 2002 年版,第 439—440 页。

情感的肇始者,但他们改造了它,把它变成了一个强大的精神传统,为我所用。[13]

奥古斯丁认为,瓦罗以及很多异教哲学家在诗人与祭司、剧场与城邦、神秘神学与政治神学之间考究其中的分殊是徒劳的。诗人们和剧场里的神秘神学与政治神学是伴生的,前者甚至还是后者的镜像,而诗人不过就是反照城邦的镜子。奥古斯丁意味深长地说,像瓦罗这样的古代哲人没有胆量公开批判政治神学,但是他们却是可以自由地批判政治神学的镜像,换言之,哲人不敢直接批判城邦及其祭司,但是可以批判剧场和它的诗人,那些洞悉哲人的意图的人看到哲人对城邦镜像的批判,就会厌憎镜像背后的脸。(《上帝之城》,6.9.4)在此,奥古斯丁似乎有意无意地鼓动着一场曾经发生在古代异教文明传统内部的"古老的战争":哲学与诗的战争。[14] 也许正是这个原因,奥古斯丁对瓦罗的批判留有很大余地,毕竟瓦罗更贴近哲人的阵营。奥古斯丁深知,自己的真正论敌是古代诗,也就是教导神秘神学的诗教传统,而这个传统在古代曾经遭到过来自哲学阵营的深刻挑战,因此,哲学似乎可以成为基督教暂时的盟友,用以共同抵制古代诗人们的说教。正是因为这个原因,奥古斯丁对瓦罗所谓的哲人的"自然神学"始终怀有好感,尤其对柏拉图传统心存敬畏,甚至认为只有柏拉图主义者才是讨论神学的恰当伙伴,因为他们超出了其他所有哲学流派的学说教条,在自然神学和道德哲学方面都更加杰出,而且他们的学说与基督教的教义更加接近。

---

〔13〕 席勒曾经撰文"论剧院作为一种道德机关",温情脉脉地提倡所谓"民族剧院":"总而言之,要是我们有一座民族剧院,我们也就变成了一个民族。是什么东西把希腊全国这样牢牢地拴在一起?是什么东西以如此不可抗拒的力量吸引希腊民众到剧院去?不是别的,正是剧本的爱国主义内容,正是希腊精神,正是那种充满在这些剧本里的巨大的压倒一切的国家利益和更优秀的人类的利益。"席勒:《席勒文集》,第六卷,人民文学出版社 2005 年版,张玉书选编,第 13 页。席勒提出的剧院改革计划以及向希腊戏剧奉送的莫须有的赞词表达的仅仅是他自己的美好愿景而已,其背后的支配性情感仍旧是对戏剧的深刻怀疑。卢梭与达朗贝关于戏剧问题的通信也属于同样的情形,文艺复兴时期昙花一现的萨沃纳罗拉更是如此。

〔14〕 "哲学与诗的争吵古已有之。"柏拉图:《理想国》,第 10 卷,607b4—5。

(《上帝之城》,8.1,5,7,8,9,11)在这个意义上,我们可以说,奥古斯丁试图与哲人结盟,以政治与道德的名义联合对抗诗人与城邦的联盟。

古代异教文明传统中的“内战”在共和时期的罗马也曾隆重上演。在讨论汉尼拔战争之前的罗马喜剧时,罗马史权威蒙森(Theodor Mommsen)写道:

> 这种喜剧所根据的希腊喜剧在道德上无足轻重,因为希腊喜剧的腐败直是与其观众不相上下的;可是当此之时,罗马人游移于旧的严肃与新的腐败之间,罗马的舞台便成为传播希腊文化兼散布恶习的大学校。这种雅典、罗马的喜剧,以其僭称恋爱的出卖肉体与灵魂——无耻和伤感同样的不合道德——以其可厌的不近情理的侠义,以其对于荒淫生活的一致赞赏,以其混合乡村的粗野和异国的文物于一处,是宣传罗马、希腊颓风的一个无尽的课程……所以如果罗马市民对于这些希腊喜剧渐渐养成嗜好,我们见到为这事付出了何等的代价。罗马政府应付其责,不是因为对这种诗人不加赞助,而正是因为对这种诗加以宽容。恶习就是没有讲台固然也有势力,不过建立一座讲台以宣扬罪恶,却不能以此自解。说阻止希腊喜剧与罗马人民和制度的直接接触,这是个遁辞,而非严正的防御法。实则他们如果许喜剧自由发展,以致可以化诗人为高尚职业,发展出一种差能自立的罗马诗,喜剧或不至于那样败坏道德;因为诗歌也是一种道德势力,诗歌既能使人身负重创,也很能疗治重创。当时的情势既是这样,政府在这方面也犯了太过和不及的毛病;罗马民族所以遭到迅速和惊人的瓦解,政府监督舞台的人在政治上游移不定和在道德上的矫饰虚伪也与有力焉。[15]

我们有理由说,在抵制希腊诗(尤其是喜剧)这项事业中,奥古斯

〔15〕 罗森:《罗马史》,第三卷,李稼年译,商务印书馆2005年版,第384—385页。

丁的犹太—基督教道德与罗马的斯多亚共和政治德性找到了联盟的理由，这个联盟在近代狂热的共和主义者与清教徒中间被完好地继承下来了。

然而，众所周知，古代哲学固然在政治道德层面与诗发生纷争，但是，在更加深刻的理论原则与学理层面，它对基督教教义实际上构成了精微、有力的挑战，这一点，奥古斯丁当然知道，《上帝之城》花了长达三卷篇幅（第8—10卷）来处理这个棘手的麻烦。为应对这个麻烦所耗费的不仅仅是奥古斯丁的长篇笔墨，而且还有更加专注和专业的研究与辩难。与《上帝之城》第6—7卷（应对古代诗人的部分）相比，第8—10卷（应对古代哲人）的笔锋呈现沉重和肃穆的迹象，长篇的理论化讨论明显增多了，而且，艰深的基督教神学义理资源被频繁援引。在这里，我们感到，奥古斯丁如临大敌。而相比之下，在第6—7卷，奥古斯丁的文风轻松活泼，甚至略显戏谑，几乎所有对古代诗的讨论都是在其字面意义上进行的，奥古斯丁似乎不屑于针对古代诗人进行艰深的理论辩难，而且，他也从来没有动用最强大的资源——基督教神学教义。在他看来，只需重新挑起古代异教内部的哲学与诗这场纷争就足以致古代诗于死地了。也是因为这个缘故，当面对古代哲人之际，奥古斯丁尽管严阵以待，但是，他对哲人的赞扬也是有目共睹的，这绝对不是简单的谀辞，而更加可能是出于其“思想统战”的考虑。[16] 《上帝之城》的副标题是“驳（contra）

〔16〕 值得更进一步辨明的是，对于奥古斯丁而言，新柏拉图主义者并非完全是异教哲学的代言人。《上帝之城》第8卷第16—18节，在批判阿卜莱乌斯崇奉鬼怪的时候，奥古斯丁提出的主要理由，就是说信任鬼怪的人放弃了理性而放纵于激情。这个批判其实和批判古代诗是一致的。奥古斯丁的做法有可能是以哲学家的身份不动声色地对基督教传统中那些过分偏向“诗”的部分予以节制！本文更多的是执著于奥古斯丁与古代异教诗的紧张关系，至于他对自身所在的基督教传统中的某些过于诗性的风习与偏见所提起的自省和批判，本文关注很少。奥古斯丁试图提出自我批判，却拿新柏拉图主义开刀，算得上是春秋笔法，意味隽永。的确，与其说新柏拉图主义凭借其理性深思的哲学品性而更加贴近异教哲学，不如说它更多的受制于混杂着鬼怪与激情的诗学传统，因此更容易与基督教强大的信仰激情“同流合污”。在这个意义上，霍布斯把异教鬼怪学说和基督教腐败的教士传统一并打入

异教徒”，这是一个泛着血腥味儿的标题，它提示我们，奥古斯丁正在从事着的可能是一场具有攻击性的政治事业，一场类似攻城略地一样的思想圣战。[17] 有什么能比从内部瓦解这座城堡更好的战术呢？有着深厚的古代异教哲学修养的瓦罗在这个关节也就倍显其利用价值了。于是，我们在读到奥古斯丁对瓦罗的酷评的同时，也

“黑暗王国”真算得上是同曲同工了。比较《上帝之城》第8卷与但丁的《地狱篇》第20歌的相同笔法和意图，我认为，此处涉及一个更加恢弘的主题，即古代异教（自然宇宙论）对基督教（创世论）的污染和败坏问题。限于篇幅，此处不再展开。以上这些观察得益于朱振宇博士的讨论，在此致谢。

〔17〕 奥古斯丁对自己的雄心有着清晰的意识和判断，而且也毫不避讳其论战性与攻击性，这是创教与护教时代的教父们的共同品质。奥罗修斯（Orosius）的著述就灌注着高傲的政治血气，而拉克坦修斯（Lactantius）的《论迫害者之死》（*De mortibus persecutorum*）的序言则弥漫着一种诗性的血腥，一种只能在《圣经·启示录》的末世论修辞中才能感受到的恐怖的狂欢：

> 看，所有阻挡我们的都被毁灭了，罗马帝国得以重获平静，曾经被压制的教会再次抬头，上帝的圣殿从前被恶人推到，现今又得重建，而且得着比从前更大的荣耀。上帝扶起君主，让他们远离以往暴君们渎神和血腥的敕令，人们的福祉得以被照看。这样，往日的阴霾散去了，人们的心思因着和平与宁静而喜悦。在发狂的旋风和黑色的暴风雨后，诸天豁然开朗，我们盼顾已久的光已经照临大地。上帝，那倾听祈祷的，借着他神圣的大能，把匍匐的、受难的仆人从地上扶起，终结了恶人们的诡计，并把哀哭者的眼泪从他们脸上擦去。那轻慢神道的，现在都跌伏在地了；那推翻圣殿的，都倒在更大的废墟中；那拷打义人的，也在上天施行的瘟疫天罚中释放出了自己有罪的灵。上帝只是暂缓了对这些人的惩罚，为的是借着这伟大的、惊讶的事例，教导后人，他才是唯一的上帝，他判断那傲慢的人、渎神的人和迫害人的人，对他们施以合适的报复。三思之下，我认为应该记录下这些人的结局，并公之于众，这样的话，后来人和那将要复活的人就可以知道那至高者是怎样把他的君王般的强力显给他们看：凡是以他的名字为敌的，他都连根拔掉，尽数毁灭。我的记述将使下面的事情清晰可见：从教会第一天建立起开始，谁是我们的迫害者；神圣的裁判者又是借着什么样的惩罚严厉地报复了他们。（笔者据“尼西亚与后尼西亚教父集成”［*NPNF*］译出）

当代史学家莫米利亚诺认为，拉克坦修斯的修辞充满了道德怨恨和政治复仇的可怕激情，有着希伯来先知的狂暴风格，但却不具备后者的悲悯之心。后世学界多有迂腐及乡愿者，将教父们的世俗政治意图予以淡化甚至掩盖，思之不免令人讶异。参 Arnaldo Momigliano, “Pagan and Christian Historiography in the Fourth Century”, *The Panganism and Christianity in the Fourth Century*, Essays edited by Arnaldo Momigliano, Oxford University Press, 1963。

读到了下面这些贬中有褒、模棱两可的判语：

> 他们更敢于批判前者（诗人），而不敢批判后者（城邦）；他们揭露了前者的罪行，又暴露出后者与前者的相似之处。他们这样做并不是心甘情愿推许城邦的政治神学，而是为了让人理解，二者都该唾弃。那些害怕批判政治神学的人为了避免危险，主张他们所谓的自然神学归于更高的心灵，暗含着对另外两者的鄙视。（《上帝之城》，6.8.2）……谁会那么愚蠢，以至于不明白这一点呢：他这么费尽心思地暴露和解释政治神学，证明它和不光彩而该遭谴责的神秘神学是一样的，已足够清楚地教给我们，神秘神学不过就是政治神学的一部分，瓦罗不过就是要在人的心灵中为自然神学留一块地方，这就是他所谓属于哲学家的神学。他做得很糟糕，批判了神秘神学，却又不敢批判政治神学，于是通过展示它的特点，暗中表明它是该批判的。这样，有正确理智判断的人批判了这两种神学，是否就只剩下自然神学该选择了？（《上帝之城》，6.9.5）……在所有那些虚妄和偏向虚假之辈中，我们还是应该更多、更有耐心地倾听哲学家的说法，他们并不喜欢民众的那些意见和错误。
>
> （《上帝之城》，6.1.1）

奥古斯丁竟然能够感受到瓦罗对诗人和城邦隐藏着的“鄙视”，这显然是对瓦罗意图的过度诠释甚至附会，我们有理由怀疑这种教派性的爱憎激情是否真的曾经支配过瓦罗这位拥有一副健全的政治灵魂的罗马人。从奥古斯丁对瓦罗的写作意图的过度诠释，很容易诱使读者推导出后世所谓“隐秘写作”（esotericism）的结论。这和当代西方以政治学家列奥·施特劳斯（Leo Strauss）为核心所形成的“施特劳斯学派”对诸多古典作家的过度诠释一样，陷于相同的谬误。声称自己在古典作家那里发现了“隐秘写作”的学者并没有足够深刻地去体味一个重要的环节，那就是，他们发现的“隐秘写作”是一种内敛的、辩护式的、富有教派性质的写作方式，这仅仅符合一部分古典作家的风格；对于那些尤其具有立法意图的作家而言，这类观察显得非常狭隘，并不适用。例如，奥古斯丁声称瓦罗鄙视神秘神学和政治神学，这恐怕就是一种过度的误判了。“隐秘写作”的命题是一个纯粹的无神论命题，其缘起与凡人对神的知识的可能性密切相关。具体而言，主张这一命题的人认为，少数哲人洞悉了一个可怕的真理，那就是神并不存在；这一真理与政治共同体的道德根基相左，宣扬这一真理不但危及大多数人的生活秩序，而且也置哲人于危险的境地，哲人需要用种种修辞技巧掩盖这一真理，或者对此保持沉默，于是就出现了“隐秘写作”的传统，这种写作往往使得哲人的作品模棱两可，莫衷一是。因此，对哲人的原始意图（实际上就是无神论主张）及其表述技巧（如何在表述神学教义的同时又否定它）的挖掘与推敲成为至关重要的解读方法，这一点与强调读者主观视角的现代解释学中的“接受理论”格格不入。这种解读经典作品的方法或许能够帮助少数心灵深邃的学者逼近古典作家的内心世界，但是，它也往往使大多数平庸的模仿者陷入轻浮混乱的泥沼。瓦罗在谈到自己的著述时曾经这样说：“我在这卷书里会写到罗马民众的公共的诸神，罗马民众为他们建造公共神殿，以众多的象征来装点他们；但是，就像（哲学家）克洛丰的色诺芬尼那样，我给出的是我想到的，而不是我要做出的结论。就此问题，人只能拥有意见，只有神才拥有知识”。（《上帝之城》,7.17）瓦罗简直道出了大多数古典作家的共同心声：关于神，凡人所有的仅仅是意见，唯有神掌握着最后的真理。这显然并不是无神论的异端邪说，其持论可谓中正平和，在坚持凡人的自然理性的卑微地位的同时，也体认了他们对神事的不乏笨拙的摸索。持有这种意见者，实在不可能招来城邦的迫害，自然也没有“隐秘写作”的必要了。然而，在奥古斯丁的过度曲解之下，瓦罗成了一个因为知晓了可怕的真理而如履薄冰、患得患失的人，他说瓦罗没有跟从“真理”与“信仰”的引导，而是屈从于"民众的权威与压制"，以至于只能说出"颤抖的意见和怀疑的言词"。(《上帝之城》,7.17)还说"这个天才在写下这些文字的时候承受着很大的麻烦"。(《上帝之城》,7.28)瓦罗看到的是一处没有真理、仅仅充斥着打成一团的意见的领域，奥古斯丁则执意用"真理vs.谎言"的图式重新标识这处领域。这就是两个人的根本差异所在。瓦罗走的是一条通向立法者的道路，奥古斯丁走的则是一条通向哲学教主的道路；前者着眼于适用于所有人的律法，后者着眼于所谓少数人的教派性的隐秘知识。[18]

古代诗——依照瓦罗的术语就是"神秘神学"——与城邦的政治神学的密切关系表明了古代诗的政治负担，古代诗在这个意义上可以被称为前文所说的"立法诗"，而古代诗人则可被称为"立法诗人"。奥古斯丁对古代诗的批判在很大程度上也是对其政治使命的批判，正如他对瓦罗的抱怨："他没有能够让第一种最骗人、最下流的神学(诗人的神秘神学)远离城邦"。(《上帝之城》,6.5.2)在诗人们的蛊惑下，城邦的政治神学呈现出污浊不堪的样子，"整个政治神学都是发明各种方法，吸引无法无天的鬼怪和最肮脏的精灵，邀请他们观看荒谬的形象，从而摄住愚蠢的人心"。(《上帝之城》,7.27.2,末尾)如前文所述，奥古斯丁在其对古代诗学的批判事业中，没有动用基督教神学资源，所有的讨论和批判从理论立场和语言修辞方面都沿袭了古代文明内部哲人对诗人的批判格式。柏拉图《理想国》第十卷与罗马共和早期的政治精英对希腊文化的拒斥(以老加图为范例)对奥古斯丁的诗学批判提供了基本灵感。在他的批判中，唯有一个关键之处暗示着基督教立场，那就是他指责古代诗人的神秘神学不能给人们带来"永生"。奥古斯丁是在《上帝之城》第6卷第1节的标题里提出了"永生"理念的，从而奠定了这一卷的基调，这一理念又出现在此卷最后一节的标题里，首尾可谓贯通，从此也可看出奥

〔18〕 奥古斯丁在《上帝之城》第7卷第5节以"异教徒的隐秘教诲和自然理性"(*De paganorum secretiore doctrina physicisque rationibus*)为标题的讨论值得仔细体味。

古斯丁的首要意图是在“永生”的基督教理念背景下批判古代诗。然而，奥古斯丁在这一卷针对古代诗的批判中并没有展开“永生”论题，这不难理解，因为古代诗人并不关心“永生”或者——用古代人自己的表述就是——“不朽”，俄耳甫斯进入冥界搭救亡妻还阳未果的故事就提示了这一点：古代诗无助于凡人对“永生”的追求，所以才有“政治的”转向，为城邦的世俗生活立法，变身成为“立法诗”。对此，奥古斯丁感到十分惊讶，他提出了一项耐人寻味的反驳：

> 人类无疑也是有灵魂的，这不是最明显不过的吗？但是人类并没有被当成神，这真是该沉痛哀悼的事情，人类自己比那些不是神的东西更好，可是却要把他们当成神崇拜和敬慕。这简直是犯了一个奇怪而可怜的错误。
>
> （《上帝之城》，7. 23. 1）

在异教文明中，“永生”或者“不朽”的论题不是诗人的论题，而是哲人的论题。因此，奥古斯丁要到《上帝之城》第 8 卷才开始在与古代哲人（尤其是“新柏拉图主义者”）的对谈中充分展开这个论题。值得一提的是，奥古斯丁本人曾经就《上帝之城》前 10 卷的写作布局有过提示，他说，第 1—5 卷是驳斥那些认为崇拜异教伪神有益于必死的此世生活的观点，第 6—10 卷反驳那些认为崇拜异教伪神有益于死后的来生的观点。奥古斯丁没有看到，或者可能不愿意承认，对于古代异教徒来说，没有独立意义上的死后世界、来生或者永生，所有这些涉及“来世”的观念和修辞都被纳入了“此世”的观照中了。用孟德斯鸠的话就是，对于古代人来说，宗教就是政治。古代诗人的神秘神学不管如何玄奥，都是政治性的、此世指向的。贯穿《上帝之城》第 1—10 卷的整场讨论仿佛是一条平原上的河流，没有什么惊涛骇浪，唯一出现一丝波动的地方是在第 8—10 卷，也就是批判古代哲人的部分；哲人（尤其是“新柏拉图主义者”）的学说非常接近基督教的教理，他们是古代异教文明传统中的奇葩另类，因此也受到奥古斯丁的另眼看待。《上帝之城》第 8 卷第 26 节在“所有的异教都是关于死人的”(*Quod omnis religio paganorum circa homines mortuos fuerit implicata*)的标题下的讨论值得仔细琢磨。

我们可以简短地总结说,由于古代诗秉有天生的政治品性,奥古斯丁的古代诗的批判注定也是政治性的。正如《上帝之城》的谋篇布局所显示的,古代诗的批判可谓是他所有神学作品的导论,因为对旧的政治体制的批判所指向的唯有新政治的革命性的树立。在这个意义上,奥古斯丁是一位不折不扣的政治思想家,或者借用古代史权威莫米利亚诺(Arnaldo Momigliano)的话说,他是一位“天生的统治者”。[19] 不管是奥古斯丁的朋友还是敌人,记住他下面这句

---

〔19〕 这种评断适用于公元 4 世纪几乎所有基督教权威教父,这是由于当时的情势所决定的。莫米利亚诺这样说:

> 4 世纪的核心特征……就是,教会开始作为同国家进行竞争的组织形态浮现出来,从而吸引了受教育和有影响力的人。国家尽管试图规制所有事情,却无力阻止或者压制来自教会的竞争。如果投身教会,一个人事实上就可以逃脱国家的权威。如果喜欢权力,一个人也很快就会发现,在教会能够找到比国家更多的权力空间。教会吸引了大部分有创造力的心灵,比如西方的圣哲罗姆、希拉里乌斯(Hilarius of Potiers)、圣奥古斯丁和东方的阿塔纳西乌斯、约翰·克里索斯托姆、格里高利(Gregory of Nazianzus)和凯撒利亚的巴西尔;这些人都是天生的统治者,而且是一种特殊类型的统治者,这种类型的统治者除了学者型的皇帝朱里安之外,在帝国皇帝宝座上几乎是找不到的。他们融合了基督教神学和异教哲学,融合了世俗的政治能力和对不朽价值的稳定信仰。他们可以教导有学识者和无学识者如何行事,由此而改造着越来越多的人的日常存在的外部特征和内在意义。(Arnaldo Mimogliano, “Christianity and the Decline of Roman Empire”, *The Conflict Between Paganism and Christianity in the Fourth Century*, Essays edited by Arnaldo Momigliano, Oxford University Press, p.9.)

公元 4—5 世纪的基督教所面临的不仅仅是与古代异教的争端,而且还有一股新的势力,即野蛮人。这股势力对基督教会的担纲者提出了更具政治色彩的任务。莫米利亚诺观察到:“野蛮人一旦进入帝国,异教社会和基督教社会之间的冲突也就改变了面相。一种新的因素进来了。异教徒和基督教徒在应对野蛮人问题时,究竟谁做得更好,这还有待考察。从公元 4 世纪结束时开始,人们便要求教会不仅要驱除魔鬼,也要驯服野蛮人。野蛮人便是当日的问题所在,仅次于撒旦。和魔鬼一样,野蛮人也遍布各个角落,不过和魔鬼不同,野蛮人不是任何简单的令谕就能够驱除的。在这个问题上,教会必须小心谨慎,应对不同的形势:它必须证明自己

话对于理解这位伟大的政治思想家是至关重要的:“我殚精竭虑,力图剪除与摧毁那扭曲、古老的意见,它们被人世间陈陈相因的谬误根植在黑暗的灵魂深处,顽固不化,与信仰的真理为敌。”(Diligentius me pravas et veteres opiniones veritati pietatis inimicas, quas tenebrosis animis altius et tenacius diuturnus humani generis error infixit, evellere atque exstirpare conantem.《上帝之城》,7. 1)

对于异教徒的优越性。”(Arnaldo Momigliano, *ibid*, p. 11—13)涌入帝国的野蛮人可谓是异教势力与基督教势力的共同敌人,但是,他们并没有使异教与基督教团结起来一致攘外,反而加剧了双方的敌意:基督教会与异教政府都试图领有对这些野蛮人的统治权,双方不得不竭尽所能地展示和论证各自的统治能力资质与高超的政治教化理念。值得注意的是,在这场争夺统治权的“三国演义”中,基督教对于野蛮人并没有很深的敌意,主教们的死敌是罗马帝国,与之相比,野蛮人倒显得友好多了。“圣奥古斯丁本人并不十分肯定帝国就是一个好东西。他的学生奥罗修斯(Orosius)则在一段意图生动的文字里谈到了那些更加愿意生活在野蛮人统治之下的人们。法兰克的神甫塞尔维安乌斯(Salvianus),也就是写于450年的《论上帝的统治》(*De gubernatione dei*)的作者,也对日耳曼人的品质有着深刻的印象……野蛮人作为解放军进入帝国的画面尽管是对史实的奇怪扭曲,然而,我们也必须考虑到,在西部,对野蛮人的心理抗拒并不像东部那样强大……在西部,教会为削弱帝国提供了助力之后,便倾向于同野蛮人合作,甚至倾向于以野蛮人的领导取代罗马权威。”(Arnaldo Momigliano, *ibid*, p. 13, 14)非常值得玩味的是,早在两百年前,罗马帝国的候补执政官塔西陀在他撰写的《日耳曼尼亚志》中就第一个对野蛮人唱起了赞歌,只不过,他心中所寄的并非“civitas dei”,而是罗马共和国。在研究公元4世纪和5世纪这段帝国史、教会史与基督教神学思想史的时候,有一点需要谨记,那就是,将罗马帝国境内的野蛮人改宗基督教,借此使他们罗马化,这一进程乃是君士坦丁和查士丁尼之间的这段历史的基本特征所在,这项事业是由基督教会的主教、神学家以及基督徒皇帝们担纲完成的,其意图与其说是拯救罗马帝国,不如说是以的新方式和秩序塑造并把持一个新罗马。

希罗多德：女人、道统与变易兴亡

希罗多德在《历史》开篇说，撰写这部史书的意图是为了把希腊人与异邦人的“纷争的原因”记载下来。希罗多德所谓的“异邦人”也就是居住在亚细亚的东方人。

第一卷前四节，希罗多德讲述了四个被掠夺的女子的传说：两个被东方人掠夺的希腊女子（伊奥、海伦）和两个被希腊人掠夺的东方女子（欧罗巴、美狄亚）。掠夺导致复仇，希腊人与东方人的战端就此开启。四个女子的传说分别来自“希腊人的说法”（I. 2）和“有学识的波斯人的说法”（I. 1）。希罗多德原话照录，但对两种说法一概不置可否。“哪一种说法合乎事实，我不想去论述”（I. 5）。

接下来，希罗多德笔锋一转，讲述了另外一个女子的故事。海拉克列达伊王族中的坎道列斯是一名僭主，他认为他的王妃是世界上最漂亮的女子，为了使他的贴身卫士巨吉斯也相信这一点，他就强迫卫士偷窥了王妃的裸体，但被王妃察觉。王妃给了巨吉斯两个选择，要么自杀，要么杀了坎道列斯，娶了王妃，获得王位。

> 你们两个人中间一定要死一个，或者是他死，因为他怂恿你干这样的事情；或者是你死，因为你看见了我的裸体，这样就破坏了我们的惯例。（I. 11）

王妃所说的“惯例”就是 nomizomena，它指的是一个民族自古就遵行不悖的道德风习与礼法情操，即 nomoi，所谓“道统”差不多也就是这个意思。王妃这句话的意思先前在巨吉斯的一句话里已经有所预示。当坎道列斯强迫巨吉斯去窥视王妃身体的时候，巨吉斯大惊失色，说道：

> 主公，您说的这话是多么荒唐啊。您知道，如果一个女人脱掉衣服，那也就是把她应有的羞耻之心(aidos)一起脱掉了。(I.8)

把王妃与巨吉斯的两句话合到一起，就可以得出结论：羞耻心正是礼法或道统的基石。

从王妃的故事往再回看那被掠夺的四个女子的故事，希腊人与异邦人扰攘纷争的原因也可一目了然了：被掠夺的女子无异于被脱光了衣服的女子，女子被异族掠夺等同于道统被异族辱没。希腊人与异邦人之间的战争是攸关道统废举与国运兴亡的战争。女人的身体似乎是一个民族的道德储备，容不得外族侵凌，它唯一地只属于一个民族。就这样，希罗多德利用一个东方王妃的故事，提示我们去重新阐释那四个被异族掠夺的古代女子的故事，借此发现民族邦国之间的战争的真正原因所在。

在讲了四女子的故事之后，希罗多德说了这样一段话：

> 不管人间的城邦是大是小，我是要同样加以叙述的，因为先前强大的城邦，现在它们有许多都已变得默默无闻了；而在我的时代雄强的城邦，在往昔却又是弱小的。这二者我之所以都要加以叙述，是因为我相信，人间的幸福是决不会长久停留在一个地方的。(I.5，比较I.207)

诚哉斯言！邦国之变易兴亡正如荷马笔下“落叶般的世代”(“正如树叶的枯荣，人类的世代也如此。秋风将树叶吹落到地上，春天来临，林中又会萌发，长出新的绿叶，人类也是一代出生，一代凋零。”《伊利亚特》VI 145—149)，原本是一件再自然不过的事情，因为邦国之基石——“道统”——的确就是女人的衣服，松软、单薄、易碎、易破、易脱落。据赫西俄德的说法，“羞耻心”（*aidos*）被脱掉之后的后果是这样的：

> 羞耻和敬畏两位女神以白色的长袍裹着绰约多姿的身体，将离开道路宽广的大地，回到奥林波斯山中，抛弃人类，加入永生神灵的行列。而人类将陷入深重的悲哀之中，面对罪恶无处求助。（《劳作与时日》第195—200行）

近代大哲培根有言：没有什么道统是真正建立在磐石之上的，几乎所有道统都在变动不居的时间长河中随波逐流，最后被涤除净尽（《培根论说文集》之58，“论变易兴亡”）。

希罗多德：奴隶的风习与风习的奴隶

大居鲁士死后，刚比西斯继承波斯大统。此人是个暴君，关于这个人，希罗多德第一句话就这样说：“刚比西斯把伊奥尼亚人和爱奥里斯人看成是从父亲手里继承过来的奴隶”（《历史》II. 1）。

《历史》用了一卷篇幅（第三卷）讲述刚比西斯：暴虐、变态、精神失常，以及由此导致的宫廷政变和大流士的崛起。希罗多德的史家文笔如行云流水，使得刚比西斯的生平宛如幽处于美术馆深处的一条画廊墙壁上的画卷，在昏暗的灯光中生动地展现出来。刚比西斯身负四宗大罪。其一，侮辱战败国的国王和臣民，冒犯了战争法（III. 14—15）；其二，鞭打、火烧异族权贵尸体，并置于荒野任野兽吞食，冒犯了万民法（III. 16）；其三，破坏埃及神殿、圣墓，干涉圣事礼仪，愚弄神庙祭司并致其横死，冒犯了神法（III. 27—29，37）；其四，杀兄、杀姊、乱伦、叛友，冒犯了自然法（III. 30—35）。

战争法、万民法、神法和自然法，人世间诸民族纵有百般样式的风习道统，其源泉所在也不过这四种法度了。波斯国王刚比西斯竟然一一将其踏在脚下。难怪希罗多德要说：“因此，不管从哪一点看来，我以为都可以肯定，刚比西斯是一个疯狂程度甚深的人物，否则他不会做出嘲弄道统和风习的事情”。（III. 38）

上面这句话看起来是希罗多德以第一人称的语气针对刚比西斯的正面责难，这种情形在这部史书中非常稀有，让人不禁想到塔西陀对罗马皇帝提比略的灵魂疾病的诊断。不管怎么说，希罗多德的“责难”使我们觉得这位史家是一个风习与道统的捍卫者，至少是一个风习与道统的赞美者。可是，紧接着上面这句话，希罗多德用一种极其怪异的方式发表了一篇“风习论”：

> 如果向所有的人们建议选择一切风俗中在他们看来是最好的，那么在经过检查之后，他们一定会把自己的风俗习惯放在第一位。每个民族都深信，他们自己的习俗比其他民族的习俗要好得多。因此不能设想，任何人，除非他是一个疯子，会拿这类的事情取笑。在许多证据当中我只提出一个来，从这个证据就可以推想到，所有的人关于自己的风俗习惯都有同样的想法：当大流士做国王的时候，他把在他治下的希腊人召了来，问他们要给他们多少钱才能使他们吃他们父亲的尸体。他们回答说，不管给多少钱他们也不会做出这样（有违希腊风习）的事情来的。于是他又把称为卡拉提亚人并且以吃他们的双亲为风习的那些印度人召了来，问他们要给他们多少钱他们才能够答应火葬他们的父亲。这时他要希腊人也在场，并且叫通译把所说的话翻译给他们听。这些印度人高声叫了起来，他们表示他们简直不敢起这个可怕的念头。这些想法是这样地根深蒂固，因此我以为，品达洛司的诗句说得很对，“风习乃是万物的主宰”。

没有哪个风习的捍卫者和赞美者能够用如此淡漠、戏谑的笔调谈论风习这种肃穆的事情了。“风习乃是万物的主宰”，诗人品达的格言似乎是在颂扬“风习”的伟大，但是，在希罗多德这里，它未尝不是在指出匍匐在风习脚下的“万物”是多么渺小。紧随着“刚比西斯卷”（即第三卷），《历史》第四卷，开篇，斯奇提亚人恰恰给出了这样的一个典例。

斯奇提亚人离开故乡，追踪奇姆美利亚人而侵入了亚细亚，并顺手灭亡了美地亚人的帝国，统治亚细亚，共二十八年。可是，当斯奇提亚人荣归故里之际，却遇到了很大的麻烦，他们发现在自己的祖国竟然有一支大军和他们对峙，原来斯奇提亚的妇女们因为自己的丈夫长达二十八年不回家，便和她们的奴隶同居了。结果，当这些奴隶和斯奇提亚的妇女们所生的年轻一代长大起来并且知道了他们的出身之后，他们便决定抗击从美地亚归来的主人了。多次交锋过后，斯奇提亚人毫无建树。在一筹莫之际，他们当中有一个人这样说道：

> "斯奇提亚人，我们现在做的是什么事情！我们现在正在对我们自己的奴隶作战。如果我们被他们杀死，我们的人数就要减少；如果我们杀死他们，今后我们的奴隶就要减少了。因此我的意见是我们最好抛掉我们的矛和弓，各自手执皮鞭和他们进行肉搏。因为他们看到我们手里拿着的是矛和弓，他们就以为他们是和我们能力相同而身份也相同的人物，但他们若看到我们手里拿着的不是矛和弓而是皮鞭，他们就会懂得他们原来是我们的奴隶；他们一经意识到这一点，就会经不住我们的进攻而跑掉了。"斯奇提亚人按照这个计划，手提皮鞭，再度开战，他们的敌人，那些奴隶的后代，果然作鸟兽散。(IV.1—4)

人的确是风习的奴隶，即使那是奴隶的风习。"皮鞭"的故事堪称希罗多德"风习论"的点睛之笔，其最终论点至此也就昭然若揭了，那就是风习之扭曲人性自然，堪称暴君也。

回到刚比西斯问题，如前所述，希罗多德第一句话就是"刚比西斯把伊奥尼亚人和爱奥里斯人看成是从父亲手里继承过来的奴隶"(《历史》II.1)。在扭曲自然、使人为奴这一点上，希罗多德似乎分辨不出、也不愿去分辨"刚比西斯"和"风习"二者究竟有多大差异。这或许可以解释希罗多德为什么可以用如此淡漠的笔法撰写一篇透着讽刺意味的"风习论"，也可以解释他为什么能够用同样淡漠的笔法，去分析刚比西斯的"疯狂"的病理：

> 这些疯狂行动也许是由于阿庇斯的缘故而干出来的，也许是由于人们经常遭遇到的许多痛苦烦恼当中的某些而产生出来的。诚然，据说他从一生下来的时候，他就染上了一种有些人称为‘圣疾’的严重的疾病（即癫痫病）。如果一个人的身体得了这样的重病，则他的精神也会受到这种病的影响，这一点并不是不可想象的。（III. 33）

在刚比西斯对各族风习的肆意践踏中，可以看到的或许是自然的暴力，它与那些扭曲人性自然的风习一样，都只不过是一种使人为奴的疾病罢了——“这一点并不是不可想象的”。

大革命与新制度

这篇研究笔记与希罗多德《历史》第三卷记载的一场古代波斯的谈话有关，谈话的时间发生在“大革命”以后，主题是“后革命时代”的政治体制安排，参与谈话的人是大流士和他的革命同志，他们刚刚推翻玛哥斯僧的暴政。先看原文（王以铸译，商务印书馆，2001）：

(3.79)他们杀死了两个玛哥斯僧，并割下了他们的首级之后，却把伤者留在原处，这一则是由于他们已非常虚弱，此外还为了要他们看守城砦；其他五个人便拿着两个玛哥斯僧的首级，一路呼喊叫啸着跑出来叫所有的波斯人前来帮助，告诉他们自己所做的一切并把首级给他们看。同时他们又把他们在路上所遇到的每一个玛哥斯僧都给杀死了。当波斯人听到这七个人所做的一切以及玛哥斯僧人如何欺骗了他们的时候，便决定追随他们的榜样，也掏出匕首把他们所能寻找到的全部玛哥斯僧都杀死了。而如果不是夜幕降临而使他们不得不停手的话，他们恐怕是不会叫任何一个玛哥斯僧得到活命的。这一天是一切波斯人同样都举行的最盛大的神圣的日子；他们为这件事举行了盛大的节日，并称之为玛哥斯僧屠杀节；在节日期间，玛哥斯僧不许到街上来，他们要整天留在自己的家里。

(3.80)当五天以后混乱的情况好转的时候，那些起来反抗玛哥斯僧的人们便集会讨论全部局势，在会上所发表的意见，在某些希腊人看起来是不可信的：但毫无疑问这些意见是发表了的。欧塔涅斯的意见是主张使全体波斯人参加管理国家。

他说:“我以为我们必须停止使一个人进行独裁的统治,因为这既不是一件快活事,又不是一件好事。你们已经看到刚比西斯骄傲自满到什么程度,而你们也尝过了玛哥斯僧的那种旁若无人的滋味。当一个人愿意怎样做便怎样做而自己对所做的事又可以毫不负责的时候,那么这种独裁的统治又有什么好处呢?把这种权力给世界上最优秀的人,他也会脱离他的正常心情的。他具有的特权产生了骄傲,而人们的嫉妒心又是一件很自然的事情。这双重的原因便是在他身上产生一切恶事的根源;他之所以做出许多恶事来,有些是由于骄傲自满,有些则是由于嫉妒。本来一个具有独裁权力的君主,既然可以随心所欲地得到一切东西,那他应当是不会嫉妒任何人的了;但是在他和国人打交道时,情况却恰恰相反。他嫉妒他的臣民中最有道德的人们,希望他们快死,却欢迎那些最下贱卑劣的人们,并且比任何人都更愿意听信谗言。此外,一个国王又是一个最难对付的人。如果你只是适当地尊敬他,他就会不高兴,说你侍奉他不够尽心竭力;如果你真的尽心竭力的话,他又要骂你巧言令色。然而我说他最大的害处还不是在这里;他把父祖相传的大法任意改变,他强奸妇女,他可以把人民不加审判而任意诛杀。不过,相反的,人民的统治的优点首先在于它的最美好的声名,那就是,在法律面前人人平等。其次,那样也便不会产生一个国王所易犯的任何错误。一切职位都抽签决定,任职的人对他们任上所做的一切负责,而一切意见均交由人民大众加以裁决。因此我的意见是,我们废掉独裁政治并增加人民的权力,因为一切事情是必须取决于公众的。”

(3.81)欧塔涅斯发表的意见就是这样。但是美伽比佐斯的意见是主张组成一个统治的寡头。他说:“我同意欧塔涅斯所说的全部反对一个人的统治的意见。但是当他主张要把权力给予民众的时候,他的见解便不是最好的见解了。没有比不好对付的群众更愚蠢和横暴无礼的了。把我们自己从一个暴君的横暴无礼的统治之下拯救出来,却又用它来换取那肆无忌惮的人民大众的专擅,那是不能容忍的事情。不管暴君做什么事情,他还是明明知道这件事才做的;但是人民大众连这一点都做不到而完全是盲目的;你想民众既然不知道、他们自己也不能看到什么是最好的最妥当的,而是直向前冲,像一条泛滥的河那样地盲目向前奔流,那他们怎么能懂得他们所做的是什么呢?只有希望波斯会变坏的人才拥护民治;还是让我们进一批最优秀的人物,把政权交给他们罢。我们自己也可以参加这一批人物;而既然我们有一批最优秀的人物,那我们就可以做出最高明的决定了。”

(3.82)以上便是美伽比佐斯的看法了。大流士是第三个发表意见的人。他是这样说的:“我以为在谈到民治的时候,美伽比佐斯的话是有道理的,但是在谈到寡头之治的时候,他的话便不能这样看了。现在的选择既然是在这三者之间,而这三者,即民治、寡头之治和独裁之治之中的每一种既然又都指着它最好的一种而言,则我的意见,是认为独裁之治要比其他两种好得多。没有什么能够比一个最优秀的人物的统治更好了。他既然有与他本人相适应的判断力,因此他能完美无缺地统治人民,同时为对付敌人而拟订的计划也可以隐藏得最严密。然而若实施寡头之治,则许多人虽然都愿意给国家做好事情,但这种愿望却常常在他们之间产生激烈的敌对情绪,因为每一个人都想在所有的人当中为首领,都想使自己的意见占上风,这结果便引起激烈的倾轧,相互之间的倾轧产生派系,派系产生流血事件,而流血事件的结果仍是独裁之治;因此可以看出,这种统治式乃是最好的统治方式。再者,民众的统治必定会产生恶意,而当着在公共的事务中产生恶意的时候,坏人们便不会因敌对而分裂,而是因巩固的友谊而团结起来;因为那些对大众做坏事的人是会狼狈为奸地行动的。这种情况会继续下去，直到某个人为民众的利益起来进行斗争并制止了这样的坏事。于是他便成了人民崇拜的偶像，而既然成了人民崇拜的偶像，也便成了他们的独裁的君主；在这样的情况下也可以证明独裁之治是最好的统治方法。但是，总而言之，请告诉我，我们的自由是从什么地方来的，是谁赐予的——是大众，是寡头，还是一个单独的统治者？因而我认为，既然一个人的统治能给我们自由，那么我们便应当保留这种统治方法；再说，我们也不应当废弃我们父祖的优良法制；那样做是不好的。”

(3.83)在判断上述的三种意见时，七个人里有四个人赞成最后的那种看法。

这是一场著名的对谈录，发生在古代波斯王宫，关于其真伪，我们没必要纠缠，权当它是希罗多德虚拟的一篇对话体政论。这场对谈发生在大革命之后，谈话主题从表面上看是民主制、贵族制和君主制三种政体的优劣，所以这也是有关国家基础之本性的讨论。涉及国家基础问题的讨论得以发生的一个必要前提是国家权威的缺席。只有政治权威缺席的情况下，理性的言谈方能出现(柏拉图，《法律篇》634e)——政治谈话继大革命而后起，就是这个意思。政治讨论具有反对政治权威的隐意，其本身就是大革命行动的一部分，这场波斯革命摧毁了玛哥斯僧侣阶层掌控的政权。希罗多德设计的场景很容易让人想起《理想国》开篇为那场有关国家本性的著名讨论所设计的场景——讨论得以进行的前提是衰老、虔敬的克法洛斯必须退场。

这场谈话表面上是三种政体的比较，而且被学界认为是有关“政体分类”论题的最早研究文献之一。亚里士多德以降，所有经典政治理论作家都必定会在他们的经典作品中为这个论题保留一章核心篇幅。这一学统反映了寻求“最佳政体”的恒久愿望，这个愿望是贯穿古今的，一直到霍布斯以“正当政体”(legitimate regime)取代“最佳政体”。

以亚里士多德的视角，也就是政治科学家的视角，观察这场谈话显得意犹未尽，因为亚氏的纯粹客观的“科学”视角不会考虑这场谈话的历史情境。谈话紧随着大革命，并且是革命的组成部分，谈话的参与者不是政治科学家，而是七位革命贵族，他们从大革命中幸存下来，革命的血腥味儿仍在弥漫，局势仍然暧昧不明，革命者自身的安全仍然是个问题，因此，他们不是在哲学家的闲暇中，而是在政治家的紧迫性中，展开这场谈话的，谈话者的所有论辞都必须放在这个前提下才能得到恰当的理解。这样的话，这场谈话虽然关乎民主制、贵族制和君主制的优劣，但其实是有一个条件的，即那种能够保证革命贵族的安全的政体才是最好的。其实，大流士将这个问题一语道破了：

> 但是，总而言之，请告诉我，我们的自由是从什么地方来的，是谁赐予的——是大众，是寡头，还是一个单独的统治者？(3.82)

与大流士不同，欧塔涅斯和美伽比佐斯似乎没有看到这个生死攸关的问题，但这也可能只是表象。欧塔涅斯的辩词表面上倾向于民主政体，他的理由是他在前朝暴政下的不愉快的经历：

> “你们已经看到刚比西斯骄傲自满到什么程度，而你们也尝过了玛哥斯僧的那种旁若无人的滋味。当一个人愿意怎样做便怎样做而自己对所做的事又可以毫不负责的时候，那么这种独裁的统治又有什么好处呢？”(3.80)所以，欧塔涅斯认为：“我以为我们必须停止使一个人进行独裁的统治，因为这既不是一件快活事，又不是一件好事。”(3.82)

针对欧塔涅斯的民主辩词，美伽比佐斯提出自己的反驳意见，他认为，欧塔涅斯反对“一个人的暴政”是可以接受的，但他不能接受把权力平均分给民众的民主方案。因为民主有可能沦为多数人的暴政：

> 没有比不好对付的群众更愚蠢和横暴无礼的了。把我们自己从一个暴君的横暴无礼的统治之下拯救出来，却又用它来换取那肆无忌惮的人民大众的专擅，那是不能容忍的事情。(3.81)

当民主沦为多数人的暴政的时候，对于贵族而言那可能意味着什么呢？众所周知，贵族向来与暴君不能共存，彼此互为天敌，一个专制君主可以和成千上万个普通民众相安无事，但却时刻提防着一小撮贵族的阴谋，傲慢多疑的贵族似乎天生有一种喜欢诛杀暴君的嗜好。美伽比佐斯的辩词微妙地解释了这一有趣的现象，他似乎暗示，当贵族们处于“一个人的暴政”时，事情好办，搞一场革命，杀掉那个独夫就行了，但是，当多数人都成了暴君的时候，换句话说，当面对民众的暴力时，贵族们就有真的麻烦了，革民众的命是无济于事的，相反，民众却要革他们的命，这才是美伽比佐斯的难言之隐。在这个隐痛的前提下，就不难理解为什么美伽比佐斯反驳欧塔涅斯的辩词中频频提到了一个词：“我们”：

> 还是让我们选一批最优秀的人物，把政权交给他们罢。我们自己也可以参加这一批人物；而既然我们有一批最优秀的人物，那我们就可以做出最高明的决定了。(3.81)

此处的“我们”当然是指“我们贵族”。——贵族的自我意识，尤其是他们的傲慢和苦恼的意识，只有处在卑微、好乱的民众的对立面的时候，才变得格外鲜明。亚里士多德在《政治学》第五卷1310a9 的地方提到了贵族对平民的古老仇恨，古代贵族决意与平民为敌的可怕宣誓的惯例：

> 我深恶平民，当尽我力之所及，以消除其祸害。（比较《政治学》1296a27—32，参维柯，《新科学》271、588、611对此誓言的解释）

普鲁塔克与莎士比亚在古罗马贵族科利奥兰纳斯（Coriolanus）的人格与命运中窥见到了贵族与平民之间的仇恨绝无和解之可能，黑格尔著名的"主奴辩证法"也能够在贵族与平民的古老世仇中找到历史经验基础。希罗多德笔下的这位波斯贵族美伽比佐斯拥有敏锐的阶级意识，他从欧塔涅斯的民主论调中，感到了来自民众的古老、天然的威胁。由于倾向民主立场，欧塔涅斯的辩词中没有"我们贵族"之类的自我指谓。——欧塔涅斯很可能是隐藏在贵族阶层中的"坏分子"。美伽比佐斯似乎嗅到了这个秘密，所以愤愤不平地说：

> 只有希望（我们的）波斯会变坏的人才拥护民治。（3.81）

这句话直接、坦率、富有进攻性，透着贵族式的专断，惟妙惟肖地再现了那场古老谈话的紧张场景。倘若欧塔涅斯的民主方案得以实施的话，这句话是否会给美伽比佐斯引来杀身之祸也未可知。

在欧塔涅斯与美伽比佐斯之后，大流士最后一个提出自己的辩词。这个天生的君王胚子对贵族与平民之间的世仇显然早有预见。大流士首先赞扬了美伽比佐斯针对民主政体中出现的多数人的暴政的反驳辞，这样就辗转地否定了欧涅塔斯，也就是否定了民主方案。但是，这并不意味着大流士也要像美伽比佐斯那样接受贵族体制，因为在欧涅塔斯的民主方案中，大流士不仅看到了美伽比佐斯所看到的，即多数人的暴政，而且也看到了美伽比佐斯没有看到的，那就是多数人的暴政必然重归一个人的暴政：

> 民众的统治必定会产生恶意，而当着在公共的事务中产生恶意的时候，坏人们便不会因敌对而分裂，而是因巩固的友谊而团结起来；因为那些对大众做坏事的人是会狼狈为奸地行动

的。这种情况会继续下去,直到某个人为民众的利益起来进行斗争并制止了这样的坏事。于是他便成了人民崇拜的偶像,而既然成了人民崇拜的偶像,也便成了他们的独裁的君主。(3.82)

大流士这段话道出了西洋政治哲学史上最受关注的议题:民主向独裁的畸变。时代的风气越是趋向于民主,当其向独裁方向发生畸变的时候,其噬人与自噬的过程也就越惨烈。在大流士发出独裁来自民主的警告的同时,他最担心的其实还是美伽比佐斯(贵族)与欧塔涅斯(民众)之间的古老世仇,这种阶级之间的斗争与弑君这类宫廷阴谋相比,可怕之处在于其冲突规模的巨大,血腥在光天化日之下肆意抛洒,它就像腰斩之刑一样地把国家肌体活生生地斩断。霍布斯解析过十一种足以致国家解体死亡的重大病症,位列首位的就是大流士所担心的——内战。所以,美伽比佐斯傲慢、自私的贵族意识需要在很大程度上予以节制。这也就是大流士为什么说,美伽比佐斯在谈论民主政体的时候是有道理的,但是在谈论贵族政体的时候,就没有道理了。这样,大流士就不仅否定了民主政体,也否定了贵族政体。贵族不仅是民众的天敌,而且贵族自身之间往往也互为敌对。大流士对贵族的躁动不安的天性很熟悉:

然而若实施寡头(即贵族)之治,则许多人虽然都愿意给国家做好事情,但这种愿望却常常在他们之间产生激烈的敌对情绪,因为每一个人都想在所有的人当中为首领,都想使自己的意见占上风,这结果便引起激烈的倾轧,相互之间的倾轧产生派系,派系产生流血事件,而流血事件的结果仍是独裁之治。(3.82)

大流士对贵族们的性格刻画,让笔者想到上古希腊诗人赫西俄德对“青铜时代”的刻画,那个时代的人孔武有力,天生傲慢,习于内斗，最后的下场是“自己用自己的手把自己毁掉”。这是这位上古诗人对贵族精神的深刻认识：贵族既不能保护自己免受独裁暴君的伤害，也不能保护自己免受民主暴力的伤害，更有甚者，他们甚至没有能力保护自己免受自己人的伤害。贵族因此是一个最脆弱的阶级，在它内部似乎被命运安插了一个可怕的自毁装置，它会不会就是欧塔涅斯这种戴着民主面具的投机分子呢？总之，没有什么比贵族政体更加不能保证贵族的安全了。这是贵族政体最悲惨的地方。赫西俄德构想的五代神话中——黄金、白银、青铜、英雄、黑铁——唯独青铜时代是自取灭亡的，其他时代则都是神亲手埋葬的！

笔者认为，大流士试图克服的有两个潜在的危险：其一，欧塔涅斯戴着民主的面具却觊觎独裁的不轨居心（可参考第83节关于欧塔涅斯及其家族在革命后的政治命运的叙述）；其二，美伽比佐斯傲慢好斗的自杀式的贵族意识。基于此，大流士提出了一个让贵族阶级惕厉难安的问题，可谓震古烁今：

> 总而言之，请告诉我，我们的自由是从什么地方来的，是谁赐与的——是大众，是寡头，还是一个单独的统治者？

这个问题异常尖锐，贵族天生的脆弱性格以及它们在阶级分层中居于中间的尴尬位置，似乎使得他们难于寻找安全的庇护。对此，贵族派美伽比佐斯缺乏足够的警觉，而民主派或伪民主派欧塔涅斯则讳莫如深，两个人的反应再自然不过了。美伽比佐斯的迟钝来自贵族特有的狭隘和自私，而欧塔涅斯的叵测则来自民主派特有的工于心计。马基雅维里的《佛罗伦萨史》简直就是一部“贵族”与“民众”的肖像画集，其中，我们不难找到欧塔涅斯与美伽比佐斯的影子——对贵族政治的弱点，马基雅维里与大流士拥有太多相同的智识和洞见！

为了克服欧塔涅斯和美伽比佐斯的两种缺陷，大流士提出的解决方案是君主政体。这个君王胚子似乎注定就是来收拾平民和贵族因为内讧而留下的残局的。大流士首先向欧塔涅斯发难,纠正了他似是而非的认为暴政的克制良方就是民主政体的意见。大流士说,暴政的克制者不是民主政体,而是君主政体(参柏拉图,《政治家》301a—303b,《理想国》第 VIII 卷、亚里士多德,《政治学》第 IV—VI 卷的相关讨论)。率先反驳欧塔涅斯意味着率先树立君主制的威势,它将使欧塔涅斯式的民主—独裁的计划胎死腹中,这一步在大革命后的危险情势下最为紧迫,需要优先实施。相对而言比较鲁莽单纯的贵族美伽比佐斯制造的麻烦算不上致命的,因此,大流士在优先处理完欧塔涅斯的麻烦以后,直截了当地提醒了美伽比佐斯:贵族政体不足以保证贵族的自由和安全。

保证贵族安全的不是贵族政体,而是君主政体。这意味着什么?很简单,这意味着把躁动不安的贵族们转变成习惯安静和平的臣民,从而能够平等地栖居于君主权威的政体之下。这就是大流士提醒他的两个蠢蠢欲动的贵族朋友不要废弃的"我们父祖的优良法制",也就是居鲁士建立的君主帝国。这是居鲁士、大流士和所有开明君主所孜孜以求的最佳政体,它被罗马帝国史家塔西陀用一句高度简约的拉丁文总结为:

> In Augustum cessere, qui cuncta discordiis civilibus fessa nomine principis sub imperium accepit.

这句垂诸后世的政治格言被意大利思想家维柯(Vico)生动地译为:

> ch'è la *legge regia naturale* con la quale Tacito legittima la monarchia romana sotto di Augusto, "qui cuncta, bellis civilibus fessa, nomine 'principis' sub imperium accepit".

朱光潜先生的中译文也颇得其神韵:

> 当世界对(贵族们的)内战感到厌倦了的时候,奥古斯都使世界成为在君主名义下的帝国的臣民。(《新科学》第292节,第1007—1008节)

维柯正确地看到,作为君主制缔造者的典范,奥古斯都大帝用以安顿罗马共和贵族扰攘纷争的东西就是君主政体的基本精神——自然王法(natural equity = legge regia naturale)。也正是凭着这种自然王法,霍布斯希望他的"利维坦"能够节制他那个时代的共和派的狂热;同样凭借这种自然的王法,维柯也曾经期待那些醉心于残酷狭隘的"战争权"(jus belli)[1]的野蛮民族被得以驯化,从傲慢的英雄时代走出来,安息在君主政体这种"在理性时代最能适应人性的秩序中"。[2]

最后,笔者再重述一遍波斯王宫里这场谈话的主旨:能够保证贵族安全的,既不是贵族政体,也不是民主政体,而是君主政体。而在君主政体中,其实就只有平等的臣民,不再有傲慢的贵族了。有关波斯革命之后的新制度的实施情况以及三个谈话者的命运,可以

---

〔1〕"这种最古老的战争权的原则就是英雄时代的各个民族对外方人不以宾礼相待,因为他们把外方人看成永久的仇敌,而且把自己的权力和荣誉摆在能把外方人推到离自己的疆界尽可能远的地方之外。"维柯,《新科学》第637节,比较第611节。

〔2〕比较但丁,《宴饮篇》(*Convivio*)Ⅳ.4:"事实上,帝国权威的根基在于个人对人类社会的需求,而人类社会之所以建立的乃是为了唯一一个目的,那就是幸福的生活,没有人能够仅凭其一己之力就可以获得这种生活,因为人需要很多仅凭其一己之力不可能得到的东西。因此,哲人说,人在本性上是社会性的动物。就像一个个人的福祉取决于由家庭提供的伙伴关系一样,一个家庭的福祉则取决于一个社区的存在,否则,在求得幸福方面终将困难重重。同样,一个社区也不可能为其自身的福祉提供所有手段,所以,为了它的福祉,必须要有一个城邦。继而,由于一座城邦需要营建自己的文明并且保卫与邻邦的友善关系,王国应运而出。由于人的心灵不会满足有限的领地,而总是通过征服去谋求更大的荣誉,正像我们从历史中读到的那样,分裂与战争的阴云就必然笼罩在王国与王国之间。这些苦难困扰着城邦、友邦、社区、家庭,乃至家庭中的个人,谋求幸福之路因此被阻碍。因此,为了能够消除掉战争以及战争的因由,整个人类以及整个人类所拥有的一切应该结成一个帝国,也就是说,一个单一的君主国,一个人统治;他因为拥有一切,所以不会再欲求更多,其唯一的关注仅在于将诸权贵们保持在他们既有的领地范围以内,从而赢得和平,以便各邦国在其中休养生息。"

参考希罗多德《历史》第三卷。柏拉图在《法律篇》第三卷也耐心地评价了大流士的执政方针。另外,《法律篇》的一个基本语境是驯服斯巴达式的贵族,这一点需要留意。在这个意义上,柏拉图与大流士拥有一定共识。最后值得一提的是,屋大维结束罗马内战,准备废共和、立帝制之前,和他的两位大臣也发起了一场冗长的谈话,谈话主题和风格酷似大流士等人的谈话,其意图也是在为屋大维的帝制决心提出解释和辩护。这场谈话收录在罗马帝国大史家狄奥·凯歇斯(Dio Cassius)的80卷《罗马史》第52卷。

图拉真皇帝训诫小普林尼:罗马人的手艺

古罗马大文豪小普林尼(AD 61—113)在位于小亚细亚的希腊行省担任省长的时候,发现那里的希腊人酷爱体育、观剧、洗浴等娱乐活动。为此,他们斥巨资,兴土木,建造体育场、剧院和洗浴城。遗憾的是,因为开发商的贪污腐败和偷工减料,这类建筑大都成了烂尾楼。小普林尼到任之后,最重要的工作就是请求皇帝图拉真从罗马派出一批专业审计人员远赴小亚细亚,严格审查地方上的财政漏洞。除此之外,那些东倒西歪的烂尾楼让这位罗马来的省长颇感烦恼。他很想将之夷为平地,但是如果推掉的话不仅浪费了巨量钱财,而且有违地方民意,要知道,希腊人太喜欢看戏、做操、洗浴这些娱乐事业了,他们有可能不惜叛乱也要维护他们心爱的生活方式。罗马开国以来,800 年过去了,被罗马夷为平地的城墙虽然不计其数,可是,在这区区几幢烂尾楼面前,这位帝国的封疆大吏有点举棋不定了。

谨慎思量之后,小普林尼决定修复烂尾楼。要完成这项工作,除了重新从地方乡绅那里筹集私人资金之外,还需要招纳技术高超的建筑师重绘蓝图。为此,小普林尼写信给图拉真,请求皇帝从罗马派出几名建筑师。这封信收录在他的《书信集》第 10 卷第 39 封。小普林尼和图拉真的来往书信有 120 封,其中图拉真写给小普林尼的有 50 封。《书信集》第 40 封就是图拉真针对小普林尼索求建筑师的回复。回信分为三部分。第一,图拉真认可了小普林尼重修烂尾的决定,但紧接着嘱咐小普林尼以后不要再汇报这件事了,既然决心已下,其他一切自行酌办即可(Mihi sufficiet indicari, cui sententiae accesseris. *Epistolae*, 10.40.1)。第二,图拉真以戏谑的语调调侃了"希腊人"——这些希腊人怎么那么喜欢看戏、洗澡、做操啊?这方面的勃勃兴致简直成了他们最实际的需求,既然这样,那么就满足他们吧,这样的话,他们也就安生了(Gymnasiis indulgent Graeculi; ideo forsitan Nicaeenses maiore animo constructionem eius aggressi sunt: sed oportet illos eo contentos esse, quod possit illis sufficere. 10.40.2)。第三,针对从罗马派遣建筑师的请求,图拉真略显愠怒,他指责小普林尼犯了一个错误,并提醒小普林尼:希腊人聚居的地方怎么可能没有高超的建筑师呢?每一个行省都有训练有素的建筑师,希腊行省尤其不乏此类手艺人。罗马不会向希腊派遣这类人才,自古以来都是希腊向罗马输送这类人才的(Architecti tibi deesse non possunt. Nulla prouincia non et peritos et ingeniosos homines habet; modo ne existimes brevius esse ab urbe mitti, cum ex Graecia etiam ad nos uenire soliti sint. 10.40.3)。

希腊盛产建筑师,而罗马人却志不在此。这就是图拉真回信的第三部分的意思。小普林尼没有看清这一点,让图拉真皇帝很不耐烦。图拉真的回信提示小普林尼:罗马人的"手艺"不在于建筑或者体育、戏剧、雕塑、甚至宗教与哲学。以这类手艺来希求罗马人即使不是对罗马人的轻侮,至少也是误解。那么,罗马人的"手艺"是什么?

维吉尔在《埃涅阿斯纪》第六卷末尾的地方,曾经提到过罗马人的手艺问题。维吉尔安排的场景摄人心魄:安奇塞斯(Anchises)的亡魂在地狱深处向他的儿子、未来的罗马国父埃涅阿斯(Aeneas)预言并讲授未来的罗马国史,在他们面前,一队高傲的亡灵大军静静走过,他们即将开赴阳间,化身为征战四方、拓城立法的罗马骨干——埃涅阿斯、塔昆、布鲁图斯、法布里修、费边、加图、西比阿、格拉古等等。当亡灵大军走远之后,安奇塞斯叮嘱埃涅阿斯:"Excudent alii spirantia mollius aera, credo equidem, vivos ducent de marmore voltus, orabunt causas melius, caelique meatus describent radio, et surgentia sidera dicent: tu regere imperio populos, Romane, memento; hae tibi erunt artes; pacisque imponere morem, parcere subiectis, et debellare superbos."(Vergil, *Aeneid*, 6. 847—853)这段话可以看作是安奇塞斯在和儿子一同翻阅完未来罗马国史后,作为一位"历史哲学家"发表的一篇简短总结,大意是:有的民族能够把一块青铜塑造成某种漂亮的样子,有的民族可以把大理石雕成一个大活人,有的民族口若悬河,擅长官司诉讼,有的民族则精通星相,手持魔杖,足可呼风唤雨。但是我们罗马人的手艺却是把万民统治在永久和平之中,宽待贫弱的人,打击骄横者。众所周知,安奇塞斯这段话早已成为罗马国史的治国大纲而垂诸后世。小普林尼省长的记忆似乎有点模糊,图拉真便略带不满地提醒了他。

古代波斯故事与罗马人的手艺

古代波斯哲人莫拉维的《玛斯纳维启示录》(宁夏人民出版社，2007)中记载了这样一个故事：世界上技艺最高超的莫过于罗马人和中国人了。于是苏丹招来罗马和中国的画家，让他们比赛画技。中国人说："我们最擅长绘画。"罗马人说："我们的技艺才是真正无比高强的。"苏丹说："你们不要争执，还是公开展示自己的技艺吧！最后让我来作评定。"中国人说："那么，就各给我们两人一间画室吧。"苏丹带他们来到一间大厅，用帷幕隔成两间，让罗马人和中国人各在一间展示自己的技艺。中国人从苏丹那里领来各种颜料，每日埋头于在墙壁上绘画。而罗马人说："我们不需要任何颜料，要做的工作只是磨光墙壁。"他们关起门来，每日打磨墙壁，把墙壁打磨得如天空一样的晶莹、光亮。

中国人完成了巨幅绘画，高兴得敲起了锣鼓来庆祝。苏丹前来观看，果然美丽绝伦，不愧是聪明才智的结晶。苏丹欣赏完中国人的绘画，便转身来到罗马人的画室，只见墙壁明亮异常。但当罗马人将分割两间画室的帷幕拉开，中国人美丽的绘画竟然全部映照在上面，而且更加令人惊叹，尽管方向完全相反。莫拉维的教训是，人生应像罗马人的作品那样，将心灵摩擦得明亮透彻，磨掉一切仇恨、贪婪和吝啬。心灵若能每天都清除掉污秽，上面便能映照出真理的彩绘。若真正崇信真主，就要修炼自己的心灵，使心灵纯洁得如同明镜般的墙壁。人的心灵需要每天清洗，清洗掉一切贪婪、妒忌之类肮脏的泥尘，永远保持它的纯净、明亮。只有这样，才能映照出事物的真实和本质,使自己不致偏离正途。

在笔者看来,这位波斯老哲人的话只解释了这个故事的一半含义,另一半可能有意隐去了。波斯人是最善于用寓言讲政治的人,这个故事的另一半被隐去的含义就是在讲政治,讲罗马的帝国手艺。绘画当然是在隐喻民族性,中国人画出漂亮的画品,是在隐喻中国人热衷于保存自己的特殊民族性、自己的律法习俗、道统、自己的神、自己的偏见以及由此必然导致的对自己的珍爱和对异族的仇恨;罗马人不画画,而去打磨墙壁,这是在隐喻罗马人的政治手艺,那就是清洗掉自己特殊的民族性,不去持守特殊的律法、习俗和宗教,把神庙打扫干净,然后把万民的神迎进来,如果有的民族的神不愿进来,那就去请,请不来,就发兵摧毁他们的神庙,把他们的神像搬进来。波斯故事中最关键的一句话正是在隐喻这种毁庙请神的行动,那就是——"当罗马人将分割两间画室的帷幕拉开,中国人美丽的绘画竟然全部映照在上面,而且更加令人惊叹,尽管方向完全相反。"将分割两间画室的帷幕拉开,意思就是通过战争、商业或是其他手段将民族与民族之间的隔阂打破,只有这样,中国人的"神"才能进入罗马人的"万神殿",当然,进入万神殿后,中国人的神很有可能变得面目全非了,也就是故事中所说的"方向完全相反"。

打磨墙壁,这是罗马人针对自身的政治改造行动;拉开帷幕,这是罗马人针对其他民族的政治行动。这个波斯故事一半讲的是人心的禅理,另一半讲的是罗马的帝国手艺。

阿里奥维斯塔其人其事

恺撒《高卢战记》读后

阿里奥维斯塔(Ariovistus),公元前1世纪日耳曼大将军,骁勇善战,但狂傲野蛮,不知道和平技艺与自由德性对于政治统治的重大意义。他攻陷高卢之后,以严酷暴政施加于被征服者,招惹众怒。高卢人民忍无可忍,派信使到罗马祈请外援,恺撒因此以"解放者"的身份进军高卢,在公元前58年摧毁了阿里奥维斯塔,并在高卢土地上植入罗马的自由政治理念,高卢因此走出了日耳曼人的丛林暴政,但却走进了罗马的帝国版图。阿里奥维斯塔的性格与事迹主要见诸于恺撒的《高卢战记》,除此之外,史家狄奥(Dio Cassius)的《罗马史》第38卷和普鲁塔克为恺撒写的传记中也有记载,但后两者基本上都以《高卢战记》为本。阿里奥维斯塔是活跃于公元1世纪的日耳曼人领袖,恺撒战记里称其为"日耳曼人的王"(Rex Germanorum),究竟是全体日耳曼人的"王",还是某个区域或者某几个部落的"王",并不是很清楚,因为日耳曼分裂为很多部落,占山为王者众多。阿里奥维斯塔堪称一代枭雄,但是没有成就一番大业,这一方面和他生错时代有关,因为恺撒是他的同代人;另一方面也和他的政治理念有关,和恺撒的游刃有余的帝国手艺相比,阿里奥维斯都斯的治国方略粗暴、原始,谈不上什么方略。

作为一个日耳曼人,阿里奥维斯塔秉有这个民族最鲜明的性格。恺撒在《高卢战记》第6卷考察过日耳曼人的民族性格与风俗,这份考察与塔西陀的《日耳曼尼亚志》具有同等重要的史料和思想价值。恺撒看到,这是一个对宗教与虔敬仪式没有兴趣的民族,他们全部的生活就是"狩猎和战争"。他们不事农耕,以乳、酪和兽肉为食,国土全境被深繁广袤的厄尔森尼亚森林和巴钦尼斯森林所覆盖,古老的莱茵河与多瑙河及其众多的支流像蛛网一样穿行在森林深处,形成连绵不断的沼泽,成为大自然赋予日耳曼人最好的战争防御工事,每当敌人大军压境的时候,日耳曼人就携家带口,逃入森林和沼泽深处。日耳曼人蔑视农耕生活的一个范例就是,他们粗暴地蹂躏自己的边境,使国境外围被一片广大的荒芜之地所包围。他们热衷劫掠,并以此作为教育青年的最佳方式。阿里奥维斯塔就是在这样一个民族中出生成长的。

阿里奥维斯塔的主要事迹是以日耳曼国王的身份统治与他们毗邻的高卢人。马基雅维里曾经总结了这样一个教训:"获取领土的欲望确实是很自然的人之常情。人们在他们的能力允许的范围内这样做时,总会为此受到赞扬而不会受到非难。但是,如果他们的能力有所不及,却千方百计硬是要这样干的话,那么,这就是错误而且要受到非难。"(《君主论》第3章)如果马基雅维里所说的"能力"不仅包括武力,而且包括统治技艺的话,那么阿里奥维斯塔在高卢的统治生涯就非常精确地诠释了《君主论》的这个教训。阿里奥维斯塔进入高卢不费吹灰之力,因为高卢常年被各方贵族势力的纷争所撕裂,阿里奥维斯塔就是在这种状况下作为"援军"被高卢的两支贵族势力(阿浮尔和塞广尼)"邀请"到高卢的。在《君主论》第4章,马基雅维里讨论了两种"夺取"和"保有"异国土地的方式:一种国家难于夺取但是一旦夺取则很容易保有,另一种国家则易于夺取但绝对难于保有。前者以土耳其为代表,后者以法兰西为代表。马基雅维里认为,这种差异的根本原因在于这两种国家的政治体制的差异,亦即君主制的土耳其和贵族制的法兰西之间的差异。具体说就是,君主制国家难于夺取但易于保有,贵族制国家则易于夺取但难以保有。马基雅维里的分析是这样的:"土耳其皇帝的君主国是由一位主子统治的,其余的人都是他的臣仆……但是法兰西国王却处在古来就有的一大群贵族当中,这些贵族又为他们的臣民所公认和爱戴,这些贵族又都拥有各自的特权。国王除非自己冒险行事,否则是不能够剥夺这些特权的。因此,一个人如果考察这两个国家,就会认识到要占领土耳其皇帝的国家是困难的,但是如果一旦予以征服,保有这个国家却是很容易的。反之,事实证明:从某些方面来说,占领法兰西这个国家是比较容易的,而要保有它却是困难的。占领土耳其皇帝的王国之所以困难,其原因在于入侵者不可能由王国的王侯们召唤进来,也不能够指望倚靠皇帝周围的人们叛变使其谋划获得便利。这是基于上述的理由,因为他们全是君主的奴隶和奴才,要收买他们是很困难的;而且即使把他们收买了,也不能够指望从他们那里得到多大好处,因为他们不能够牵着人民跟随他们,其理由已如上述。因此,向土耳其进攻的人必须想到:他将会遇到一个团结一致的国家,他必须依靠自己的力量而不是依靠土耳其人的叛乱。但是如果一旦征服了土耳其皇帝,并且把他打得一败涂地以致不能够重振旗鼓,那么除了君主的家族之外便没有什么可怕的人了。而君主的家族被灭绝之后,由于其他的人们原来都没有得到人民的信赖,因此再没有什么可怕的人了;而且因为征服者在自己取得胜利之前并不曾依靠他们,从而其后也不需要害怕他们。在那些像法国那样统治的王国里,情况就恰好相反:因为在那里常常有不满分子和希望变革的人,如果你把这个王国的某些贵族争取过来,就很容易侵入那里。由于上述理由,这些人会为你的入侵开路,使你轻而易举地取得胜利。但是如果以后想要保有这个国家,你就会遇到无限的困难,它来自那些曾经帮助你的人们和你已经打败的人们。你只是消灭了君主的家族,那是不够的,因为残存的贵族将成为新变革的首领。而且,由于你既不能使他们心满意足,又不能灭绝他们,因此,当他们的时机一旦到来的时候,你就会失去这个国家。”

马基雅维里上述分析提到了法兰西王国中的经常游荡着“不满分子和希望变革的人”，令人吃惊的是，几乎是同样的措辞频繁地出现在恺撒的《高卢战记》中，比如第 2 卷开篇。在恺撒的高卢征战生涯中，他曾经细致地观察乃至研究过高卢人，并且发现，在高卢人中充斥了“不满分子和希望变革的人”。这类人给恺撒制造了很多麻烦，同样，阿里奥维斯塔面对的也是这类人，并且，他的事业最终也是葬送在这类人的手里。看来，马基雅维里时代的法兰西与恺撒时代的高卢尽管相隔千载，但的确存在着牢不可破的政治基因链，由此，经由自然血气和生物体液（humor）所型塑与传承的民族性力量的强大与固执可见一斑。

恺撒时代的高卢与马基雅维里笔下的法兰西，两者的政治状态相差无几，它们都受制于彼此钩心斗角的贵族势力，王国处于分裂的边缘，异族武力以“外援”的名义可以轻而易举地进入。不管是阿里奥维斯塔，还是恺撒本人，他们进入高卢都是利用了高卢人这个致命的弱点。在恺撒针对高卢人的民族风俗和性格的分析中，起笔一段话就把上述情势交代得一目了然：“恺撒到高卢的时候，一派的领袖是爱杜依人，另一派的领袖是塞广尼人。后者的力量赶不上爱杜依人，因为最高的权威从古以来就属于爱杜依人，他们的属邦也极多。塞广尼人因此和阿里奥维斯塔和日耳曼人联合起来，以极大的牺牲和诺言把他们拉到自己一边。在打了几次胜仗、把爱杜依人的贵族杀光以后，他们树立了极大势力，竟把爱杜依人的大部分属邦吸引到自己这边，并接受它们的领袖们的孩子为人质，还强迫他们用国家的名义宣誓不加入任何反对塞广尼人的阴谋，一面又用武力强占邻国的一部分土地，掌握了全高卢的领导权。”（《高卢战记》第 6 卷第 11 节）

阿里奥维斯塔对高卢的统治权非常脆弱，因为正像马基雅维里对法兰西王国分析的那样，高卢这个王国同样易于获得，但难于保有。丧失了古老统治权的爱杜依人对阿里奥维斯塔耿耿于怀、伺机而动；更重要的是，阿里奥维斯塔在高卢的统治方略极端傲慢和残暴，以至于曾经把他请进高卢的塞广尼人都因为自己引狼入室的蠢行而后悔不迭，但迫于日耳曼人的武力而噤若寒蝉。跟随阿里奥维斯塔进入高卢的日耳曼人十分贪恋高卢的土地、富庶和文化，更多的日耳曼人跟着蜂拥而入，以至于在恺撒进入高卢的时候，其中的日耳曼人口已经达到二十万左右。他们和塞广尼人结盟，击败了爱杜依人及其属邦，后者被迫把族内最尊贵的人交给塞广尼人做人质，并且发誓"不得索回人质、不得向罗马人求救，不得拒绝永远服从塞广尼人的权力和统治"。与此同时，颇具讽刺意味的是，"获得了胜利的塞广尼人，比起被征服的爱杜依人来，处境却只有更坏些"，因为阿里奥维斯塔就驻扎在他们境内，占据了塞广尼人三分之一领土，这是全高卢最富饶的土地，而且，源源不断的日耳曼新移民的涌入迫使塞广尼人让出更多的土地。总之，阿里奥维斯塔是"一个粗野、任性、残暴的人，对他的统治谁也没法忍受下去。"阿里奥维斯塔的残暴与强大，加上高卢贵族们的怨懑与孱弱，最终把高卢人指向了新的希望：罗马人。由素为世仇的爱杜依人和塞广尼人组成的高卢联合使团向恺撒明确表达了这个意思："只有恺撒，可以利用他自己本人或他的军队的威望、……或者利用罗马人的名义，阻止阿里奥维斯塔把更多的日耳曼人带到莱茵河这边来，保障高卢不再受到阿里奥维斯塔的蹂躏"（《高卢战记》第1卷第31节）。

恺撒多方权衡了高卢的事态，认为必须对日耳曼人采取行动。恺撒直言，阿里奥维斯塔的自高自大与不可一世的傲慢态度令他"难于忍受"，需要给以打击，而同时，遭受压迫的高卢人作为罗马人的友邦需要从日耳曼人的残暴统治中解放出来，这一切都符合罗马人的利益。恺撒的政治权衡，完整地体现了由后世罗马帝国诗人维吉尔精炼地表述过的罗马统治原则："你将以帝国统治万民……这是你的技艺，以法为和平的王冠，施恩于被征服的人民，并摧毁高傲者。"（Tu regere imperio populos，... hae tibi erunt artes; pacisque imponere morem, parcere subiectis, et debellare superbos.《埃涅阿斯纪》第6卷第847—853行)。恺撒依循罗马旧例首先与阿里奥维斯塔展开外交谈判,后者在谈判中表现出的一贯傲慢加强了恺撒要摧毁他的念头。谈判双方的外交辞令具有深刻的政治含义:恺撒认为,根据(梅萨拉与皮索任执政官那一年通过的)罗马元老院决议,负责高卢行省的罗马执政官,“应当从共和国的利益出发,对爱杜依人和罗马人民的其余友邦加以保护。”因此,恺撒认为,他不能坐视高卢人受到日耳曼人的伤害。阿里奥维斯塔则认为,“根据战争法(ius belli),战胜者可以随心所欲地支配他所战败的人”(《高卢战记》第1卷第35节,比较第1卷第44节)。恺撒诉诸的是帝国法律,企图将争端置于政治状态中予以和平解决,而阿里奥维斯塔诉诸的是战争法,这相当于一种古老的自然法,不承认在自己与罗马人中间存在一种可以诉诸法律手段的政治状态,用霍布斯的话表述就是,这等于把自己与罗马人置于“自然状态”或者“战争状态”,向罗马人宣战。战争的结果不难预料,阿里奥维斯塔及其全部军队覆亡以后,高卢恢复了平静。

马基雅维里谈到如何保有被征服的国家的时候,这样说:“如果被征服的国家……向来习惯于在它们自己的法律之下自由地生活的话,那么想要保有这种国家有三种办法:其一,把它们毁灭掉;其二,亲自前往驻在那里;其三,允许它们在它们自己的法律之下生活,同时要它们进贡并且在那个国家里面建立一个对你友好的寡头政府。”(《君主论》第5章)在高卢事务上,恺撒和阿里奥维斯塔除了在一定程度上都采用了第二种方法之外,阿里奥维斯塔更加偏爱第一种方法,而恺撒则选择了第三种方法。这就是日耳曼人和罗马人对异族的统治方略的根本的差异所在。无疑,正如维柯强调的,对于一个濒临亡国的民族来说,如果其自身不能出现一个“大救星”式的铁腕人物来收拾残局,那么,采用恺撒所体现的罗马人的方略、接受一个强大异族所施行的温和宽大的统治则是最佳的救国方案,除非整个国家完全堕入万劫不复的自然状态(维柯,《新科学》,第

1103—1106 节)。从这个意义上讲,与阿里奥维斯塔相比,恺撒的方略令人感恩不尽,至于人类的恩情之情是何等脆弱、易变、短命,那是另外一回事情了。

与汉尼拔、皮鲁斯、安条克以及其他众多"野蛮人"一样,阿里奥维斯塔与罗马人的冲突,用维柯的理论定式来表述,就是两种不同世代的冲突,即野蛮的"英雄世代"与温文的"人性世代"的冲突,这也是严酷的战争法与帝国实在法的冲突,自然法与万民法的冲突,这无疑是一场原则性的冲突,所以注定是不可调和的悲剧冲突——所有与罗马人的对抗行动都弥漫着这种悲剧精神,罗马几乎成了笼罩在野蛮民族头顶的阴沉沉的命运,既不能逃避,但一旦与之直面则又必然引来杀身之祸。这在笔者看来或许就是罗马最深刻的魅力所在。

阿里奥维斯塔与恺撒的对抗因为体现着一种原则性的对抗,所以能够源远流长,它宛若幽灵游荡在古老的亚欧大陆,在世代流转中被一再复活。当代政治哲学家列奥·施特劳斯(Leo Strauss)正是在阿里奥维斯塔与恺撒的对抗的政治母题下审视第二次世界大战中德国与英美盟国的对抗的。阿里奥维斯塔所代表的政治原则被施特劳斯隐晦地指称为"日耳曼虚无主义"(German nihilism),它被希特勒的纳粹事业明确继承。施特劳斯 1941 年流亡到美国,在有着"犹太流亡大学"之谓的"社会研究新学院"(New School for Social Research)开设了题为"日耳曼虚无主义"的研究生讨论课程,讲稿的提纲精炼地追踪了"日耳曼虚无主义"的精神品格。在这份提纲中,他说,虚无主义是专属于日耳曼民族的现象,它是一个古老的"种",希特勒的国家主义仅仅是一个现代的"属",它表达了一个封闭社会(closed society)对现代开放文明的道德抗议,在当前历史情境中,它是某一类青年无神论者对共产主义理想或预言的反动,它与血气焚身的青年人更加接近,与激进主义更有亲缘,因为激进主义没有定义其目的,它只是据守不确定的"不"以抵制确定的秩序,虚无主义因此是对文明原则本身的拒绝，而文明（civilization）是人类理性有意识的文化（culture），亦即科学和道德风习，依上述意义所界定的虚无主义是当前德国的特性，而不属任何其他国家，它是日耳曼的，它拒绝文明的原则本身，偏爱战争，赞扬战争德性，服膺战争法，日耳曼虚无主义因此与日耳曼军国主义（German Militarism）具有亲缘关系，前者是后者的极端样态，它来自关于现代性整体进程的浪漫派意见的胜利，它所关联的对现代理想的反动是德国唯心主义哲学的特性：自我牺牲与自我否定的道德对抗自私自利的道德。德国唯心主义在抵制西方（即英国）哲学时声称自己综合了现代理想和古代理想，这个综合在施特劳斯看来是失败的，德国唯心主义的影响使得对现代理想的被接受成为不可能，德国人不得不退守在古代的理想中，也就是说，他们不得不退守到经由德国唯心主义所解释过了的古代理想中；这种“解释”出于德国唯心主义针对启蒙的论战意图，因此，他们所退守的是一种被扭曲的古代理想。施特劳斯尖刻地总结说，现代理想的源头是英国式的，当前情境中的日耳曼传统是对现代理想的批判传统，英国人发现了现代理想和古代理想的有效结合，而德国人由于过分强调二者的断裂以至于他们从对现代文明的拒绝被引领到了对文明的原则本身的拒绝，后者就是虚无主义，这导致最终的权力对决：作为帝国民族的英国绅士与作为怀着怨恨的乡土民族的日耳曼容克地主的终极对决。[1]

对于1941年的施特劳斯来说，体现在第二次世界大战中的这场终极对决的结果不难预料，就像阿里奥维斯塔与恺撒的对决结果不难预料一样。《日耳曼虚无主义》讲稿最后这样写道：“当前的盎格鲁——日耳曼战争因此具有象征意义。在抵制日耳曼虚无主义并守护现代文明的同时，英国人也守护了文明的原则本身。没有任

〔1〕 讲稿原件收藏在芝加哥大学“列奥·施特劳斯档案室”，作者去世20余载之后于1999年整理刊发在美国学术期刊 *Interpretation*: *Journal of Political Philosophy*, 1999, (26) Spring, vol. 3, pp. 354—378。

何人能够预言这场战争的结局，但是有一点是非常明确且不容置疑的：日耳曼人在一个关键时刻……选择希特勒作为他们的领袖，这意味着他们不再拥有统治超出一个狭隘的乡土民族的正当的政治资格；是英国人，而不是德国人，才值得并持续成为一个帝国民族：因为只有英国人，而不是日耳曼人，才懂得为了配得上成为一个行使帝国统治（regere imperio populos）的民族，必须花上很长时间去学会［帝国统治的技艺］：施恩于被征服的人民，并摧毁高傲者：parcere subiectis et debellare superbos。”

在上引维吉尔诗文后面，施特劳斯手书了另外一句话：“不是阿里奥维斯塔的道路，而是恺撒和奥古斯都的道路才是通向帝国的唯一道路。”这句话意味深长。如前所述，与阿里奥维斯塔相比，恺撒的道路的确值得令人心生感恩之情。1941 年，正是犹太人施特劳斯逃离希特勒的恐怖统治，流亡到美国的最初日子。《日耳曼虚无主义讲稿》无疑是一份上乘的政治哲学研究作品。不过，对于精通“春秋笔法”的作者而言，《讲稿》很可能表达了他更多的意图，比如，它或许表达了作者对希特勒统治的怨恨——就像爱杜依人对阿里奥维斯塔的怨恨一样；或许，它表达了作者对收容了自己和自己族人、并且使他们可以安全存活的美国民主的感恩。值得玩味的是，施特劳斯手书了最后这句话以后，又将其删掉。

Civitas 与 *Urbs*:《社会契约论》里的一个罗马史问题

在《社会契约论》第一卷第 6 章,卢梭用酷似霍布斯《利维坦》"引言"里的笔调,写下了这么一段话:

> 我们每个人都以其自身及其全部的力量共同置于公意的最高指导下,并且我们在共同体中接纳每一个成员作为全体之不可分割的一部分。只是一瞬间,这一结合行为就产生了一个道德的与集体的共同体,以代替每个订约者的个人;组成共同体的成员数目就等于大会中所有的票数,而共同体就以这同一个行为获得了它的统一性、它的公共的大我、它的生命和它的意志。这一由全体个人的结合所形成的公共人格,以前称为城邦(cité),现在则称为共和国(république)或政治体(corps politique);当它是被动时,它的成员就称它为国家(état);当它是主动时,就称它为主权者(Souverain);而以之和它的同类相比较时,则称它为政权(puissance)。至于结合者,他们集体地就称为人民(peuple);个别的,作为主权权威的参与者,就叫做公民(citoyens),作为国家法律的服从者,就叫做臣民(sujets)。[1]

针对这段话里的"城邦"(cité)一词,卢梭附加了一个长注,前半部分如下:"这个名词的真正意义,在近代人中间几乎完全消失了;

〔1〕 卢梭:《社会契约论》,何兆武译,商务印书馆 1980 年版,I.6。

大多数人都把城市认为是城邦,把市民认为是公民。他们不知道构成城市的是家庭,而构成城邦的是公民。正是这种错误,昔日曾使得迦太基人付出惨重的代价。"C. E. Vaughan 编辑的法文本是这样的:

> Le vrai sens de ce mot s'est presque entièrement effacé chez les modernes: la plupart prennent une ville pour une Cité, et un bourgeois pour un citoyen. Ils ne savent pas que les maisons font la ville, mais que les citoyens font la Cité. Cette même erreur co û ta cher autrefois aux Carthaginois. (*The Political Writings of Jean Jacques Rousseau*, ed. from the original manuscripts and authentic editions, with introductions and notes by C. E. Vaughan, 2 vols, Cambridge University Press, 1915)

卢梭这段注释初看起来显得语焉不详,商务版的中译者对此追加了一个不知所云的附注,曰:"这里可能是指迦太基人采取了雇佣兵制。"这显然是错误的。卢梭提到的迦太基人的惨重代价一事涉及的是古代罗马的一段史实,即第三次布匿战争(Tertium Bellum Punicum)以及迦太基在这次战争中的最后灭亡,这段历史的记录最早出自大史家波利比乌斯(Polybius)的《历史》第 36 卷残卷,他也是亲眼目睹了葬身火海的迦太基的史家。参照波利比乌斯的记载,笔者谨将这段史实复原如下:前 201 年,第二次布匿战争结束,迦太基人战败,罗马与之订立条约,其中有一条是:不经罗马元老院的批准,迦太基不得擅自进入战争状态,迦太基人接受了这一条款。但是 50 年后,迦太基人违反了它。作为惩罚,罗马对之宣战,第三次布匿战争开始,迦太基不战自败,无条件投降,再次接受罗马的苛刻条约,这次条约规定迦太基人向罗马提交 300 名贵族子弟作为人质,并交出所有武器以及作战大象,罗马则保证迦太基人的生存、土地、财产以及在自己的国家制度下的自治权利,但前提是所有迦太基人必须离开迦太基城，迁往内陆定居，而迦太基城必须被烧毁。迦太基人难以接受最后这项毁城的条款，便起而反抗，杀死罗马使节，战事重起，罗马大军兵临迦太基城下，围城战持续了5年，最终在前146年，罗马将军小西比阿改变战术，把迦太基城这座当时最繁华的滨海大城付之一炬，迦太基丧失了在西地中海区域的强大海权。

迦太基城的毁灭这段史实，由于波利比乌斯作为当事人面对那片火海的动情记述而为人熟知（波利比乌斯当时是小西比阿的老师或门客）。但是，其中有一个非常微妙的地方涉及政治学的基本原理，那就是，在罗马人和迦太基人签订的合约中，罗马人究竟想保留什么？又要毁掉什么？从波利比乌斯和后人的文字中，可以得到这样的信息：罗马人要求迦太基人放弃迦太基城，但全部公民团体迁往别的地方，在自己的政体下施行自治——罗马人保留的是迦太基人的政治制度，毁掉的是迦太基城。换言之，作为国家政体与公民共同体的迦太基可以保留下来，但是，作为地理与建筑意义上的迦太基城市则要被烧毁。维柯在《新科学》（第971节）中异常犀利地看到了其中的关键在于，罗马人与迦太基人在对"civitas"（政体）和"urbs"（城市）这两个拉丁词汇的理解上出现的混乱和龃龉。——罗马人在条约中提到允许迦太基人保留自己的政治制度的时候，用的是"civitas"这个词，该词在罗马人的头脑中指抽象的公民共同体，但是，在迦太基人的理解中，这个词也包含有"urbs"（城市）的意思。所以，当他们得知罗马人按照条约要烧毁迦太基城的时候，就觉得受到了欺骗，便重启战端，终于招致灭顶之灾，不但城市被毁，公民共同体与政治制度也瓦解了。迦太基人由于这两个拉丁词汇的混淆而招致的悲惨命运曾经引起了18世纪意大利思想家维柯的高度关注。

前文卢梭的附注中提到的"城邦"（cité），正是罗马人为迦太基人保留的国家制度，或曰公民共同体（corps politique）。卢梭对迦太基人发出的哀其不幸的感慨与维柯冷峻的"历史语文学"考察异曲同工，二者都指向西洋政治学传统中一个最根本的原理：国家的本质构成是什么？国家的本质构成并不是自然意义上的那些元素，比如土地、血缘、家族、种族、语言等等这类原始的、混沌的、被给予的、没有经过公民个体自由选择、尚未被"civitas"所赋形的东西，而是体现着自由、正义、公平诸种原则的抽象的政治共同体。对这一政治原理的经典论述出现在亚里士多德的《政治学》和西塞罗的《共和国》中，它的最崇高、也是最激进的表述则出现在柏拉图《理想国》和圣奥古斯丁的《上帝国》里。——在前者，国家没有身体，在后者，国家没有土地。

在"urbs"和"civitas"之间，换言之，在"土地"和"政治体"之间，在必须二选一的苛刻条件下，迦太基人有意识地选择了前者，但事与愿违地丢弃了后者，也就是说，他们选择了城墙，国家却因此被解体。这一选择使迦太基民族——这一古代西地中海最大霸权——永远退出了世界历史的舞台，它体现了迦太基人根深蒂固的东方民族特有的性格——政治意志的匮乏。蒙森用非常优雅的笔调描述过迦太基人这一民族性。他说，与西方的日耳曼族有别，迦太基人作为东方闪米特人的一支(腓尼基人)，秉承着古老的东方性格，即缺乏"建国的本能"以及"争取自治自由权的独创思想"。他们在国内可以耐心忍受暴君的侵凌，在海外亦奉行和平经商之道，从来不去思考争城掠地之策，世界对于他们来说只是暂居的"商务会馆"，"获得远方广袤领地而在那里费力持久地推行殖民事业，不如与土人互市交易的重要"。蒙森引证《圣经》这样感叹：

> 这是缺乏政治意识的结果；尽管他们有极深沉的种族观念，极笃实的依恋祖城的心肠，但这缺点却表明腓尼基人最独特的本性。——他们不以自由为可爱，不以霸权为所愿；《师士记》中说，"他们像西顿人那样安静地生活着，喜悦而无忧，拥有财货"。[2]

[2] 蒙森：《罗马史》，第三卷，第2—5页。

也许会有人举出汉尼拔的例子来挑战蒙森的观点，但是，蒙森也许会回答说，汉尼拔是迦太基堕落的土壤中生出来的唯一一支奇葩。“政治意识”抑或“政治意志”高度凝缩在“civitas”这个拉丁词中，我们可以像霍布斯和卢梭那样把这个词翻译成国家、政治体、人民、主权者、城邦、共和国、公民共同体乃至“利维坦”甚至“上帝城”(civitas dei)。这个词所承载着的，是一种极端抽象的精神价值，那就是自由，它高于那些被给予的、来源于自然抑或偶然的甚至是命定的原始物(诸如土地、血缘、家族、种族、语言、世系等等)，并且抵制后者以自然法抑或祖法乃至神法的名义所施展的魔魅与暴政，在必要时刻对其行使激进的革命权与宰制权。以迦太基人为例，他们热恋乡土，缺乏足够的政治意志力去涤除土地的魅惑，不惜使国家沦为区区一方土地的奴隶，最终落得灰飞烟灭。国家(civitas)就像一个轻盈的、为所欲为的自由精灵，它不是臣服而是统治滞重的土地，而统治的前提正是距离和分离，它和土地简直没有任何天然的抑或命定的归属关系，因为国家共同体的主导原则乃是自由和偶然。不是服从土地，而是服从偶然，这或许就是政治意志的真谛吧，正如蒙森、卢梭、维柯、波利比乌斯从迦太基人的悲惨命运中所体会到的。

尤特罗庇乌斯的生平和著作[1]

尤特罗庇乌斯(Eutropius)活跃于4世纪下半叶,时值罗马帝国晚期,他的生平和很多古代作家的生平一样,后人知之甚少。他主要是作为一部简短的史书《罗马国史大纲》的作者而为后世所记取的。在这部书中,尤特罗庇乌斯在两个地方约略提到了自己,从中我们可以推知,他曾经在363年陪伴罗马皇帝、叛教者尤利安(Iulianus)远征波斯,并且在瓦伦斯(Vallens)治下担任机要秘书(Magister memoriae),撰就罗马国史,并将之敬献给自己的恩主瓦伦斯。这可能是他留给后人的全部生平资讯。我们要留意切勿把他与另一个同名字的人混淆,二者几乎是同代人,后者是个太监,在皇帝阿卡狄乌斯(Arcadius)的宫廷里担任参议,是个深谙谄媚之道的政客,在399年爬上了执政官的高位,尽管执政官这一职位早在奥古斯都大帝时代就成了帝国的摆设。他遭到了帝国晚期诗人克劳狄安(Claudius Claudianus)的严酷讽刺。在汉语学界唯一一部比较详实的古罗马文学史中,我们可以赫然看到这个太监的踪迹,而我们正在谈论的史家却籍籍无名,由此可知其身后声名之寂寞[2]。

关于尤特罗庇乌斯的生平,其他古代文献也能觅到一鳞半爪的踪影。比如,科狄努斯(Georgius Codinus)的《君士坦丁堡建城记》(*De*

---

[1] 本文是为尤特罗庇乌斯《罗马国史大纲》(谢品巍译,上海人民出版社2011年版)撰写的中译本序言。

[2] 王焕生:《古罗马文学史》,中央编译出版社2008年版,第482页,比较第492页首句。

originibus Constantinopolitanis)记载,尤特罗庇乌斯担任过君士坦丁大帝的国务秘书。中古时期的《苏达辞书》称其是“意大利著名作家”,这似乎暗示了他的出生地是意大利,但也可能是指他用拉丁文写作。他的名字看起来更有希腊的痕迹,因此也有人把他认作是希腊人。根据苏马库斯(Symmachus),他是奥索尼乌斯(Ausonius)的同乡,出生在波尔多,他因此还被后人写进了法国文学史中。

关于他的学识和信仰背景,有人根据金纳狄乌斯(Gennadius)的说法认为他是奥古斯丁的追随者,是个基督徒,可是,奥古斯丁的生活与讲道的时间是在4世纪与5世纪之交的年代,那时候,尤特罗庇乌斯要么早已不在人世,要么到了垂垂老矣的年岁了。他在记述皇帝尤利安生平事迹的时候,用了“religionis Christianae insectator”(基督教迫害者)这样的字眼,有人试图从这个严厉的措辞推断他的基督徒身份。这显然有失轻率。尤特罗庇乌斯的史撰更多地属于塔西陀所使用的“不怒不苦”(sine ira et studio)的笔法,他在洗练的文字中隐去了个人的爱憎和喜恶,在这一点,他与6世纪拜占庭史家、《秘史》的作者普洛科皮乌斯(Procopius)大相径庭,后者在查士丁尼大帝的基督教化了的宫廷中担任高官,但骨子里却是个复古的罗马人和异教徒,服膺古罗马的政治文明与古希腊的思想道统,然而,查士丁尼大帝偏偏毁灭了普洛科皮乌斯的心爱之物,架空了罗马元老院,并关闭了雅典学园,承载古代遗产的这两个制度化的顶梁柱也就不存在了,这在普洛科皮乌斯看来,简直就是断了古代道统的命脉,遂对查士丁尼恨之入骨,他的《秘史》对查士丁尼统治集团的攻击和谩骂可谓肆意疯狂,文字的雅驯早已置之脑后(此人的另一部大部头史撰《战争史》倒是写得庄严恢弘,一丝不苟)。相比之下,尤特洛庇乌斯似乎既无所怀恨,也无所偏爱,文笔温婉从容,从中实在很难分辨他究竟是个异教徒还是基督徒。与其揣摩他的文字,不如看他的行动:他毕竟曾经陪伴尤利安远征东方,这或许更有说服力地表明了他的异教徒身份。不过,这些推断内容本身以及推断方法都没有什么太深的意义，和查士丁(Justin)这类古代作家一样，他留给我们后人的只有一个名字和属于这个名字的一部书，后人写文章需要引证这些人的著述的时候，大都只是写下他们的名字，名字后面再注明他们的著作的章节，而书名则被略去。对于他们而言，人和书就是这样合为一体的。写到这里，笔者提请读者注意一个有趣的现象，我们后人对古代史家的生平大都知之甚少，史家的传记非常罕见，即便是修昔底德、瓦罗、李维、塔西陀、撒路斯特这些历史著作史上的巨人，也没有人给他们立传，相比之下，哲人、诗人、演说家、诡辩家、修辞学家等等这类无关国家政事痛痒之辈反而多有传记传下来，当然，最多的还是帝王将相的传记了。在传记文学十分繁盛的古代西洋世界，史家声名为何像教堂后面的守墓人一般如此寂寞不堪，实在是值得深思的事情。

瓦伦斯在364年登基，尤特罗庇乌斯任朝中的机要秘书，在此期间，他撰写了《罗马国史大纲》(*Breviarium ab Urbe Condita*，以下简称*BaUC*)，共十卷，从罗马建城写到瓦伦斯的上一任卓维安之死。按照瓦罗的纪年法，全程时间跨度为1118年(*BaUC* 10.18)。关于瓦伦斯治下的帝国状况，尤特罗庇乌斯没有再写下去。古代史家大都津津乐道于当代史，因为他们大都身兼军政要员，堪称当代史的旁观者、参与者，甚至是主宰者和创造者，免不了以生花妙笔对自己身在其中的千秋功业极尽描画之能事；事实上，在古代历史著作中，最令读者心驰神往的往往都是“当代史”部分，修昔底德、波利比乌斯、塔西陀、约瑟夫斯堪称典范中的典范。尤特罗庇乌斯却对当代史保持沉默，令人称奇。他曾经陪伴皇帝尤利安远征亚洲，这也算得上一件大事情了，但是对此他只留下了一句话：“尤利安执掌了国家大权，他以装备精良的部队向帕提亚人发动了战争，那场远征我也参加了。”(Hinc Iulianus rerum potitus est ingentique apparatu Parthis intulit bellum, cui expeditioni ego quoque interfui. *BaUC 10.16*)。这和波利比乌斯大肆渲染自己陪伴罗马大将军西比阿远征迦太基判然有别。尤特罗庇乌斯对自己的沉默略有解释，在史书最后，他写道：

> 由于现在，文已行至既名扬四海又受人崇敬的陛下您的时代了，臣将就此搁笔，因为这些余下的历史当以更为优秀的文笔书写下来，臣现在将它们搁置在旁，并非弃之不顾，而是留待学识长进到能写这段历史为止。（*BaUC* 10.18）

作者所谓的“更为优秀的文笔”（stilo maiore）云云自然是谦词了；至于他后来是否有续写篇章传下来，由于古代晚期的历史动荡与文明浩劫，我们也不得而知了。能够确知的是，热心罗马传统的查理曼大帝曾经命保罗（Paulus Diaconus，因“Diaconus”有“教会执事”的意思，此人故又称“执事保罗”）续写《罗马国史大纲》，这个保罗就是编订过奥古斯都时期的释放奴隶、大学者维里乌斯（Marcus Verrius Flaccus）的《辞疏》的古典学家[3]。保罗不仅把尤特罗庇乌斯的大纲续写到查士丁尼时代，而且在尤特洛庇乌斯的基础上，把原有的十卷书也逐一扩充，成为一部更加丰满的通史。这部罗马通史以尤特罗庇乌斯的《罗马国史大纲》为骨架，将罗马历史一直贯通到查理曼时代，显然隐含着为查理曼大帝秉承罗马正统提供论证与辩护的政治含义。这一点，却是尤特罗庇乌斯所始料未及的。不过，他当初撰写这部简短的通史大纲的时候，心里想的未必不是为帝国的政治统治理出一条脉络，以示后来的继承者。自从哲人王、《沉思录》的作者去世之后，帝国的权柄就彻底沦落为一代又一代暴君、寡头与军阀武夫手中的玩物，甚至开始出现蛮族人闯进罗马城当皇帝的千年未有之大变局（*BaUC* 9, 8.18—19），这些皇帝大都野性十足、不学无术，对罗马的起源和历史知之甚少，尤特罗庇乌斯以简练文风撰国史大纲，并题献给瓦伦斯皇帝，其私藏以国史教育君主之大心愿也未可知。在他的史书中，尤其是后半部分对帝国时期诸皇帝的生平记述中，

[3] 王焕生：《古罗马文学史》，第 334、511 页。

我们可以频频读到某位皇帝好希腊哲学、某位皇帝对拉丁文学了然于胸、某位皇帝对文学常识一无所知等等这类文字，看来皇帝们的文化素质却是一件让尤特罗庇乌斯忧心忡忡的事情。顺便补充的是，在执事保罗续写尤特罗庇乌斯以后，11 世纪的史家“聪慧的”兰道福斯（Landolfus Sagax）在保罗的基础上，又扩充了这部通史，并续写到亚美尼亚的利奥（Leo the Armenian）治下（813—820 年），以《杂史》（*Historia Miscella*）为标题传世，此时距尤特罗庇乌斯撰写大纲已有 600 年之久了。

《罗马国史大纲》问世之初（约略 370 年）就被佩安尼乌斯（Paeanius）翻译成了希腊文（约略 380 年），这个版本现今保存完好；在 6 世纪的时候吕修斯的卡比托（Capito Lycius）将这部国史大纲再度译成希腊文。把更加晚近的拉丁语文献翻译成古老的希腊语，这一举动在翻译历史上的确是一件看似奇怪的事情，但却在情理之中。20 世纪古代史权威莫米利亚诺（Arnaldo Momigliano）发表过一篇富有见地的文章，题目是“希腊人的缺失”[4]，文章认为，古典世界的三大语言包括希腊语、拉丁语和希伯来语。希腊语是亚历山大大帝之后的希腊化世界通用的语言，“犹太人和罗马人为了从自己的孤立处境中脱身出来并为希腊化王国的上流社会所接受而不得不学习希腊语，但是很少有希腊人去学习拉丁语和希伯来语。”希腊人倾向于“拒绝让自己深入涉及外国的思想方式，他们从来没有学习拉丁语或希伯来语的好奇心”。这是希腊人对待异邦文明的常备姿态，它起源于荷马时代。蒙森甚至不无夸张地说，《伊利亚特》和《奥德塞》堪称“民族主义的希腊世界的圣经”[5]。荷马认为特洛伊人说希腊语

---

〔4〕 “The Fault of the Greeks”, *Daedalus*, Vol. 104, No. 2, *Wisdom, Revelation, and Doubt: Perspectives on the First Millennium B. C.*, Spring, 1975, pp. 9—19. 中译文见林国华、王恒编：《古希腊的傲慢与偏见》，《海国图志》系列第 6 辑，上海人民出版社 2011 年版。

〔5〕 特奥多尔·蒙森：《罗马史》，第三卷，李稼年译，商务印书馆 2005 年版，第 413—414 页。

是否正确，这根本不值得讨论。莫米利亚诺正确地看到，荷马史诗对欧罗巴与亚细亚之间的民族战争，预设了一种单一语言(monolingualism)的理解方式，这一点对后世影响最巨，可谓“欧洲中心论”的源头。“就描述和界定外邦人的习俗的能力而言，希腊人在古代是独一无二的。”众所周知，希罗多德最早奠基了“民族志”的研究，尽管他研究万民风俗制度的《历史》仍然以“文明的希腊人 vs. 野蛮的土著人”的格式编排，但是，他是一个随时准备宣布“野蛮人的习惯比希腊人的习惯更优越”的学者。“这样一种对异邦文明的评判是冷静的，最终还是自信的。没有什么诱惑使希腊人屈从于它们。”遗憾的是，希腊先贤们冷静和自信到了后来逐渐演变成希腊知识阶层的傲慢、刚愎和短视。在亚历山大之前，没有任何征象表明希腊人对犹太人有所了解，而他们对罗马人的认识也只局限于少数传说。大约公元前280—前270年，罗马人对皮洛士的胜利给希腊人留下深刻印象，曾经促使蒂迈欧(Timaeus)这个居住在雅典的西西里侨民就罗马人的历史与制度进行了广泛写作。“但是当其惊奇耗尽之时，希腊人就不再更进一步，在公元前第三个世纪，希腊学者没有对犹太人或罗马人的历史进行过任何具体研究。”当罗马人在公元前3世纪末有效地摧毁迦太基的势力，成为西地中海的最大霸权时，仍然没有任何独立的希腊历史学家认为有必要对罗马人的胜利做出解释，只有迦太基的历史学家和业已掌握希腊语并把罗马人的事例展现给希腊读者的罗马历史学家撰写过罗马人的事迹：

> 除了极少例外，希腊人仍然傲慢地仅仅使用一种语言(即希腊语)，并长此以往达数世纪。他们不喜欢用土著人的语言与土著人进行交谈。他们既不熟悉拉丁文学也不熟悉犹太文学。不存在把外国书籍翻译成希腊文的传统……甚至在罗马人成为希腊世界的主人之后，一切可以获得的证据都指向这一结论：罗马人说希腊语，然而希腊人不说拉丁语。

随着罗马国势的不断扩大以及希腊政治文明的不断萎缩，尤其是164年希腊文明最后的堡垒科林斯被罗马攻陷，希腊人的傲慢被彻底粉碎，罗马毫无争议地成为欧罗巴的新主。希腊语与拉丁文的优越性的位置关系随即发生了根本颠转。希腊知识阶层学习拉丁语的人渐渐多了，一些拉丁语书籍的希腊文译本也开始出现，尤特罗庇乌斯的《罗马国史大纲》的希腊语译本可能就是在此背景下出现的。学习罗马历史与典籍，成了希腊知识阶层逃不掉的命运，遗憾的是，一切都晚了。此时的希腊人学习拉丁语，与当初的罗马人学习希腊语，有着完全不同的意义。当初的罗马人学习希腊语是为了做希腊人的主人，现在的希腊人学习拉丁语只不过是为了做罗马人的臣民；前者宛若旭日之初生，后者却已经落入暮气笼罩的残阳之中了（蒙森的《罗马史》中译本第三卷最后一章“论文学与艺术”对早期罗马统治阶层学习希腊文史典籍的热情做出了才华横溢的政治解释，非常值得参考，若与莫米利亚诺的论文“希腊人的缺失”对照研读，必得更多教益）。在这个杂糅着兴盛与衰亡、恢弘与伤感的文明势力流转迁徙的大背景下，当我们再来看尤特罗庇乌斯这部区区六万言的《罗马国史大纲》及其希腊文译本的时候，谁还敢对其怀有轻视之心呢？——它根本不打算为平庸琐屑的现代史学学生们提供模糊晦涩的“史料”，它是为迁徙不定的人世命运做见证！

佩安尼乌斯和卡比托的两个希腊文译本收录在19世纪德国古典学家、“普鲁士学派”领军人物德罗伊森（H. Droysen）校订的本子里（*Eutropi Breviarium ab urbe condita cum versionibus graecis et Pauli Landolfique additamentis*，1879），这是目前最权威的本子，被录入著名的*MGH*，即“日耳曼史料集成”（*Monumenta Germaniae Historica*，该文库目前可以检索到电子版，尤特罗庇乌斯位于该集成中的首部文献“史部”之中），德罗伊森撰写的导言有很大参考价值。值得一提的是，“普鲁士学派”不是一般意义上的书斋学派，而是拥有强烈政治野心的历史学派，他们以黑格尔为思想教父，对德意志政治史走向产生过深刻作用。德罗伊森本人认为希腊理应遭受它的噩运，因为它没有能力取得统一。他的学术研究深受俾斯麦赏识[6]。

《罗马国史大纲》一共有十卷，可分成两部分，与罗马国史的笼统的两个分期相呼应，亦即前六卷讲到共和结束，后面四卷讲帝国时期。关于尤特罗庇乌斯撰写《罗马国史大纲》时的参考文献，按照学界一般的观点，前六卷参考了李维的罗马通史或者李维通史的摘要，这类摘要（Epitomae）在帝国时期的历史编纂事业中比较常见，在李维的权威史撰基础上做摘要更是风行一时，遗憾的是大多数作品都不传世，弗洛鲁斯（Florus）的*Epitomae*可能是唯一幸存下来的完整的李维通史摘要。奥古斯丁认为弗洛鲁斯的意图不是在撰写罗马的历史，而是颂扬罗马的事功（奥古斯丁，《上帝之城》，3.19，开篇）。这句判语可能也适用于尤特罗庇乌斯以及几乎所有的古代罗马史撰，甚至包括那些用希腊文写成的罗马史，比如波利比乌斯的通史，这其实也是希罗多德为古代异教史撰确立的最高目标：记述人类的伟大功业，免得被后人遗忘。尤特罗庇乌斯没有使用 epitomae 这个词做自己的标题，可能是因为后面四卷的内容来源有别于前面六卷。关于帝国时段的这四卷内容的大部分是在为历代皇帝绘制肖像，颇似苏埃托尼乌斯（Suetonius）的《十二恺撒传》的体例，因而有学者断定尤特罗庇乌斯的参考文献就是《十二恺撒传》。也有人认为是一部已经遗失的罗马皇帝史撰，即学界统称的“埃蒙皇史”（*Enmannsche Kaisergeschichte*）。另外，这后四卷涉及的罗马史部分，有一少部分乃是尤特罗庇乌斯身在其中的当代史，更是他本人亲身参与的历史（参第十卷），是用不着依据什么参考文献的，“摘要”一说也就不必谈起。综合以上考虑，我们也就可以理解尤特罗庇乌斯为什么不

〔6〕 乔治·皮博迪·古奇：《19世纪历史学与历史学家》，耿淡如译，商务印书馆1997年版，第256—265页。关于普鲁士历史学派的一般情况，亦可参J. W. 汤普森：《历史著作史》，孙秉莹、谢德风译，商务印书馆1996年版，下卷，第三分册，第280—307页。

采用通行的 epitomae 这个词来做自己史书的标题了。

不使用 epitomae 做书名，乃是因为书中记载有作者自己的亲身经验。从近现代史学界所谓的“史料”意义上来讲，这部《罗马国史大纲》的最大价值也仅在这一点。尤特罗庇乌斯的史书被认定为简短平庸，但对帝国晚期的记叙弥补了其他有关帝国权威史家的空白[7]——这是现代史学界对《罗马国史大纲》的正统意见。前引王焕生先生的《古罗马文学史》不见尤特罗庇乌斯的名字，苏俄大史家科瓦略夫的《古代罗马史》把尤特洛庇乌斯划进“第二流的晚期帝国时代的作家”，也算得上是高看他了[8]。值得深思的是，在科瓦略夫的“排名表”中，与尤特洛庇乌斯并列为晚期帝国二流作家的，赫然还有大名鼎鼎的奥罗修（Paulus Orosius, ca. 375—418）。这位基督教拉丁教父受命于奥古斯丁，撰写了七卷《驳异教历史》（*Historiarum adversum paganos libri VII*），作为奥古斯丁《上帝之城》前十卷（“史学卷”）的补充，也是《上帝之城》政治神学整体思想的指南和参考。这是一部富有思辨性的历史著作，作者从世界起源开始一直写到当代，对异教历史展开尖锐批判，对救赎史介入世俗史这一崭新转折深入辨析和辩护，并提出了神性引领人性朝向不断进步的历史哲学或历史神学。从史撰体例来看，《驳异教历史》突破了古代希腊罗马“国史”和“断代史”的狭窄领域和局促视野，以普世的眼光（这无异于以神的眼光）看历史，是“普遍史”（universal history）的最早范本，这种史撰以“永恒进步”的神圣理念终结了异教徒的“永恒复归”的自然宇宙观，以庶民们的蓬勃朝气一扫暮气横秋的古代权贵，从此以后，人们发觉他们竟然可以挣脱血缘、种族、地域、民族等等自然性的壁垒和循环，从匍匐了数千载的土地上站起来，眺望一个可以无限逼近的新世界，哪怕是虚幻的海市蜃楼。奥罗修在教父神学、古

〔7〕 塔西陀之后最伟大的史家阿米阿努斯·马尔科利努斯（Ammianus Marcellinus）的31卷帝国史只传下来一半篇幅，他是尤特罗庇乌斯的同代人。

〔8〕 科瓦略夫：《古代罗马史》，王以铸译，上海书店出版社 2007 年版，第 573 页。

代史撰、古代历史哲学与政治神学中的地位非同小可，但却被科瓦略夫编入罗马晚期帝国二流作家之列，固然令人哑然，但也在情理之中，因为这位现代史学家的裁判标准只有"史料"二字。奥罗修《驳异教历史》可谓历史神学与政治神学的开山经典，但从"史料学"观之，简直一文不值。尤特罗庇乌斯在现代史学界之遭受冷遇，正是这"史料学"在作怪。"史料"是近现代史学家和史学生们的"上帝"，这种情况在德国尤甚。19世纪诸多德国大史学家（上达尼布尔、下迄蒙森）大都以"史料学"的眼光对待古代史撰，他们在撰写罗马史的时候，要对古代史料竭泽而渔，在此基础上做到有据可依，他们的野心是，未来研读罗马史的读者只要去看他们的作品就够了，至于李维、塔西陀之类的原始文献，可以完全忽略。正是这种对"史料"的极端崇尚，使得蒙森的五卷本《罗马史》无法按原计划完成，因为规划中的第五卷由于帝国晚期的"史料"极端残缺，以至于不能下笔撰写，而第四卷的内容，塔西陀的《编年史》已有清楚交代，不需要他再浪费笔墨了。为了搜寻帝国晚期的史料，蒙森中断"罗马史"的写作，转攻铭文整理，煌煌15卷（共36册）的《拉丁铭刻集成》（*Corpus Inscriptionum Latinarum*）终于横空问世。1885年，《罗马史》第五卷终于在《拉丁铭刻集成》的史料基础上诞生了〔9〕。近现代史学界这种以"史料"为核心的工作可谓繁难艰巨，非一般人所能为，其所取得的成绩也令人叹为观止，肃然起敬；然而，他们妄图使读者一劳永逸地抛弃原始文献的野心却并不可取。因为那样的话，我们这些卑微的读者固然获取了丰盛的史料，但在同时，也失掉了古代史书中那些永远不能用"史料"所权衡与裁断的东西，比如希罗多德的戏谑、修昔底德演讲词中的政治学、塔西陀的不怒不苦、普洛科皮乌斯的大怒和大苦、约瑟夫斯"犹太人问题"的焦虑，甚至尤特罗庇乌斯撰《罗马国史大纲》以教化君主的心愿——笔者相

〔9〕 乔治·皮博迪·古奇：《19世纪历史学与历史学家》，第764—774页。

信,古代史家撰写历史除了给我们后人遗下“史料”之外,必定还有别的或隐或显的意图,作为他们的遗产继承人,我们不应该在任何“科学的”或者“学科的”借口之下放弃那些古老深远的意图。

前面提到,《罗马国史大纲》分为两部分,第一部分记叙建城到共和末期(前六卷),第二部分专论帝国(后四卷)。这两部分在内容上面差别很大:前半部分几乎都在描写罗马战争史与征服史,以期说明罗马是如何从一座小城拓展至整个世界的帝国,后半部分则侧重于对皇帝个人生平的简要概述,尤其着墨于帝王的个人秉性及他人对他的品藻。这种有趣的现象也出现在弗洛鲁斯的《摘要》(*Epitomae*)里。在题为《李维〈历史〉七百年战争提要》的书中,弗洛鲁斯专注于共和时期的将近八十场大小战事,一直写到奥古斯都时代雅努斯神殿大门关闭。也就是说,他对于帝国时期的战事保持缄默。王焕生先生用马克思主义经典作家们的理论对此现象做了简单评述:“弗洛鲁斯对帝国时期的战争没有叙述,可能是因为他认为,以前进行战争的主体是人民,而在皇帝专制统治下,人民不起作用”[10]。笔者认为,这种解释朴素、直接,没有过时,但是并没有把话说完。所谓“在皇帝专制统治下,人民不起作用”,接下来顺理成章的话或许就是“在皇帝专制统治下,皇帝起作用”。借用中世纪帝国政治学术语,就是随着国家的政治身体与国王的自然身体合二为一,国王的生老病死、乃至一颦一笑这类十足个体性的偶然事件都足以动摇整个帝国的根基。莎士比亚对此感受很深:

> 君主的薨逝不仅是个人的死亡,它像一个漩涡一样,凡是在它近旁的东西,都要被它卷去同归于尽;又像一个矗立在最高山峰上的巨轮,它的轮辐连附着无数的小物件,当巨轮轰然倒塌的时候,那些小物件也跟着它一齐粉碎。国王的一声叹

[10] 王焕生:《古罗马文学史》,中央编译出版社2008年版,第465页。

息，总是伴随着全国的呻吟。

（《哈姆雷特》第三幕第三场，朱生豪译文）

从阴郁多疑的帝国第二代皇帝提比略开始，主宰帝国沉浮的不再是罗马元老院统治集团的稳健政策，而是罗马皇帝们的一己脾性，不是元老们的辩论和演说，而是皇帝们的胆汁和体液。这是君主独裁下的帝国通况，东西方概莫能外。在这种状况下，君主们的性格嗜好和道德品性就变得尤为关键了。这并不是说性格和德性在罗马共和时期就不重要了，至少普鲁塔克和马基雅维里肯定是不会同意的。正如亚里士多德《尼各马可伦理学》所揭示的，古代政治的核心问题其实是"德性"，而不是"政策"。不管是民主制的雅典，还是共和制的罗马，政治家的德性堪称左右国家航船方向的灯塔，不管明亮还是昏昧。只不过这种情况在君主制国家中更为突出和关键（柏拉图与叙拉古两代暴君的交往简直就是目前这一论题最典型的说明）。也正因此，君主的德性教育成为古代作家们最津津乐道的议题，这一状况一直持续到马基雅维里甚至更加晚近的民主时代，每一代有每一代的谈论方法和经典结晶，从柏拉图的"哲人王"、色诺芬的"居鲁士"，到西塞罗的"西比阿"、塔西陀和苏埃托尼乌斯的帝王肖像画，再到伊拉斯谟斯的"基督教君主"、马基雅维里的"博尔扎"、博林布鲁克的"爱国君主"、甚至美国儿童文学中的"汤姆·索亚"，直到卢梭的"爱弥儿"，可谓蔚为大观。罗马帝国时期的历史学家之所以大规模地转向"传记文学"，为帝王描画肖像，实在是因为他们大都怀着或隐或显的政教意图。用希腊语写罗马古史的狄俄尼索斯（Dionysius of Halicanasus）尝言："历史就是用生平事迹进行教化的哲学。"（History is philosophy teaching by examples.）这句话可谓是古代史撰的公理与精髓，尤其在传记史家创作出的人物肖像上面得到最优秀的体现。为说明这一点，苏埃托尼乌斯是一个非常恰当的例子：在帝王传记中，他的《十二恺撒传》独领风骚，但在近现代"史料派"独大的局面下颇受冷遇，甚至被打入另册，然而，就是这部小书，在500年前竟然是马基雅维里撰写《君主论》时的案边参考。值得一提的是,和上面这两种极端立场相比,蒙森提出了另外一种观点,他认为奥古斯都之后的罗马并不是帝国体制,也不是君主专制,而是基于元首与元老院之间的均势,是旧体制中的贵族政治与恺撒的专制主义的妥协,至少在戴克里先建立皇帝绝对专制的"新政"以前是这个样子的。在这种体制下,罗马皇帝的残暴与怪癖,对于广袤无际的罗马世界所产生的影响是微乎其微的[11]。蒙森主张,皇帝们的私人性格对帝国秩序几乎没有影响,这意味着,那些帝王传记的政治意义也应该相应地被弱化。蒙森的持论显得过于武断,以至于他不得不引入戴克里先来调和自己的主张。事实上,以戴克里先为界限,之前和之后的帝国体制框架也许有很大不同,但是,帝王的性格对这两种框架的冲击却是同样疯狂的,读几章塔西陀关于提比略的记述就足够了。霍布斯早年曾经逐字逐句评注过塔西陀对奥古斯都元首制初立时期的记述,或可拿来当做一份稳靠的参考以助我们得出更加公正的结论。综上,对于尤特罗庇乌斯的《国史大纲》涉及帝王性格的后半部分,切不可轻率以待,而是应该将之置入"恺撒传"这个特殊的史撰体例中复原其原有的企图,归还其应得的名誉。只有这样,我们才算得上是合格的罗马史读者。

《罗马国史大纲》叙述了从罗慕路斯建城到瓦伦斯登基的1118年历史,这段历史正好相当于李维、塔西陀和阿米阿努斯·马尔科利努斯三位大史家合起来叙述的罗马通史。李维的下迄共和末期的《自建成以来》长达142卷,塔西陀接续李维,撰《历史》与《编年史》,止于涅尔瓦,至少有28卷,之后有马尔科利努斯续写塔西陀,恰好到皇帝瓦伦斯止,共31卷。尤特罗庇乌斯着手的工作,相当于把这长达200卷的内容浓缩进中译本只有6万字的小册子中,这听起来简直是天方夜谭。依据李维——塔西陀——阿米阿努斯·马

[11] 乔治·皮博迪·古奇:《19世纪历史学与历史学家》,第772—773页。

尔科利努斯的200卷罗马通史(实际上只有66卷和4卷残篇传世),逐句逐篇检审《罗马国史大纲》的编目和选材,并据此探查其意图,检讨其得失,这项工作虽然不无意义,但却没什么必要,恐怕也不是尤特罗庇乌斯的本意。不过,以笔者自己的浅薄经验来看,如果对罗马历史的一般史实有所了解之后,尤其是对罗马史的若干伟大读者(比如普鲁塔克、马基雅维里、孟德斯鸠、吉本、维柯、蒙森)有所涉猎之后,再来阅读这本短短的《罗马国史大纲》,拿正在读的与业已读到的互相印证,则必可获得别开生面的豁然体认。

最后,作为读者,笔者要向中译者谢品巍表示感谢。结识这位作风笃实的年轻人完全是偶然的,他对古典拉丁语言与典籍的热爱给我留下了真切的印象。尤特罗庇乌斯的这本小书在古代晚期和整个中古时段在帝国的东西部都被作为古典拉丁文通行教材,措辞平实易懂,文风简洁洗练,但这也意味着其中多有修辞方面的考究和安排,翻译工作虽然不算十分艰难,但很多地方也需要一再琢磨。译者每译完一卷,就把译稿连同拉丁文原稿一并传来给我看,经常是我还没看完,第二稿、第三稿接踵而至,其中修改的可能只是一两个字。在过去的一年里,参照原稿阅读译稿,成了我的固定功课。这部《罗马国史大纲》的读者们都会和我一样感谢中译者的辛勤劳动,他给了我们一个十分恰切的阅读罗马史的契机。

“殉道”:霍布斯与尤西比乌

教会初建时期,殉道现象非常频繁,记述那个时代的殉道者的磨难使一种特殊的历史编纂成为可能——教会史。罗马帝国时期的恺撒利亚主教尤西比乌(Eusebius of Caesarea)著《教会史》,开启了这种书写传统。古代史家皆有一个习惯,在其作品中的某个位置表明自己的心迹,向后人提示史书的意图,尤西比乌亦不例外。《教会史》第五卷开篇:

> 皇帝安东尼努斯·维鲁斯(马克·奥勒留)在位第十七年……针对我们的迫害在各地再度爆发,而且比以往来得更为猛烈……在此次迫害中光荣殉道的人不计其数……其他史家的作品仅限于记录战争中的胜利、指挥官的功绩和士兵的英勇,这些人为了国家、家族和财富的缘故大肆屠杀,双手沾满了成千上万人的鲜血。我的作品与此恰恰相反,我要记录的是那些为了灵魂的和平而战的战争,那些在这样的战争中不为国家而为真理、不为家族而为信仰而战的人物,为的是让这些争战和人物一并永留青史。[1]

在基督教语境中,“殉道”表面上关乎信仰,其实关乎教会权力,具体说就是关乎权力的正当性基础:受苦成为攫取权力的资格和资源(参尤西比乌《教会史》第五卷第17节末尾一段)。崇拜往昔的殉

---

〔1〕 尤西比乌:《教会史》,生活·读书·新知三联书店2009年版。

道者,等于塑造一个受苦的道德传统,在它的庇护下,后来者拥有取之不竭的夺权资源。谁受苦,谁统治。这是基督教传统对古典政教传统最根本的颠覆,更是基督教传统对现代政治想象最根本的启发。霍布斯在《利维坦》中对这个颠转表示非常不满,他也正是在“论教权”的章节中讨论殉道问题的。

霍布斯的字面解经风格酷似斯宾诺莎,第一句话就会让那些在古老的殉道传统的庇护下习惯了吃香喝辣的继承者们不舒服。——“那么关于我们在教会史中读到的那些没有必要地丢掉性命的殉道者又怎么说呢?”霍布斯所说的“教会史”正是尤西比乌开启的史书传统。记载苦难,让受苦成为一种为某种法统辩护的道统,这是这种历史编纂的根本使命。霍布斯对这个道统的批判看起来轻描淡写,但却有十足的颠覆力量。他说:

> 就殉道者一词的正确定义来说,这种人就是救主耶稣复活的见证者;然而,除开在地上曾与耶稣面谈、在耶稣被接上天后又曾见过耶稣的人以外,再没有任何人能成为见证人。因为一个见证人必须亲眼见过他作证的事,否则他的证明就不可靠。从圣彼得的下一段话中也可以清楚地看出,除开这种人以外,没有人能够正式称为基督的殉道者……

霍布斯提到的圣彼得的话是《使徒行传》1:21—22。霍布斯巧妙利用圣彼得传达的意思再明白不过了:除了十二门徒(Disciples),和后来的若干使徒(Apostles)以外,其他人没有成为殉道者的资质,死了算是白死,也就是霍布斯所谓的“没有必要地丢掉性命”。既然连受苦的资格都没有,那么凭借受苦所得的统治的资格就更是天方夜谭了。

很难说霍布斯对殉道的解释是带着恶意的牵强附会,他的解释固然颠覆了教会的正统,让教会恨得咬牙切齿,但是,解释本身却闪耀着基督教原始信仰团体的纯正光彩。非常有意思的是,尤西比乌本人不经意地佐证了霍布斯的解释。在《教会史》核心部分的第五卷,尤西比乌大段引述了一封高卢教会写给小亚细亚教会的原始信件,信文关涉当地悲惨的殉道情况,其中有这样一段话:

> 他们热切地想仿效基督,虽已满有荣耀,并且不止一次、两次、而是多次从斗兽场带回满身烙印与累累伤痕,但他们从来不把自己看做殉道者,而且也不允许我们用这样的名称称呼他们,一旦有人想这样称呼他们,就会立刻遭到他们的严厉斥责。他们乐于把殉道者的头衔留给基督,那真正的殉道者、那从死里首先复活的。(尤西比乌:《教会史》第五卷第2节)

——在对基督原教旨的把握方面,霍布斯比教士和神学家们要精准得多,究其原因,在于他切断了受苦与统治理由之间的一厢情愿的纽带。这从另一方面也意味着,霍布斯对于基督的受难拥有公正纯良的体认。

奥利金生平漫议

——据尤西比乌《教会史》

奥利金诞生在亚历山大城,出生的年代正是塞普蒂默斯·塞维鲁斯统治的年代,这个塞维鲁斯就是马基雅维里赞赏不已的那个罗马皇帝,因为他同时拥有“狮子”和“狐狸”的德性(《君主论》第19章)。

在这头狮子和狐狸的统治下,基督徒们的处境并不好,各地殉道者被押往斗兽场与野兽搏斗、或被捆绑在火刑柱上烧掉,如果是罗马公民,则按照罗马法被斩首。奥利金的父亲列奥尼德斯就是因为这个缘故被掉了脑袋。父亲的殉道精神深深地感染了儿子。在奥利金还是幼童的年代,他的胸中就不可思议地鼓荡着殉道的激情,他渴望战斗,“像蜜蜂追逐鲜花一样追逐死亡”(爱德华·吉本语),在父亲坐牢的时候,他甚至写信给父亲,督促父亲早日赴死。小奥利金每天寻死觅活,引起母亲极度不安,她只好常常把儿子的衣服没收藏起来,赤条条的奥利金只好待在家中。狂暴的末世论情感毫不留情地吞噬着这个未成年的幼童、这个未来的基督教历史上最伟大的神学家,这让人十分费解。奥利金着魔般的童年总是让笔者想到卢梭《爱弥儿》里那个贫寒的萨瓦牧师的自白,那是卢梭关于爱弥儿的宗教教育的关键文本,写得那么好,那么质朴、纯良,它直诉人们的自然理性,拒绝一切疯狂偏见的诱导和滋生。幼小的奥利金要是遇到那样一位老师该有多美妙!

童年时期,奥利金在父亲的培养下研读圣经,年纪虽然幼小,但已经不满足于圣经经文的字面意思，而是试图追求字面以下的隐秘教导，父亲尽管不动声色，但看在眼里，喜在心头。父亲同时也督促奥利金研究古代异教的哲学、诗学、修辞学等，并且小有所成。由于在圣经和世俗学问两方面凸显的才华，奥利金很早就出任了亚历山大教会的教理导师，从此开始了持续一生的教育生涯，这是一种从一开始就伴随着迫害的生涯。也许是年龄渐长的缘故，奥利金的殉道热望有所平复，他学会了逃亡，而且很顺利，学徒们宣称，那是上帝神圣的右手佑助了奥利金。奥利金作为一名教师的光环渐渐耀眼起来，这得益于其学识、勇气以及学徒们的追捧。随着追随者数量的激增，奥利金不安地发现，在教导希腊异教典籍与教导圣经神学之间存在矛盾，便从课程中删除了希腊典籍。

对于奥利金来说，神学学问不仅是纯粹思辨性的，同时也是实践性的，他像某些古代异教哲学家一样，对身体与欲望保持冷漠，甚至是敌视。他衣衫褴褛，甚至赤身裸体，从来没有穿过鞋，为的是遵照基督的教诲（《马太福音》10:10）。奥利金个人的德行魅力激发很多学生和他一道过着清贫的生活，这些人信圣道、行圣道，不免遭受迫害，甚至殉道。奥利金第一个殉道的学生叫普鲁塔克，当他被带往刑场的时候，奥利金一路陪同，直到其生命最后一刻。第二个殉道的学徒叫塞仁努斯，被施火刑，第三个叫赫拉克里德，第四个叫希罗，被斩首，第五个也叫塞仁努斯，也被斩首。奥利金门下有不少女弟子，其中有个叫赫拉伊斯的在火刑柱上被烧死，这是奥利金第六个殉道的学生，第七个也是女儿身，此即著名的波塔米娅娜，这是一个“正当如花妙龄”的女子，不仅身材姣好，而且聪明伶俐，“求爱者甚众”，亚历山大城的法官在她全身施以种种酷刑，最后用煮沸的焦油一滴一滴淋在她的全身各处，就这样缓慢死去。尤西比乌说，“此即这位高贵女子所赢得的战争”。

奥利金在亚历山大教书的时候，把自己阉割了，以此来实现基督的教诲，为了天国的缘故而自阉（《马太福音》19:12），也有人说他是苦于门下女弟子太多，容易招致流言蜚语，便挥刀以明志。总之，尤西比乌在论到这件事情的时候，是非常不赞同的，认为这件事情证明了奥利金年纪尚轻、心智稚嫩，以至于荒谬地从字面上理解福音书。不过，笔者倒是认为，这件事情很难证明奥利金心智不成熟，也很难证明他荒谬地从字面把握圣经的意思，因为我们知道，奥利金从小就不满足于经文的字面意思，而是喜欢探索其中的各种隐义的。他很可能是真心诚意地鄙视自己的身体。

繁忙的教务一度中断奥利金的神学研究和圣经注释，无奈之下，他只好把学生分成初级班和高级班，并委任一名门生负责初级班，他自己则指导高级班。分班制为奥利金节省了宝贵时间，使得他可以埋头于浩繁艰深的神学著述。奥利金著述的核心部分是针对圣经文本的整理、编辑与注释。他精通希伯来文，并且拥有很多种希伯来圣经古本和各种语言的译本，这使得他的注释工作得心应手。奥利金的著述远非书斋中的玄想，而是和他毕生从事的一项使命紧密联系的，即反驳基督教会内部的异端。在奥利金时代，尼西亚会议还要等一个多世纪才得以召开，基督教会尚不具备大一统态势，耶稣的门徒和紧跟其后的诸使徒在小亚细亚、欧罗巴乃至北非环地中海的很多城市纷纷建立了教会组织，这固然为教会的发展奠定了珍贵的基础，但是也给后来者留下了一份遗憾，那就是关于谁是教会的正统一直没有定论。耶路撒冷、罗马、安提阿、亚历山大、哥林多、雅典等大教区为此争吵不休，在此之下，更有纷繁芜杂的大小异端如雨后春笋，趁着乱糟糟的世道，喷涌而出。除此以外，奥利金还要与一种古老、优秀的高等传统相抗衡，那就是希腊异教文明。为此，奥利金不仅精心考订圣经古本，揣摩经文原始奥义，而且精研古代异教学问，并据此驳斥希腊异教与教会异端的学说与教义。他的著述充满了论辩品质，他有一种强烈的、自觉的意识，那就是为他心目中的教会终结这一切纷争。奥利金的深湛学问折服了很多人，他的名字出现在同时代很多人的著述中，甚至希腊民族的哲学家都承认他在希腊哲学上的成就。奥利金改变了很多人的信仰,其中最著名的就是安布罗斯,后者不仅成为教会正统的大神学家,而且鼓动并资助奥利金撰写规模庞大的《圣经注释》,奥利金曾经专为安布罗斯撰就论文《论殉道》,两人深厚的友谊可见一斑。奥利金对希腊异教传统的驳斥主要结集于八卷本的《论真道》中,此书亦通称《驳塞尔修斯》,塞尔修斯乃是一位伊壁鸠鲁主义者。

在德西乌斯执掌罗马皇权的时候,奥利金已经是一位老人了。德西乌斯的前任皇帝是阿拉伯人菲利普,据说他是个基督徒。由于憎恨菲利普,德西乌斯也憎恨基督徒,他颁下大迫害的谕令。在这次迫害中,奥利金未能幸免。孩提时代的殉道热望终得圆满。

奥利金的一生,遭到很多人嫉恨,也被很多人爱戴乃至崇拜。在众多的崇拜者中,有一位身份极其特殊的人:朱莉亚·马美娅,她就是罗马皇帝亚历山大·塞维鲁斯的母亲(一说是养母)。马美娅是一位虔诚的妇人,而且很有可能信奉基督,对闻名遐迩的奥利金非常尊敬,曾经派遣军队护送奥利金前来觐见,奥利金与她短暂交流,向她陈明神圣教导的美妙,随后就返回亚历山大了。据说,马美娅对自己当皇帝的儿子亚历山大拥有绝对的权威,亚历山大也心甘情愿地接受母亲的精神教导,母子两人后来双双惨死在暴动的罗马军队手里。

马基雅维里在《君主论》第19章讨论的主题是君主应该避免受到蔑视和憎恨。为此,他简洁但精审地评论了几个罗马皇帝的死亡方式及其所可能昭示的教训,并在此基础上对这些皇帝分门别类。其中,塞普蒂默斯·塞维鲁斯这个大恶人兼有狮子与狐狸的德性,被马基雅维里视为成功的君主,马可·奥勒留以德治国,虽然与塞普蒂默斯·塞维鲁斯形成尖锐对举,但是在普遍的腐败来临之前亦能游刃有余地治理帝国,同样被马基雅维里视为成功的君主典范。马基雅维里认为最失败的君主典型就是亚历山大·塞维鲁斯,他通过他母亲与神学家奥利金有着间接的瓜葛。马基雅维里是这样评论亚历山大·塞维鲁斯的：

> 在这里必须注意：善行如同恶行一样可以招致憎恨。所以，正如我上面说过的，一位君主为着保存自己的国家往往被迫做不好的事情：因为为了保持你的地位，当你认为自己需要的那些人——无论民众也好、军队也好、贵族也好——腐化堕落的时候，你为着使他们高兴，不得不迎合他们的精神脾性。从而善行将与你为敌。让我们看一看亚历山大吧，这是一位非常善良的人，在他受到赞扬的事情当中，有一件事就是：在他统治的十四年中，不曾有一个人未经审判而被他处死。然而，由于他被人们认为懦弱无能，是一个听任自己的母亲支配的人，于是，他为人所轻视，军队谋反了并且把他杀死了。
>
> （《君主论》第19章）

用柏拉图的“哲人—王”的图式，或者用柏拉图与叙拉古君主小狄俄尼索斯的过从，来解释奥利金与亚历山大·塞维鲁斯的简单交往，这可能并不恰当。不过，不管怎么样，我们所能确定的是，在奥利金的神学教诲中，肯定没有为君之道，这是他那个年代的神学家与后世神学家差异最大的地方。对世俗帝国的占有欲望和统治野心要等到很久以后才会支配教士们的灵魂。

政治的时刻:亚历山大的狄奥尼修斯

在尤西比乌的《教会史》中,有两个神学家得到了浓墨重彩的刻画,一个是第六卷的奥利金,另一个是第七卷的狄奥尼修斯,两者都来自亚历山大城。在第七卷末尾,尤西比乌有一段这样的交代:

> 在上述几卷中,我致力于描述从我们的救主出生到我们崇拜场所被毁坏之间的统绪传承,时间跨度长达三百零五年。现在,为了我们后世的信息,我将记述,在我自己这个时代,那些为真信仰英勇斗争之人所经受的种种折磨,以及这些折磨的性质与范围。

从这段话中可以看到,《教会史》第一卷到第七卷是在追述一段已经逝去的伟大传统,也就是使徒传统,狄奥尼修斯处在这个传统的末尾,是这个传统的最后一个人。在他之后,教会的历史面相将有巨大变化。换言之,这位亚历山大城主教乃是教会史的过渡人物。我们的问题是,狄奥尼修斯主教的过渡性体现在哪里?

仿佛一道浪花翻飞、泥沙俱下的长河,尤西比乌十卷史书所记述的教会史迹起伏跌宕、纷繁复杂,同时又颇为琐碎。如果我们从细节中抽身出来,用全景视野检视教会史,也许就能够把握激荡在狄奥尼修斯身边的那道最深刻的波动,随之或许可以明了这位主教的过渡意义何在。其实,对于这一点,尤西比乌看得很清楚。第七卷一开始,尤西比乌就让我们感受到了一种与前六卷完全不同的气氛,那就是教会的领袖们开始暗暗地观察乃至议论世俗帝国的政治了！这道被狄奥尼修斯主教荡起的波澜将最深刻地左右基督教会的发展方向。在他之前，教会领袖和芸芸信众只关注属灵事业，孜孜以求一个纯然精神性的世界，对喧闹在身边的罗马帝国不置一词。《教会史》第六卷记述的奥利金主教的生平把这种对世俗帝国的冷漠态度表达到了极致：面对罗马皇帝塞维鲁斯的盛情，奥利金完全可以重新上演那幕曾经使柏拉图心醉神迷的关于权力与智慧、君主与贤人的古老爱情的戏剧，但是，这位精通希腊异教典籍的主教却拒绝登上这座很多文人梦寐以求的舞台（《教会史》卷六第21节）。在狄奥尼修斯的时代，罗马皇帝是德西乌斯，但是称帝不足两年即被弑杀，王位由加鲁斯继承。“正是在同一时期，”尤西比乌这样写道，“奥利金离开人世，享年69岁”（《教会史》卷七第一节）。把教会主教的死与罗马皇帝的死叠加在一起来叙述，这可能是一种意味深长的笔法，正像把耶稣的诞生和奥古斯都荣登大宝叠加在一起一样。尤西比乌是在暗示，伴随着主教奥利金与皇帝德西乌斯的死，将是一个旧制度的逝去，一个新时代将由狄奥尼修斯主教开启。

尤西比乌对狄奥尼修斯主教的记述在形式上分成两部分，一部分是这位主教的书信，一部分是尤西比乌自己对书信的简短但精炼的评论，其中第一部分占主要篇幅。如前所述，尤西比乌引述主教的第一封书信就反映了古代教会历史上最深刻的波动，即世俗帝国的统治状况第一次进入教会领袖的视野，研究天国的圣徒开始观察地上的国度了。其中一封书信这样写道：

> 加鲁斯没有注意到德西乌斯所犯的错误，也未能避免德西乌斯的失败之处，反而眼睁睁地在同一块石头上一再绊倒。当统治日渐昌盛，诸事发展亦如其所愿时，他驱逐那些为其平安和健康向上帝代祷的圣徒。赶走这些圣徒的同时，他也赶走了他们为其所作的祈祷。（《教会史》第七卷第一节）

很难确定，基督徒究竟是从什么时候开始为世俗君主做“代祷”(intercession)的,“代祷”的原型是旷野中的摩西在耶和华的烈怒面前为叛逆的希伯来人祈求怜悯,是一种只有被拣选的先知才能拥有的重大权柄,一种不折不扣的神赋特权,后来一度演变成辖制世俗主权者的强大教权。我们在《旧约》中读到“第一次圣殿”流亡到波斯帝国的普通希伯来民众为波斯君主居鲁士做的代祷,那已经是一种平民化了的代祷了,时世紧迫,代祷的特权急需普泛化,那样就可以更便捷地彰显耶和华的神圣恩泽,换取波斯君主的政治庇护。不管是狄奥尼修斯所述的,还是流亡中的古犹太人所行的,两者都是身微言轻的百姓对主权君王的代祷,然而,这绝非摩西代祷的原始意图。摩西是犹太—基督教历史上第一位代祷者,也是犹太—基督教政治与宗教史上第一位兼有世俗与神圣两重意义上的政教君王,他作为一位大祭司和君王站在上帝与民众之间,通过代祷,为后者领取上帝的怜悯。这暗含了两层意思:一,只有君王离上帝最近,只有君王能领受神意,继而施行代祷;二,代祷是只能由君王施之于子民,而不可能是子民施之于君王,它是君王对其子民的一种统治和教养方式。狄奥尼修斯信中所述的基督徒对罗马皇帝所施行的代祷,因而从一开始就隐含着王者气息,或者说,一副教化帝王的圣王心志,从反面也可以说成是一副觊觎王权的狼子野心。在基督教会后来的历史中,圣王也好,狼子也罢,都哄然上场了。狄奥尼修斯的这封书信堪称属于基督教历史上最早的政治评论文献,它同时也提醒我们一个屡试不爽的真相:一旦开始观察和研究权力,接下来就必然伴随着对权力的觊觎之心,二者互为因果。换言之,所有政论写作的背后都藏着一份汹涌鼓荡的权力欲。卢梭在《社会契约论》开篇把这一点表达得再清晰不过了:

> 人们或许会问,我是否是一位君主或一位立法者,而要来论述政治呢?我要回答,不是;而且正因为如此,我才要论述政治。假如我是君主或者立法者,我将不会浪费自己的时间来空谈应该做什么事;我会去做那些事情的,不然,我就会保持

沉默。

狄奥尼修斯仍然生活在奥利金所代表的使徒传统的余晖中，这个传统就像一条长江大河的源头那样洁净，所以，我们可以肯定，狄奥尼修斯的书信体政论所表达的不是觊觎王权的野心，而是教化主权者的圣王之心。尽管如此，他的政论已经奠定了后世基督教政论作品的经典模式，那就是搬用圣经古老晦涩的末世论预言，以先知的名义，针对世俗政治进程实施神秘的印证、象征主义式的批判乃至可怕的诅咒。狄奥尼修斯就是这样论述瓦莱里安皇帝和他的大臣的：

> 约翰在《启示录》中说：'又赐给他夸大亵渎话的口，又有权柄赐给他，可以任意而行四十二个月。'瓦莱里安一前一后的表现真是令人惊诧莫名。早先，他对上帝的子民温和而友善……但是，由于埃及术士教师与首领（马克里安）的劝诱，纯洁而且神圣的人——他们单单凭着言语和呼吸就能驱赶邪恶的魔鬼——被当作阻碍恶心诅咒的对手，遭到（瓦莱里安）的迫害与杀戮……马克里安曾经为帝国掌管国库，结果却显得既没有合乎理性的头脑，也没有天下为公的心智。现在，他已经落入先知曾经预言过的诅咒……瓦莱里安也深陷其中，不但蒙受羞辱，而且遭到虐待，正如《以赛亚书》所说……马克里安想做皇帝，都想疯了，但黄袍却遮掩不住他残缺的身体。马克里安还曾举荐自己的两个儿子，两人因此承袭父亲的罪，预言于是得着应验：'恨我的，我必追讨他的罪，自父及子，直到三四代'。（《教会史》卷七第10节）

瓦莱里安之后，马克里安篡权未遂，帝国皇位落入加里努斯手上，他对基督徒施行和平政策。对此，狄奥尼修斯在评论中不忘赞美，其中尽显这位主教致力于研究帝国政治的自觉意识：

> 加里努斯被歌颂赞美,并且得到所有人的认可。他既是一位旧皇帝,又是一位新皇帝:他既在他们之前,也在他们之后。正如先知以赛亚说,‘看哪,先前的事已经成就,新事如今正在兴起。’就像阳光被云雾遮蔽,只有在云雾移去或散开后,阳光才会再次出现;加里努斯的情形也是如此,他依然是先前的他,而企图篡夺帝国大权的马克里安已不复存在了。在这样的邪恶得以清除后,他统治的国家如今处处繁荣昌盛……我观察不同皇帝统治的年头,并且注意到,那些名盛一时的邪恶皇帝很快就被人遗忘,相较而言,(加里努斯)更加敬畏、也更加爱戴上帝,正要度过他执掌王权的第九年。(《教会史》卷七第23节)

狄奥尼修斯身后,基督徒和他们的主教与世俗权力发生了不可阻挡的牵缠和浸染,有的甚至开始执掌行省大权。被压迫者在初尝权力的甜蜜的同时,也获得了“更大的自由”。不幸的是,“更大的自由也带来了傲慢与懒惰”。尤西比乌对这段喧嚣混乱的过渡年代的记述完美地继承了狄奥尼修斯的政论风格,不同的是,他的笔触针对的不再是世俗帝国本身,而是觊觎帝国权力的教士们:

> 更大的自由也带来了傲慢与懒惰。我们开始相互嫉妒和彼此攻击,以语言为武器的战争由此爆发。(“以语言为武器的战争”出自西塞罗《论职分》[*De Officio*]卷一第11节。西塞罗区分战争为两种:以武力、以言语。)教会领袖攻击教会领袖,平信徒之中则派系林立、彼此对抗,那种不能言喻的伪善与借口都已经达到罪恶的极致……那些被当作牧师的人,丝毫不因敬畏上帝而受到约束,彼此之间激烈争吵,只是为冲突、威胁、妒忌和怨恨添油加醋,并且还疯狂地要求得到梦寐以求的残暴权力。于是,正如耶利米所记述的,我主在愤怒之中羞辱自己的女儿锡安城,并且将以色列的荣耀从天上扔下(耶利米哀歌2:1—2)。而且,正如《诗篇》所预言的,他弃绝与仆人所立的盟约,并且通过毁坏

> 教会，把自己的至圣所践踏在地，高举他仆人仇敌的右手，不在战斗中扶持他的仆人，让他仆人蒙羞。(《教会史》卷八第1节)

尤西比乌《教会史》凡十卷，每一卷都记述了殉道者的苦难，然而，从第七卷之后，随着狄奥尼修斯的逝去，有一类新的主题悄悄潜入史家的笔端，那就是被教士追逐的权力与被权力腐蚀的教士。从苦难到权力，从迫害到解放，这部教会史记述的究竟是人类灵魂的飞升还是堕落呢？对于尤西比乌这位唯一拥有古代异教史家气魄的教会史家，上面这个问题并不重要，重要的是指示后人看到下面这个历史宿命：自由与权力几乎是一枚硬币的两面，正如对权力的欲望与对自由的渴求原本就是一回事，概而言之，谁统治，谁自由。对权力的贪欲使上帝的神国日渐逼近世俗世界，在它抵达地上之日，也正是“黑暗王国”建立之时——这是作为一个政治共同体的基督教会谋求自由的必然代价。

“七智者”对谈录：漫议“政治的时刻”

两年前，笔者针对3世纪希腊史家尤西比乌的《教会史》写了三篇读后感，激发了若干朋友的对谈，谈话展开的议题在广度和精度上都超越了笔者的书评本身，书评已经收录进这部文集（也就是这篇“对谈录”之前的三篇文章），作为展开和补充，我征得了当时对谈参与者的同意（谨向他们表达诚恳的谢意），将我们的谈话编辑整理，与三篇书评一并刊印。对谈共有七个人参与，遂拟题“七智者对谈录”，乃是戏仿法国哲人博丹（Jean Bodin）的晚年著作《七智者论崇高事物的秘密》（*Colloquium heptaplomeres de rerum sublimium arcanis abditis*）。

A　“上帝国”本身就是不具有现实性的，因此，它的“现实化”必然导致自身的扭曲：或者像奥利金一样真诚地阉割自己，消灭肉身，以追求一个纯然属灵的世界；或者像后世“黑暗王国”的领袖一样阳奉阴违，伪善弄权，打着天国的幌子获取世俗权力。而它之所以不具有现实性，就是因为它建立在灵魂与肉身、天国与尘世的二元对立之上，不具有真正的统一性。

X　是的。尤西比乌的“教会史”与众不同的地方在于，他把教会作为一种政治共同体、或者说是作为一种国家（*civitas*）的模型来看待的，这和后来的霍布斯的判断是一致的，只不过霍布斯对这种新型国家体制非常反感，称之为“黑暗王国”（*regnum tenebrarum*），并且创制了一个纯粹世俗化的国家“利维坦”（*Leviathan*）来克制前者。因此，尤西比乌的教会史其实是一部新型的国家史，他就是在这个意义上继承了古代异教的伟大史撰传统的。这个做法提醒我，既然教会这种神秘体（spiritual body）可以具有国家的内涵，而且后世的“黑暗王国”也确实证实了这一点，那么，世俗国家的政治体（political body）很可能也具有神秘体的含义。换言之，所有国家、所有政治体，都可能具有“黑暗王国”的品质，哪怕是霍布斯的“利维坦”也不会例外。马基雅维里曾经沿用亚里士多德的形而上语言说，国家不是一个“单一体”（simple body），而是“混合体”（mixed body），我也想沿用这两个形而上学词汇，但意图和马基雅维里不一样，马基雅维里有点像波利比乌斯和西塞罗，强调国家政治体的杂多的构成原则，也就是所谓的“混合政体”，我强调的则是每一个政体都具有的互相冲突的精神特质。这两种意义上的“混合体”（mixed body）都将导致其自身不可逆转的宿命：由于自身构成原则的异质性而导致内部必然冲突，并最终解体，这是一个自然的过程。（参亚里士多德《天象论》379a6）

A　“所有国家、所有政治体，都可能具有”黑暗王国“的品质。”——你的逆向思维很有意思。事实上，现代政治之所以具有“摄人心魄”的力量，很大程度上正是来自基督教的影响。改造人的精神世界以达到塑造新人的目的，继承的正是基督教灵魂转化的统绪。所以现代极权政治最可怕的地方就在于对人的心灵的塑造与控制。这也正说明了“犹太性”在现代世界的普遍胜利，真正健全的异教精神逐渐式微了。世界上的一切都会消解与灭亡，区别在于：是“末世论”还是“永恒复返”。

X　我觉得这不是基督教独有的影响力，我认为人类自身具有一种品质，驱使我们去诉求某种晦涩的、神秘的、难以成文的、或者根本就是不成文的、拒绝被“逻各斯化”的存在，我把这种品质称为“黑暗品质”，这是非常自然的人性，只不过沉潜在灵魂的最底层。在古代异教典籍中，这种黑暗势力曾经发生过一次经典的爆发，那就是安提戈涅对某种不成文的“高级法”的诉求，它撼动了忒拜国王科瑞翁的国家之舟。我以后很想写一本书,叫《黑暗王国史》,在这本书里,我将把安提戈涅称为"黑暗王国的女祭司",这是一个崇高但难以索解的地位。我认为,基督教的黑暗品质早已潜藏在这个希腊悲剧中的女子身上了,只不过,基督教黑得更精致、更复杂。

A　人性中这个神秘的东西既令人着迷,又令人恐惧;既使人崇高,又使人丑陋。借用古希腊诗人的语言,这会不会是"傲慢"(hubris)? 存在于灵魂的"血气"(thymos)哪一部分中呢中? 人性中的黑暗,正是人需要统治的原因。但人的统治欲本身,恰恰可能来自人性中的黑暗区域。所以好的统治者和好的统治非常困难。

X　我不会使用 thymos 这个词,它太清澈、太理性化、太逻各斯化了,它也许只能够触及我说的那种品质的边缘部分,这种品质很神秘,需要神秘的解释,我希望在类似神秘主义大师雅各·波墨(Jacob Böhme)的著作中找到合适的解释根据,这是个极端的神智论(theosophy)大宗师,他的学说和摩尼教有很深渊源,主张世界有两个根源,除了上帝,还有虚无,也就是绝对的黑暗。我觉得他把摩尼教的伦理学说置换到了形而上层面了,他对"黑暗"的解说和辩护是我见到过的最匪夷所思的。

C　早期基督教越来越多地沾上政治气息,这确是个事实。不过,是否在狄奥尼修斯这里真的有这么一个明显的转折,我不敢确定。毕竟,仅仅依据尤西比乌的视角看未必完全靠得住。基督教会思考政治的问题,本身不是什么新鲜事。无论是从教义,还是从现实的组织关系看,基督教都被迫将它和政治的关系作为核心问题来思考。因此,如果我们确实说狄奥尼修斯这里存在明显的转折,那就有理由关注:为什么在更早的时期基督教和帝国政治的主题是隐而未显的? 我觉得,这个问题还是要从基督教自身的处境去理解。它至少包含这么几个方面:第一,早期基督教的宗教意识带有很强的"末世论"色彩,它的首要关注是自己如何"成圣"的问题。虽然保罗和约翰将"末世论"的问题内在化了,但对于教会和平信徒来说,他们还生活在使徒的传统中,在相当长的时期里还是相信耶稣会很快降临并审判世人。因此,他们虽然在现实和研究中绕不开政治问题,但首要的关注还是放在自己身上。第二,早期基督教的处境是复杂的。虽然奥利金这里已经有严重的迫害,但其实一直是零零星星的,真正的大迫害其实要到奥利金以后甚至更晚的时期。这就是说,基督教作为一种地方宗教,它虽然在文化上一直受鄙视,但罗马帝国的整体策略是很宽容的。因此,它和帝国政治的冲突开始并非核心。只是到了奥利金前后的时间,罗马帝国才真正意识到基督教的破坏,然后想各种办法控制,这时候冲突才慢慢加剧了。第三,基督教和帝国政治的关系逐渐凸显起来也要借助思想史来理解。也就是说,基督教和政治的关系并非简单的是基督教和政治当局的组织关系,也同时是两者文化系统的冲撞。二者若非在根本的思想体系上有冲突,组织关系的冲突就是不可能的。而后者,直到3世纪以后才真正全面展开。在奥利金时代,其实主教们和政治的勾结早已频繁发生,这也是让奥利金头疼的一个问题。但身为主教,奥利金显然更为关心属灵的救赎,而不是政治的得失。这就说明,教会的政治化其实早就开始了,它彻底地爆发除了跟基督教自身越来越国家化的处境改变有关系以外,和教会掌权者也有个别的偶然关系。

X　你的分析是政治社会学风格的,有些道理。这个问题很复杂,我们简直不知道究竟该怎么用一个单一的解释框架把它讲述出来。尤西比乌显然只是一种说法,你会觉得这本大名鼎鼎的教会史写的粗陋之极,就像第欧根尼·拉尔修写的哲学家传记一样。说实话,我至今不知道该怎么读这本教会史。通常大家都把它当做史料汇编,莫米利亚诺(Arnaldo Momigliano)说这本教会史是用异教史撰的格式写的,就是说,尤西比乌把教会看做世俗国家(civitas)来写的,但是,我从中实在看不出太多修昔底德、李维或者塔西陀的痕迹,受难的场景写得太多了,很容易让人联想到比德的《英吉利教会史》和福克斯的《受难史》,这不是异教的政治史撰元素。对于基督教来说,受苦也许真的就是政治吧。

D　或者说,以受苦取代政治?

E　说得精辟!实际上这让我想起安提格涅的逻辑:死亡才是虔敬的终极表达形式,用审慎手段逃避死亡只会显得不虔敬,这意味着寻求政治妥协是不虔敬的表现。

F　“寻求政治妥协是不虔敬的表现。”——这个话题非常有意思,值得继续思考、讨论!

X　安提戈涅的确是个很好的例子,在某种程度上的确可以和原始基督教精神比较,但是两者最根本的差异在于,安提戈涅是一个纯精神性的存在,她所诉求的“高级法”仅仅局限于理念秩序中,从来没有进入过历史,也从来没有找到进入历史的门径,换言之,安提戈涅作为一个纯精神性的存在,缺乏政治建制性的支持,有“道”,但没有“肉身”。这部戏里面出现很多与尸体或者身体有关的字眼,这和安提戈涅的纯精神存在构成非常震撼的紧张。而对于基督教来说,既要有“道”,更要有“肉身”。我认为,对于基督教而言,虔敬问题只是一方面,主要还是统治,也就是我在《教会史》书评里提到过的“谁受苦,谁统治”,苦难成了统治的正当性资源。——我的解释可能有点俗气,不符合极个别的有着神秘主义倾向的虔敬修士,比如明谷的伯纳德,但从整体脉络来看,尤其从建制性的教会史来看,大抵还是符合的。拉丁教父拉克唐修(Lactantius)和奥罗修斯(Orosius)活跃在古代晚期,也就是基督教崛起初期,他们是辅助基督教从神秘团契式的小教派迈向帝国大政治的革命理论家,他们的作品对于解释上述现象特别有标本意义,当然,还有奥古斯丁!我几年前一篇文章讨论过教会史撰的政治精神,略微涉及了这个问题。

D　“谁受苦,谁统治”,这话很有意思!我想起一个不那么重要的故事:有次跟一位女性主义老师争辩女性主义的正当性来源,她冒出一句：女人受过那么多苦，你怎么忍心说她们不正确呢？——“谁受苦，谁正义”。

G　你的书评最后“谁统治，谁自由”的说法也很耐琢磨。——我知道希罗多德有一段话（《历史》7.11）：“摆在我们面前的，是战斗（poieein）或者挨打（pathein），要么是我们的一切归希腊人，要么希腊人的一切归我们：这场争端中没有中间道路。”自由与否就在于你是去干还是去承受，“消极自由”这种灰色的中间地带，在根本的意义上说是不存在于古代世界的。它需要的私密空间，不可能在洞穴之外，那里只有一览无遗的白日；而只能在洞穴里昏暗的火光中找到藏身之处。换言之，它只是技艺的一个发明，而技艺，其首要的象征就是火，按普罗米修斯的话说，exōmmatoō（我打开他们的眼睛），是将黑暗中的东西带入光亮。因而，消极自由依然依赖于自由的本质，它就藏身于技艺的火光投下的阴影里面。自由是技艺把黑暗的质料带入光明（gignomai），由此才有精致的古典文明。被奴役就是这种技艺的主动地位的丧失。技艺一旦无法安顿质料，黑暗就会涌上表面，船就会被风暴掀翻、摧毁。希腊人和罗马人都只懂光明的技艺，对他们不能理解的黑暗充满恐惧。只有男人的德性（virtus、aretē），没有女性的地位。《会饮篇》里那个陌生女人关于爱欲的教诲要通过苏格拉底之口才能公之于众，而且只拣选爱若斯（Eros）中最美的成分，甚至连被爱者都是男性，被动的承受（suffer）其实还是主动态的（pathein）。去经历（pathein），只是为了成为主动的那一方。饱经苦难的（polytlas）奥德修斯是足智多谋的（polymētis）奥德修斯。真正的黑暗，女人、奴隶、蜂群，希腊的 kaloi kagathoi 都是难以理解的。安顿它们，恰好是基督教的专长。基督教的确是女人和奴隶的宗教，这里并没有贬损的意思。对古典公民德性来说过于深奥的是，技艺在自然中有其起源，火光赋予的外观在黑暗的质料中有其起源。质料的黑暗和洞穴外的白昼恰好是同一样东西。黑暗的质料并非全赖技艺之光照亮，黑暗倒是技艺的火光制造出来的。可是，即使柏拉图和索福克勒斯洞悉了这一秘密,却还是无能为力。因为克服了这些技艺的技艺——纺织——并没有被授予人,严格意义上的人(anēr)。纺织是女性的技艺,它不是掩盖了质料,而是突出了质料。它是命运女神(Moirai)的技艺。回到你说的"黑暗的女祭司"安提戈涅,按照古典学家伯纳德特(Seth Benardete)的读法,第一合唱歌的第二曲次节唱的是:谁将律法和凭诸神盟誓的正义编织(pareirōn)(paraplekō)[在技艺之中],他的城邦就将高高耸立。

X 被动的承受(suffer)其实还是主动态的(pathein),去经历(pathein)。——这是很有味道的说法。

C 其实,"谁受苦,谁正义"这条准则并不新鲜,它首先就在《圣经》里。耶稣的教导很重要的一条就是要忍受尘世的不幸,忍受罪人的攻击。因为,恰在这种忍受中,基督徒获得了最深的谦卑,得到了进入上帝国重要的道德钥匙。《圣经》的这种内在思路在基督教被迫害的过程中一步步被深化:主动殉难的人一定是最虔诚的基督徒。不过,这样看其实还并不清晰。"谁受苦,谁正义"这个判断也不可避免地和以下问题纠缠不清:正义的概念和虔敬的概念之间的关联。在希腊哲学中,这两个概念是格格不入的。《游叙弗伦》就在辩驳两者的不同。那么,基督教里的"虔敬"和"正义"是如何结合的,它讲的正义是在什么意义上成立的,我觉得这个需要非常细致地解说。更进一步,"谁受苦,谁正义"的理解又从侧面上反映了基督教和世俗伦理的张力关系。所以我想,要理解这个判断还是要从《圣经》和基督教教义自身去理解。我个人还考虑了这么几点:第一,受苦和正义之间的动态关系是早期基督徒确立自我认同的根本基础,恰是通过"正义"的思路,基督教用自身的思路完成了古典人的德性追求,重新在教会中实现了自我认同。因此,可以把这个过程理解为基督徒自身的主动建构,"受苦"和"正义"的关联是他们自身化解苦难的钥匙,因此我觉得应该特别关注基督教伦理和希腊思想的内在一致性。第二,同时,受苦和正义的逻辑显然区别于古典时代正义的前提。如果说,柏拉图强调理智、勇敢、节制,他对正义的理解奠定于人性的自然秩序,那么基督教首先就翻转了这种秩序。从这个意义上,受苦自身并非就是正义,而是为了基督教和教会而受苦就是正义;正义不正义还要从基督教的角度去理解。即:基督教自身这种非自然的德性秩序如何是可能的?第三,当尼采特别否定基督教的奴性,认为它代表一种人性的怨恨时,尼采特别有道理。历史地看,早期基督教的弱势无疑就凝结了这种形式。但是,尼采似乎没有看到:奴性继续往下,它本身也构成了一种权力诉求。即:对受苦,对弱小的强调无形中就是一种对强者的否定,对自身的肯定。只不过,它区别于正面扩张的权力意志,以一种弱者的姿态出现而已。但是,当弱者强调自身的弱,它就不可能真的弱。弱就是强。因此,受苦之所以证成了一种正义,也是因为受苦自身包含了很深的权力意志。这种意志自身为自身立法,自身保证自身的存在感,正义不过是它的一种分娩物。

X　很好。我从你的发言里感觉到你的研究方法的一个特点,那就是有意识地在基督教自身语境里讨论基督教。我个人不太欣赏这种方法,这是一种防御性的、保守的、甚至是胆怯的方法,很多有强烈信仰倾向的神学家喜欢这种方法,这种方法的潜台词是惧怕,对不同体系的思想的惧怕,尤其是对异教思想的惧怕,它导致对异教思想的怀恨。我很赞赏奥古斯丁的《上帝之城》使用的方法,那是一种富有进攻性的方法,奥古斯丁敢于与异教思想发生正面冲撞,换言之,他敢于把基督教思想与异教思想并排摊开,一起剖析讨论,既敢用异教的理路表述基督教,也敢用基督教的理路来分析异教。这种研究方法会让你感觉整个世界都乱了套,连落脚之地都很难找,没有安定感,也就是说,你之前接纳的所有真理、教条和偏见都被撼动甚至被解构了,你会发现,抱着研读奥古斯丁只是为了印证你已经拥有的信条这个想法已经不可行了,现在你不得不抛弃你的信条,跟着奥古斯丁,踉踉跄跄地浏览从未见过的新世界。同样的方法在很多重要思想家那里都在被采用，比如格劳秀斯在提出一项基督教方面关于战争法的命题后，不仅常常长篇累牍地引用异教文献来论证，甚至还在圣经与基督教教父著作中举出反证。这种思想交锋很有意思，它迫使读者不得不暂时放弃自己从僵化的思想史、学说史与教义史中习得的成见，把问题交给鲜活的灵魂与思想本身。我的意思是，你的研究方法既不是“我注六经”，也不是“六经注我”，而是“我注我”，一种类似于“我思故我在”式的对异种思想理路的恐惧和怀疑。也许我判断错了。不过我很高兴你提到了尼采，尤其提到“怨恨”，ressentiment。我很喜欢看现象学大师舍勒(Max Scheler)对“怨恨”的分析。这个论题虽然是尼采发轫，但是舍勒似乎走得要深入很多。在对待基督教的“怨恨”议题上，他们两个的方法都属于进攻型的，是跨越了好几个思想传统做出的出色研究，如果囿于基督教理路内部，不可能贡献那么精辟的见解。另外，不太同意你这个观察：“受苦自身并非就是正义，而是为了基督教和教会而受苦才是正义；正义不正义还要从基督教的角度去理解。”我还以安提戈涅为例子(这是一个非常好用的例子)，安提戈涅的正义和她的受苦几乎没有任何关联，即使她不受苦，她也会去埋葬她哥哥的。换言之，她不是因为受苦而(必然地)正义，而是因为正义而(偶然地)受苦，受苦只是她在正义的路上的一个偶遇物(contingent)。换言之，正义是她的本质，受苦只是她的偶性。基督教刚好相反，偶性变身成为本质了，仅仅受苦就已经接近正义了，甚至就是正义本身了，受苦不再是偶性存在物，它被升格，混进了本体性的秩序中了，受苦和正义同一了。这是因为基督教神学重构了世界的精神秩序：受苦与不义成为世界的本体结构。这意味着，只要你受苦，不管什么原因，你就参与了这个世界的本体进程，这个世界就应该对你有所回应。著名的“无辜负罪”学说似乎就是从这里延伸出来的：只要你受苦，你就可以正当地要求世界上所有人为你感到歉疚，所有人都成了罪人。

C　说的是,但其实我的意思和你差的不多。我强调的是受苦要在基督教的层面讲,也就是说,这种受苦必然地有神学指向。“受苦自身并非就是正义”,这句话的意思是说,如果没有内在的神学指向,仅仅受苦不代表什么。比如,没有耶稣的救赎和他的教导,人受苦能是什么呢?所以,受苦一定要和基督教和教会关联起来才可能伦理化。当然,你进一步指明受苦的本体化倾向,我能认同。但我还是强调,本体化首先是在神学的范围里来说。受苦成为世界的本体结构也是首先在基督教的语境和世界观里去谈。并不存在一个能够脱离基督教历史和神学任务而存在的伦理化的受苦,我认为是这样的。

X　你一再强调某某问题的“神学层面”,好像还有另外一些“非神学层面”,这种区分是反基督教的,因为按照基督教的观点,整个世界都被基督教“神学化”了,而你的观点似乎认为在这个神学化的世界外衣上还有一块异教的补丁。基督教世界与异教世界不是这种共存于同一平面的关系,而是彻底地互相平行与替代的关系,也就是 either/or(非此即彼)的关系。话说回来,基督教的理路还是有其自然基础的,尤其是根植于人性的“怜悯心”,比如“无辜负罪”这种学说。你很难说这种现象纯粹是专属于基督教的,它可能是自然而然,普世共通的。我只能说,基督教创教与护教的那几代理论家其实是很精通自然人性的,也能为我所用。

C　你说的这个比较有意思。“罪感”,这个词已经很基督教了。我们中国人顶多说“怜悯”吧,不会说“罪感”。我说基督教的想法不够自然,恰是因为它把人心的某一面夸大了,最后就不大自然。比如,中国人也讲怜悯,但是在不同场合,对不同的人都会不同,重要的是一个“中道”。这个孟子和朱熹都谈过很多的。至于现在人慢慢有了罪感,我觉得要注意两点。第一,这种罪感真的是完全自然的吗?第二,不同文化之间的根本共通还是很重要的,不然就没什么意思了。但这个真的很难。要实质地推动下去必然有益于中国文化的发展。

G　很想继续听听二位对基督教和自然的辩证。

X　今天无意碰到圣·克里索斯托姆（St. Chrysostom）一句话：Natura id habemus, ut indignationem nostram coniungamus cum iis qui male tractati sunt, illico enim iniuriosis hominibus infensi sumus, etiamsi ad nos nulla pars iniuriae pervenit.（*Hom.* XIII. 3）我试译如下：“自然本性驱使我们与被欺凌的站在一起，共享义愤，这是因为，尽管伤害并没有加到我们自己身上，但是，（在伤害面前，）我们即刻就成为那施暴者的敌人了。”（《讲道集》XIII. 3）这似乎和上面提到的“无辜负罪”有某种共通——“义愤感”和“罪感”是不是伴生的？

蒙茅斯的杰弗里《不列颠诸王史》读后

很奇怪，欧罗巴土地上的很多事情，都可以从亚细亚土地上的特洛伊古城找到根源，罗马是这样的，不列颠也是。蒙茅斯的杰弗里（Geoffrey of Monmouth），12 世纪史家，撰《不列颠诸王史》（*Historia Regum Britanniae*），以纪年体裁记述了早期不列颠诸王统治史，始于荷马史诗时代，止于公元 8 世纪撒克逊人占据不列颠，时间跨度为两千年。中译本 2009 年由“海豚文库”推出[1]。

在现代正统史学界眼中，这部史撰和苏埃托尼乌斯的《罗马十二帝王传》或者普罗柯比的《秘史》一样，充满了谬误、流言、传说甚至神话，没有什么“史学价值”。然而，在前现代，这部短小精悍的史书在不列颠早期历史学界却享有崇高地位，和其他三位中古史家——比德（《英吉利教会史》）、南尼乌斯（《不列颠史》）、吉尔达斯（《不列颠的毁灭》）一起，被广为引证。

和所有民族史撰一样，《不列颠诸王史》第一卷具有非凡意义，它几乎称不上历史，而是神话，它记述了这个民族的奠基人、国父、第一位立法者——布鲁图斯的故事。布鲁图斯有着神话般的悲剧身世，他来自遥远的亚细亚，是特洛伊将军、罗马国父埃涅阿斯的曾孙，他在出生之前就被卷进神秘可怕的弑父预言，出生后应验了预言，在父亲死于他的弓箭之后，他被迫流亡希腊。不列颠的历史便从希腊开始了，确切地说，从这个流亡希腊的亚洲人开始了。

---

〔1〕 蒙茅斯的杰弗里：《不列颠诸王史》，陈默译，广西师范大学出版社 2009 年版。

在希腊的流亡岁月里，布鲁图斯发现周围生活着很多特洛伊人，在亡国后被希腊人带到欧罗巴土地上沦落为奴隶。布鲁图斯把这些人聚拢在一起，决心带领他们离开希腊，重获自由。在给希腊国王的战书中，布鲁图斯写道，沦落异国的特洛伊人渴望自由，他们宁肯像野兽一样自由地以生肉和牧草为食，也不愿戴着希腊人的枷锁过富足的生活。这句话使读者很容易想到波斯国王居鲁士的帝国意志：在他的领导下，波斯人宁肯居住在贫瘠的山地做统治者，也不愿迁移到肥沃的平原耕地上做奴隶（希罗多德《历史》末尾）。

法国近代思想家贡斯当（Benjamin Constant）深刻地指出，古代人的自由大大有别于现代人的自由，其中的关键之处在于现代人的自由是消极自由，古代人的自由则是积极自由。换句话说，古代人的自由与统治乃至帝国的荣耀紧密勾连，甚至合而为一。这意味着，只有当一个人拥有一个帝国、成为一个帝国的公民的时候，他才是自由的，否则，他注定逃脱不掉被其他帝国奴役的命运。要想自由，就要去统治；不统治，就等着做奴隶。在古代这种密不透风的强权与奴役氛围中，不存在现代人那种可以作为一个“单子式的个体”孤独地享用所谓的“消极自由”的布尔乔亚空间。居鲁士对波斯人的著名告诫就是一种帝国与自由意志的提示，而布鲁图斯给希腊国王的战书也具有同样的性质。这个亚细亚人不仅仅是在向希腊国王索要卑微的自由，也是在宣告自己的帝国意志；作为特洛伊的遗民，他深知自由的根基深深地系靠在帝国的武力和荣耀中。布鲁图斯表面上要求免除奴役的自由，其实却意在新帝国的缔造！这正像战书所言：

> 对任何人来说，尽力找回昔日的尊严都是一件很自然的事情……请给予他们失去的自由，允许他们居住在为了摆脱奴隶的身份而占据的林中空地上吧。

接下来的事情不难想象。希腊人讨伐特洛伊人,特洛伊人打败希腊人,布鲁图斯与希腊国王的女儿政治联姻,希腊国王允许特洛伊人离开希腊,特洛伊人打造战船,扬帆海外。像以色列民族的"出埃及记"一样,布鲁图斯带领子民,上演了一场伟大的"出希腊记"。

在很多方面,特洛伊人的"出希腊记"与以色列人的"出埃及记"拥有异曲同工之妙。比如,两者都提出了自由与帝国的勾连问题,都以建国为目的,并最终都催生了一套新体制和一个新民族。然而,引人注意的是,在这两场史诗规模的古代政治行动之间存在着巨大差别,其中之一就是他们分别选择了陆地与海洋作为本民族未来命运演进的舞台。

耶和华神向摩西说:

> 我的百姓在埃及所受的困苦,我实在看见了,他们因受督工的辖制所发的哀声,我也听见了。我原知道他们的痛苦,我下来是要救他们脱离埃及人的手,领他们出了那地,到美好,宽阔,流奶与蜜之地,就是到迦南人、赫人、亚摩利人、比利洗人、希未人、耶布斯人之地。(《出埃及记》3:7—8)

女神戴安娜向布鲁图斯说:

> 布鲁图斯,向着太阳的方向一直往前,穿过高卢,那儿有一座海中的岛屿。那里曾经被巨人占领,但是现在已经无人定居,它等待着你的族人前往。时间将会证明,那里是你和你的族人合适的住所。对于你的后代来说,它将是另一个特洛伊。一个源自你祖先的伟大民族将在那里诞生,整个世界都会臣服在他们脚下。(《不列颠诸王史》,第14页)。

可以看到,耶和华把摩西的子民送到了陆地深处,而戴安娜则指点布鲁图斯驶入大海。两条道路表面都致力于解放与救赎,但其中却有着天与地的差别。布鲁图斯走的是海路，自由的海洋给了特洛伊人绝对的自由，他们在海上没有遇到任何可怕的阻碍，他们横渡大海，成了大海的主人和精灵，他们甚至可以偶尔上岸扮演一回剽悍的海盗，洗劫村庄，补充给养。而摩西的陆路，和自由的海洋不同，陆地上寄居着很多人，不同种族，不同部落，不同信仰，他们用刀剑分割、圈占、看守、奴役着陆地，要想从陆地上穿过去，着实不容易。与"出希腊"的路相比，"出埃及"的路走得格外漫长、艰辛。最终，连摩西自己也没能走进耶和华神许诺的迦南，死在中途，而布鲁图斯则安全到达女神指点的海岛，建城、立法并平静地生活。我们的史家有意无意地这样写道：当布鲁图斯在崭新的海岛上得享自由与统治的荣耀之际，摩西的子民仍在尘土飞扬的陆地深处与异族扭打成一团，他们神圣的约柜不幸刚刚被非利士人掳获。（《不列颠诸王史》，第22页）

值得一提的是，布鲁图斯的那座海岛居于著名的"海克力斯之柱"（即今天所谓"直布罗陀海峡"）的西方。在远古时代，一直到托勒密地理想象所支配的时代，"海克力斯之柱"始终都意味着人间的"天涯海角"。"海克力斯之柱"以内属于人世范围，之外则是一片未知的、没有人迹的、由诸神管辖的神秘海洋。那片未知的海洋，自古就激发着人类的想象。荷马、赫西俄德那些古代诗人们把幸福岛（blessed island）安置在那片大海深处，收容英雄们的灵魂；柏拉图在那里看到了神圣如天城一般的"亚特兰蒂斯"；但丁则更是在那片海域发现了通往"炼狱"的秘密通道，而进入"炼狱"就意味着离"天堂"不远了，这条通畅的秘密通道发现之前，但丁不得不绕道可怕的地狱才能抵达天堂。

耶和华指点摩西子民进入陆地深处，在"流奶与蜜之地"建国立业，而事实上，那只是一片无水的贫地，它被迦南人、赫人、亚摩利人、比利洗人、希未人、耶布斯人占据着，是一片让摩西的子民流血流泪的是非之地。摩西的神国，深深地嵌进陆地深处，以致洁净的“祭司国度”其实沾满了俗世间的红尘，浑身透着血腥、奴役和人间烟火。而布鲁图斯的“不列颠”，那个“最美丽的岛屿，屹立在西面的大洋之上”，自己做自己的主人，像神一样。看来，真正的“上帝城”不在陆上，而在海上。

乌蓝尼亚的法杖

亚里士多德《天象论》第一卷有感

童年时代、童年时代的乡村生活以及其中的风霜雨露……这一切的确越来越远了——阅读《天象论》的时候，突然被这种感触深深淹没。

亚里士多德这部“自然科学”讲稿竟然让我如此伤感，这连我自己也难以置信。《天象论》涵盖天上群星至地下万物，以及两者之间的一切，大凡银河、流星、地震，以及火、气、水、土四元素之演化，诸如“云蒸雨降、露下霜凝”之类天象皆在讨论范围。讲稿的文笔繁复牵缠，自是亚氏固有风格，对于不习惯他的文风的读者而言，定会显得枯燥，加之其研讨对象纯属自然物事，不涉人事，因此就更多了一层寂静的意味。然而，就是在阅读这样一部研究自然的古书中，人文感触竟也时不时地在字里行间荡起一些涟漪。

第一卷第10章这样描述霜露：“由于火(热)量比之水量太少，白天所蒸发的那些湿气就不能上升得怎么高，在夜间，一被冷冻，便降落下来，这些事物称为露与霜。蒸汽倘在冷凝成水之前，被冰冻，这就成霜，这在冬季是常遇的，这在寒冷地带较之它处为多见。在温和季节或温和的地区，当蒸汽既冷凝而成水，那里的热度不够把水湿烘干，其冷感也未足以使蒸汽冰冻，这就成霜。露辄下于温和地区与晴朗的日子，至于霜则见于相反的情况。这是明显的，蒸汽较热于水，其中还有那使之上升的火，这样，如果要使冰冻，还待注入较多的冷性。露与霜两皆在静明的天候中形成：湿气只在明朗的天候中上升，而在风里就不可能为之凝结。”(347a14—29)在这段话中，对露下霜凝的奇妙现象的科学解释唤起了我的好奇，然而，除此之外，字里行间的“寒冷的地带”、“温和季节和温和的地区”以及“晴朗的日子”等等此类表述时间与空间的文字，似乎是一种神秘的索引，把我的思想带到一个遥远的地方和遥远的年代，在那里，夏日清晨的麦穗上跳跃着初生的、潮湿的阳光，而深秋时分，西风骤起，冷硬的严霜给贫瘠的土地涂上一层肃杀与庄严——在这世上，还有什么比空间的隔离与时间的隔绝更能称作令人痛苦的变易无常呢？

“露是由南风形成的，不由北风，这是处处相同的，唯在滂都为例外。这里，情况恰恰相反，北风吹着才有露，不由南风成露……在滂都，南风来时的天候还不够温暖到发生蒸汽；迨北风的冷讯包围而压紧了南来的热度，这才加强了蒸发的功能。”（346a36—347b8）如果一个长年累月背井离乡的滂都人读到这段话，我想，他大抵也会黯然神伤的吧。这种夏多布里昂式的、有些琐屑的、但却非常奇异的人文感触之所以发生，我想，大概是在自然秩序中嵌入了人世的缘故吧——草木本无情，但是当人和草木处在一起的时候，草木必然也会变成有情了。

这个奇妙的现象，没有人比古希腊诗人赫西俄德感受更深了：“在菊芋开花时节，在令人困倦的夏季里，蝉坐在树上不停地震动翅膀尖声嘶叫。这时候，山羊最肥，葡萄酒最甜，女人最放荡，男人最虚弱。那时候天狼星烤晒着人的脑袋和膝盖，皮肤热得干燥。在这时节，我但愿有一块岩石遮成的阴凉处，一杯比普里诺斯的美酒，一块乳酪以及老山羊的奶，尚未生产过牛犊的放牧在林间吃草的小母牛的肉和初生山羊的肉。我愿坐在阴凉下喝着美酒，面对这些美味佳肴心满意足；同样，我愿面对清新的西风，用长流不息的洁净泉水三次奠水，第四次奠酒。”（《劳作与时日》，584—595）

在针对人世秩序的叙述中，赫西俄德以天文四季的自然轮回为结构。当他详细解说春夏秋冬的性质时，我们觉得他更像是一个研究自然世界的前苏格拉底时代的哲人。然而，他对自然知识的探究始终都是以世人在凡间的劳作为参照的："普勒阿得斯——阿特拉斯的七个女儿（昴星团）在天空中出现的时候，你要开始收割；她们即将消失的时候，你要开始耕种。当她们在下一年再次露面的时候，你首要的是磨砺你的镰刀（383—386）。你要注意来自云中白鹤的鸣叫声，它每年在固定的时候鸣叫，它的叫声预示着耕田季节和多雨冬季的来临，它使没有耕牛的农夫心急如焚（449—451）。宙斯结束了太阳回归后的寒冷的六十天，牧夫座第一次于黄昏时分光彩夺目地从神圣的大洋河上升起，潘狄翁的尖声悲悼的女儿——燕子继之飞进人类的视野，春季便降临人间。要在她到来之前修剪葡萄藤（565—570）。大力气的奥里安一出现（阳历六月），你就要催促你的奴隶们在一个空阔的地方的一块平滑的场地上扬净地母神赐予的谷物（599—600）。当猎户座和天狼星走进中天，牧夫座在黎明时出现在玫瑰色的天庭时（阳历九月），你要采摘葡萄，并把它们拉回家。"（610—612）

对我来说，赫西俄德笔下的劳作世界与亚里士多德笔下的严霜薄露一样，都已经远去了。山羊、母牛、菊芋花开、云中燕子、还有心急如焚的农夫……这一切就像童年时代的霜露，早已幻化成不知所踪的云气，翩然留驻在了另外一个我永远回不去的地方和年代。《天象论》第一卷第 14 章（末章），亚里士多德首先讨论了"沧海桑田"的地质巨变，然后在这一自然秩序的大背景下，用一种历史学家才会有的人文笔调，讨论了民族世界的兴衰与生灭——人文与自然相得益彰，正如草木因人而可有情。《天象论》卷一最后说："于是，这就明白了，既然时间是无限的，宇宙是永恒的，无论泰那河或尼罗河，都不能无休止的长流，它们现在的径流，从前就曾是旱地。它们的活动有尽，而时间恰是无限的……在时间的历程中，一切都在演变。"当忽然发觉有一个年代、有一个地方永远回不去的时候，先哲的这段话能不能令人泰然处之呢？

“烦扰的世界”及其边界

那写在铜柱上、羊皮纸上、石板上或者莎草纸上的“成文法”很难让研究政治问题的哲人产生深切的兴趣，他们常常把眼光投向另外某种神秘的、难以形诸文字的法律上面。

卢梭《社会契约论》第二卷第 12 章：“在这三种法律之外，还要加上第四种，而且是一切之中最重要的；这种法律既不是铭刻在大理石上，也不是铭刻在铜表上，而是铭刻在公民们的心里；它形成了国家的真正宪法；它每天都在获取新的力量；当其他的法律陈旧或消亡的时候，它可以复活那些法律或替代那些法律，它可以保持一个民族的创造精神，而且可以在无形中以习惯的力量代替权威的力量。我说的就是风尚、习俗，而尤其是舆论；这个方面是我们的政论家所不认识的，但是其他方面的成就全都有系于此。这就正是伟大的立法家秘密地在专心致力着的方面了；尽管他似乎把自己局限于制定个别的规章，其实这些规章都只不过是穹窿顶上的拱梁，而只有逐渐诞生的风尚才最后构成那个穹窿顶上的不可动摇的拱心石。”

亚历山大里亚的犹太人斐洛《论有德性的人即自由的人》：“那正当的法律乃是正当的理性，而不是这个或那个凡人制定的规仪，后者易于腐败，且终究要归于消亡，它是一种了无生气的律法，刻写在了无生气的羊皮纸上或铜柱上。正当的法律是永恒的自然刻印在不朽的心灵上的，它垂诸久远。”

亚里士多德《宇宙论》第六章：“关于宇宙这个整体，我们竟就该做如此的设想:在我们肉眼看不到的隐处,一个神力正在督促着,鼓动着,万物各行于其所当行而完成各自的职分……应用较卑微的譬喻,我们不妨把构成宇宙的秩序比之于构筑拱门的安排,配置于拱门圈内的钥石(拱心石),恰正在两边象限的交点,这就保证了全构造的平衡与稳定,那个维系宇宙秩序的中心,恰就类似这一钥石……神就是公正的礼法,不容许有任何一点更改或变异,我认为,这,确确实实胜于那刻画在碑版上的条文……赫拉克利特的名言恰恰揭示了宇宙的隐微,‘所有爬行的众生,统都顺应着神的驱策,啮食(nemetai)于宇宙的草原(nomos)’。”

那种神秘的、难以形诸文字的法律,对于卢梭来说是风俗,对于斐洛来说是自然法,对于亚里士多德来说,则是神法。看来,在风俗、自然法与神法之间,存在着某种神秘的联系,甚至可以说,这三者共享着一种东西。对于民众来说,它是风俗,对于热心于哲学知识的人来说,它是自然,而对于宗教徒来说,它成了神。从习俗,到自然,再到神,这三种神秘的律法构成了成文法的最后边界。

占据拱心石的中心位置的,在卢梭那里是风俗,在亚里士多德那里则是神。亚氏对神在宇宙中的这一位置的描述给人深刻印象。“神在宇宙间的位置(关键),毋乃如此,他维系着万物的协和而持之以抵于永久;唯一的差异是他的座位实不在我们所见到的宇宙中心,即大地(地球)之上,我们一向把这烦扰的世界(地球)认作宇宙的中心,但全净的神,高举自己,直上到全净的区域,那里我们称之为上天(Ouranon),这区域正出于宇宙的边界(horos),也就是最高层,我们又称之为奥林波斯(Olympos),这也是恰当的,因为这里也是全明的(holos-lampein),这里,全不同于我们在这大地之上,时而受到暴风雨的干扰,那么就全然宁静,而且全免于黯冥的阴影。”(400a2—10)

在亚里士多德的天文与天象学说里,居于天穹最高层的是“第五元素”以太所构成的天体群星,这一最高层级的最底层是月亮,月亮之下,一直到地球表面,就是所谓大地或曰人世间的领域,拉丁人所谓的 Mundus。笔者记得读迈蒙尼德的时候，经常碰到“月下”(sublunaris)这个词，指的正是这月亮下面的人世间。充塞于月下层域的就是火、风、水、土四大元素。有别于“第五元素”——以太——的宁静澄明，月下的这四种元素性格好动，它们由于冷热干湿而发生永无休止的分分合合，继而在月层天一直到大地表面的层域形成云、雨、霜、露等天象与气象的巨大易变，给人世间带来颇多纷扰。亚里士多德上引文中所谓“烦扰的世界”说的就是这个意思。烦扰的月下世界与全然宁静的月上领域差别很大。亚氏甚至摘引了荷马的诗文(《奥德赛》6:42—45)来说明月上那片天空是何等净朗：“传说那里是神明的居地，永存不朽，从不刮风，从不下暴雨，也不见雪花飘零，一片太空延展，无任何云丝浮动，笼罩在明亮的白光里。”这就是“崇高天体”的居所。亚氏是怎样描述月下世界呢？“反顾于地上的众众，它们既是易于变化的，这就随时而积有前后种种的差别，随地而做成形形色色的异态。从今以先，在不同的区域，曾有剧烈的地震，坍裂了的大地；暴雨骤至，洪水泛滥于地面，淹没了道路；海浪时或内侵，沉浸了旱陆，时或退落，干涸了长滩；狂风飓飙有时摧毁整个城邑；大火烈焰有时从天而降。”(400a23—30)“月下世界”像极了爱留根纳·司各脱在《自然的区分》中划分出的“第三种自然”。

地震、暴雨、狂风、海浪，以及月下世界沧海桑田之大变易，凡此种种，一方面构成了被“神明的公正法律法”所支撑着的“烦扰的世界”，一方面又恰是亚氏自然学著作《天象论》与《宇宙论》的全部议题。这里，我们感受到了神、人与自然三者似乎是如此的贴近——因为那占据着拱心石的中心位置的神法的存在，亚氏自然学的政治涵义终于展露出来了。阿维罗伊说过，亚氏的“伦理学”是其“政治学”的第一部分。其实，他的“自然学”又何尝不是其“政治学”的一部分呢？如果说《天象论》卷一第 14 章的政治议题暗示了这个讯息的话，那么，以华丽的修辞描画了世人俯仰其间、各以尽其岁月的大自然的《宇宙论》则使这个讯息袒露无遗。

赫拉克利特的名言恰揭示了宇宙的隐微：“所有爬行的众生，统都顺应着神的驱策，啮食于宇宙的草原。”这个奥秘包含了这“烦扰的世界”的最后边界，哲人就逗留在这片神秘的区域，极少走进边界里面“香烟缭绕”的城邦。（《宇宙论》400b26）

老普林尼和他的《自然史》

《自然史》，凡 37 卷，作者老普林尼（23—79），罗马帝国的将军、国务活动家、大文豪。两千年来，《自然史》有三百多种版本问世。和用希腊语言写作的鲍桑尼阿斯（Pausanias）、斯特拉波（Stabo）一样，拉丁作家普林尼的自然研究并非局限于自然本身，而更进一步关注自然对于人类道德与政治生活的意义，具体而言，就是自然万物之于公元 1 世纪罗马人的意义。

《自然史》的文本存在着一系列复杂但清晰可辨的平行结构：作为文人的普林尼和罗马皇帝之间的平行、《自然史》的文本和帝国之间的平行、知识与权力之间的平行、自然与政治之间的平行等等。作者搜集、罗列和展示自然知识的方式酷似一个万民的统治者和裁决者的罗马皇帝行使权力的方式。皇帝的军事远征无疑是使得普林尼探索自然知识成为可能的重要原因；在皇帝的凯旋仪式上，来自被征服的土地上的奇花异草得到细心的炫示。

《自然史》的雄心在于研究万物，而公元 1 世纪的罗马，其雄心则在于统治万民。粗看之下，这部百科全书式的作品与武功遍及四海的罗马帝国似乎存在着某种必然的勾连，细细读进去，则发现《自然史》的编撰在很多层面上被帝国文化所塑造，它的字里行间透着罗马的乐观和权势，它无疑是一部为帝国撰写的百科全书。

在《自然史》第 27 卷第 3 节，普林尼对帝国的权势感到欣慰，他把帝国对已知世界的控制力量比拟为自然的力量，从大自然的统治原则——太阳——那里看到了帝国的影子。没有哪个地方比这段话更加凸显《自然史》的"帝国品质"[1]：

> 金毛狗(Scythian herb)来自梅欧迪斯的沼泽，猩猩木(euphorbia)来自阿特拉斯大山的绝顶和赫拉克勒斯之柱的另一端，那里堪称大自然的边界。旋覆花(brittanica)来自远离大陆、远居外海的岛屿，而非洲凤仙花(aethiopis)则来自一片被诸星灼烤的热土。还有很多别的花卉草药，它们来自地极与四海，共同效力于人类的福祉(humanae saluti)，一如罗马的和平盛世，它无边的荣耀所展示的不仅是人口众多，而且还有地大物博。我祈愿这来自诸神的礼物将万古不朽，罗马的确是诸神馈赠给人类的第二个太阳。

作为一名成功的帝国政治家，普林尼的这段话绝非谀辞，而是对自己所属的统治阶层所成就的伟大功业的肯定(比较普罗科比《哥特战争史》第3卷第22章第9—11节)。然而，肯定帝国的业绩，这并非普林尼唯一的意图，否则他完全可以像史家李维(Livius)或者诗人维吉尔(Virgil)那样去撰写一部帝国崛起的历史或史诗。普林尼既没有编修国史，也没有谱写史诗，而是呕心沥血，走遍千山万水，撰就博大精深的《自然史》。在普林尼看来，伴随着帝国开拓"新世界"的步伐，帝国的臣民也应该拥有开拓"新知识"的雄心。遍及四海

---

〔1〕 圣经旧约中的先知以西结曾经歌颂过古代推罗的强大海权及其繁盛贸易，其中意蕴直追老普林尼："你居住海口，是众民的商埠。你的交易通到许多的海岛。主耶和华如此说，推罗阿，你曾说，我是全然美丽的。你的境界在海中，造你的使你全然美丽。他们用示尼珥的松树作你的一切板，用利巴嫩的香柏树作桅杆，用巴珊的橡树作你的桨，用象牙镶嵌基提海岛的黄杨木为坐板(或作舱板)。你的篷帆是用埃及绣花细麻布作的，可以作你的大旗。你的凉棚是用以利沙岛的蓝色、紫色布作的。西顿和亚发的居民作你荡桨的。推罗阿，你中间的智慧人作掌舵的。迦巴勒的老者和聪明人都在你中间作补缝的。一切泛海的船只和水手都在你中间经营交易的事。波斯人、路德人、弗人在你军营中作战士。他们在你中间悬挂盾牌和头盔，彰显你的尊荣。亚发人和你的军队都在你四围的墙上，你的望楼也有勇士。他们悬挂盾牌，成全你的美丽……你便在海中丰富极其荣华。"(《以西结书》27. 1—11,25)

的不仅仅是罗马人的武功与法律，还有罗马人的智识。与开疆辟土的罗马皇帝一样，老普林尼遍究自然万物，无疑是在用拉丁文字经营着一个罗马的智识帝国。由于罗马帝国的存在，《自然史》被抹上了一层神圣的政治荣耀；由于《自然史》的存在，罗马帝国则秉有不同凡响的灵魂、教养和智识的内涵。

凭借灵魂的智识力量，老普林尼试图教化罗马帝国的武功与律法——这或许就是《自然史》的写作意图。能与老普林尼这份杂糅着帝国与智识两重雄心相比拟的，千年以来，可能只有一个人，那就是说过"知识就是权力"这句话的弗朗西斯·培根：

> 我们成功地模仿了天空，它的职责就是把大地包围。通过航海，我们做到了这一点。现在，当陆地与海洋所构成的物质层面上的地球被扩大、被探索的时候，如果智识层面上的地球的边界仍然被古代的有限的发现所囿限的话，那就是我们的耻辱了。新世界的发现与新知识的增长是两种关联颇深的事业。遥远的航海与旅行将使众多自然的事物进入我们的视野，它们将崭新的光照投射进人类的哲学和科学领域，并且凭借经验来纠正古代人传给我们的偏见和猜想。
>
> （Spedding/Ellis/Heath 版《培根全集》，第 3 卷，第 584 页）

小塞涅卡《自然问题》偶得

Hoc sonitu oppletae aures hominum obsurduerunt; nec est ullus hebetior sensus in vobis, sicut, ubi Nilus ad illa, quae Catadupa nominantur, praecipitat ex altissimis montibus, ea gens, quae illum locum accolit, propter magnitudinem sonitus sensu audiendi caret. Hic vero tantus est totius mundi incitatissima conversione sonitus, ut eum aures hominum capere non possint, sicut intueri solem adversum nequitis, eiusque radiis acies vestra sensusque vincitur.

(Cicero, *De re publica*, VI. 19)

西塞罗在《国家篇》讲述了一个美轮美奂的故事,说的是古罗马政治家小西比阿梦游天宇,领悟到政治生活虽是世间最高的作为,但是,从天上往下看,就显得琐屑了,它换来的也只是现世的奖赏,但是,在宇宙的深处,有一个永恒的居所,国家的统治者和保卫者死后,他们的灵魂将飞到那里,获得永恒的慰藉。

西塞罗编织"西比阿之梦"(Somnium Scipionis)的灵感来自柏拉图《理想国》最后那个神话。在梦中,"政治生活"被明确改称为"尘世生活",暗示着另一种非尘世的生活已经崭露头角,尘世生活的意义就在于它是一条通向另一种生活的路(ea vita via est in caelum et in hunc coetum eorum, qui iam vixerunt et corpore laxati illum incolunt locum, quem vides. 'Erat autem is splendidissimo candore inter flammas circus elucens.' Quem vos, ut a Graiis accepistis, orbem lacteum nuncupatis. VI. 16)。我不能确定此后在

罗马文学传统中挥之不去的"安慰文"(consolatio)是不是初始于"西比阿之梦",能够确定的是,罗马人太需要安慰了。从西塞罗到塞涅卡、普鲁塔克、再到鲍依修斯,来自柏拉图—斯多亚传统的灵魂与命运的教义像幽灵一般缠绕在罗马的强悍肌体上。

尘世之外的安慰总是要使人对尘世生活感到失望,正像小西比阿梦中的神圣向导叮嘱的:

> 我知道,你甚至到现在仍在观察人们的住地和居所。如果你觉得它们像实际存在的那样渺小,那你就永远把目光注视这些天界的居地,蔑视人间的居所吧。(Sentio, te sedem etiam nunc hominum ac domum contemplari; quae si tibi parva, ut est, ita videtur, haec caelestia semper spectato, illa humana contemnito. VI.20)

小西比阿看到,与位于月亮之上的诸星体相比,居于月下的尘世实在是太渺小了:

> 我注视了每一个方向,所有其他地方都惊人的美丽,那里有很多星辰,我们在人间从来不曾见到过,而且比我们曾经设想到的都大。其中最小的一颗离天国最远,离地球最近,发出一种借来的光。这些形体都比地球大得多;真的,地球自身在我看来实在太小了,以至于我觉得我们的罗马帝国小得颇为可笑;可以说,它只占了地球表面上的一个点。(Infra [Lunam] autem iam nihil est nisi mortale et caducum praeter animos munere deorum hominum generi datos; supra Lunam sunt aeterna omnia. Supra)

这种对尘世的贬低在"共和罗马"的文学史中可谓一枝奇葩。离我们时代最近的一次著名的贬低罗马是在莎士比亚的《安东尼与克里奥佩特拉》里,第一幕第一场,陶醉于埃及女王裙下的安东尼说:"让罗马融化在台伯河的流水里,让广袤帝国的高大拱门倒塌吧!纷纷列国,不过是一堆堆泥土;粪秽的大地养育着人类,也养育着禽兽。”安东尼瘫软在东方埃及的温柔乡里，对帝国与罗马的判词充满恶意诅咒；与之相比，西比阿站在渺远的星天之上回望地上的国度，其所见所想，境界当然比尼罗河畔的污言秽语要高很多——西比阿的视野是哲学性的（比较亚里士多德《宇宙论》第二章），它无疑影响了维吉尔《埃涅阿斯纪》第六卷末尾关于冥世的两扇门的情节，尤其在小塞涅卡那里得到继承。

小塞涅卡是位斯多亚哲人，也是位高权重的帝国政治家。他认为尘世生活似乎已经丧失了全部意义，它唯一存在的理由就是可以让哲人去研究其中一息尚存的意义。塞涅卡是这样说的：

> 这个俗世中的事情是渺小琐屑的，我们之所以还要在其中活着，是因为它尚有值得研究的地方。

小塞涅卡和西塞罗不同的地方是，在西塞罗那里，尘世生活仍然有卓越的一面，值得人去追寻，只有这样，才能打开通往来世永恒居所的门，那扇门只向度过了卓越的尘世生活的人开放（si quidem bene meritis de patria quasi limes ad caeli aditus patet. *De re publica*, VI. 26）。但在小塞涅卡那里，尘世生活本身已经不再值得过了，它变成了一个干枯的客体，供哲人的心灵去静静地研究，这种寂静主义的学术研究本身继而变成了一种生活，一种被称为沉思式的生活（vita contemplativa），它取代了尘世生活（vita activa），成为人世间所能够达到的最卓越的状态。不哲学，毋宁死（Nisi ad haec [i. e. secretiora rerum naturae] admitterer, non fuerat nasci.）。小塞涅卡如是说。

而且，小塞涅卡认为，即使是哲学生活，也有高低之分。他区分了以人世为研究对象的哲学和以诸神（亦即诸星体）为研究对象的哲学（tantum interesse existimo in ipsa philosophia, inter illam partem quae ad homines, et hanc quae ad deos. *Quaestiones Naturales*. I. 1），并且认为，这两种哲学研究的差异和神与人之间的差异一样巨大（tantum inter duas interest, quantum inter Deum et hominem. Supra, I. 2）。研究人世的那部分哲学旨

在探索在尘世中的道德公理,而研究诸神的那部分哲学则意在探索天界中的自然法则。前者致力于驱散人类心中的迷雾,为人类能够参透尘世生活的变易无常提供一束微光,而后者则拔地而起,超越了尘世的泥沼,致力于将人类从黑暗中解救出来,引领他们到达灿烂星光的最终居所(Altera docet, quid in terris agendum sit: altera, quid agatur in coelo. Altera errores nostros discutit, et lumen admouet, quo discernantur ambigua uitae: altera multo supra hanc caliginem in qua uolutamur excedit, et e tenebris ereptos illo perducit, unde lucet. Supra, I. 2)。

小塞涅卡对尘世生活的轻视与小西比阿在星天之上的视野一脉相承。他说,如果我们探究了天界中的诸神,然后从上往下观看的时候,就会自问:

> 难道那片弹丸之地就是众多民族用战火与刀剑所分割开的尘世吗? 凡人在上面刻画的国界是何等荒诞! (Hoc est illud punctum quod inter tot gentes ferro et igni diuiditur? O quam ridiculi sunt mortalium termini! Supra, I. 8—9)

如果说西塞罗展现的是一条从尘世向天界上升的盼望之路的话,那么小塞涅卡就是为我们描绘了一场天穹对大地的审判,他明确要求凡人们通过研究天界神世的哲学来为他们的尘世生活而悔过(quicquid amissum est, id diligenti usu praesentis uitae recolliget: fidelissimus est ad honesta ex paenitentia transitus, Supra, III. 3)。小塞涅卡一段自问自答的格言可以总结他对这两种生活的看法:

> "研究诸神能够给我们带来什么?"如果没有别的,那就只有这个:研究了诸神,我们就能知道其他东西微不足道。(Si nihil aliud, hoc certe sciam, omnia angusta esse, mensus Deum. Supra, I. 17)

小塞涅卡区分了两种生活,以及相应地区分了两种哲学研究,这不可避免地推导出他的另一个重要观点,即自然研究高于历史研究。对于史家，塞涅卡报以鄙夷的态度。在他看来，史家殚精竭虑，所叙述的无非就是帝王们的杀戮和征伐、民族间彼此施加给对方的不幸与苦难。他认为，与其忙碌于把他人的过错与罪业记录下来、传诸子孙后代，不如去研究更崇高的学问，借以涤净自身灵魂中的过错与罪业（Quanto satius est sua mala extinguere quam aliena posteris tradere. Supra，III. 5）。与诸神恒久、美好的事功相比，马其顿的腓力、亚历山大大帝，以及汉尼拔只不过是沧海一粟。史家的谬误在于把渺小误识为伟大。究其原因，乃在于人类妄自菲薄的可悲习性（Magna ista，quia parui sumus，credimus：multis rebus non ex natura sua sed ex humilitate nostra magnitudo est. Supra，III. 10）。

小塞涅卡对历史研究的鄙夷态度也许是不公正的，但那的确是他有关尘世与神世的宏阔思考的必然结论。他对尘世生活的道德批判立场其实有一个坚实的基础，在《自然问题》第二卷，他暗示了这个基础。他把针对宇宙的哲学研究分为三部分：天学（caelestia）、气学（sublimia）和地学（terrena）。“天学”研究的是诸星体的自然本性，当然是最深奥、最神圣的研究分支；“地学”研究的是“水域、土地、树木、花草，以及所有依附在地面上的事物”。“气学”研究的则是云、雨、雪、风、地震、雷电等。这些事物介于天与地之间，之所以用 sublimia（崇高的学问）这个奇怪的词来命名，原来是因为，与它所研究的对象相比较，“地学”研究尘世，在哲学知识的等级上居于最低的位置（Haec sublimia dicimus，quia editiora imis sunt. Supra，II. 1. 2）。

不难发现，小塞涅卡哲学分类的基础可以在亚里士多德那里找到。在亚氏的《天象论》（这就是亚氏的 Sublimia——气学）第一卷第一章，亚里士多德讨论了研究宇宙的次序：

> 我们已经讲过自然的原因……我们也讲过了天穹群星的整秩有序的运动……这里，我们还得研究这门学术的一个分支，即前贤们所称的“天象学”……我们讲过所有这些题目之后，我们拟可进及前所预定的有关动物与植物……的论述了。

待上述诸题目逐一讲到了，整个对于自然的研究就可算完成了。（338a20—339a10）

小塞涅卡针对尘世与神世的区分，以及针对哲学研究的分类法则严格地遵循了自然的法则。在解释为什么“地震”这一发生在地底的现象被涵括在“气学”这一更高的研究分支里的时候，他说，地震生发于爆炸，而爆炸则生发于空气的剧烈运动，所以，即使深入地底，地震这种现象也应该放在“气学”的范围内研究。在这之后，他加上了一句意味深长的话：

事物应该在自然所给予的位置上被研究。（cogitetur in ea sede, in qua illum natura disposuit. Supra, II. 1. 3）

只有到了卢梭，这句话在人类道德、政治与精神世界的革命含义才翻天覆地地喷涌而出（参考卢梭《论人类不平等的起源与基础》扉页题词）。

西比阿的惊鸿一瞥可谓是世人第一次天外回眸，它解放了人的“在世间”的精神奴役，它质疑了柏拉图狭隘的、被城墙紧锁的“理想国”，也使罗马的“共和国”成了问题，它更激发了小塞涅卡这位敏感的哲人的视野，从此以后，神世与人世、自然与历史、哲学与政治，将逐渐在一个修葺一新的秩序中得到与前代迥然不同的研究。[2]

---

〔2〕“陛下，当我们比较尘世的生活与未知世界的生活时，我觉得这就像是一只麻雀飞过了宴会厅，时值冬日，陛下与领主、大臣们围坐着享用晚宴。大厅中生起舒适的火堆温暖整个厅堂；大厅外，冬日暴雨或大雪呼啸肆虐。雀儿迅速从大厅的一扇门飞进，从另一扇门飞出。当它在屋里时，免于冬天的风暴摧残，在短暂舒适之后，它又消失在原先的萧条世界中——它从冬天里来，又回到冬天里去。我们的人生稍纵即逝，但此生之前和之后，我们一概不知。”这段话出自 7 世纪英格兰教会史家“德高望重的比德”：《英吉利教会史》第二卷第 13 节，它遥遥地回应着西比阿和塞涅卡的先声。

论自然的区分

上个世纪末，在前辈的指导下，喜欢上了唯名论神学家司各脱(Johannes Duns Scotus,1266—1308)关于"偶然性"(contingentia)的哲学论文，觉得那里似乎隐藏着近代自由政治的终极秘密。检索图书的时候，另一个同名的神学家进入视野——Johannes Scotus Eriugena(约800—877)，也就顺便借了一些这个人的研究著作，渐渐知道了此人原来是个承前启后的大人物。当时我沉迷于"神秘神学"，尤其激赏黑格尔敬重有加的德国哲学老前辈雅各·波墨(Jakob Böhme,1575—1624)。当我慢慢发现 Johanne Scotus Eriugena 就是"神秘神学"学统的中流砥柱的时候，便决定研读他的《论自然的区分》(*De Divisione Naturae*)，希腊文写作 *Periphyseon*。从群星耀眼的"新柏拉图主义"一直到库萨的尼古拉，"神秘神学"学统好长，至今仍然没有读完，但是耐心和兴趣却消磨得差不多干干净净了。不过，《论自然的区分》这本书的名字和其中的基本构想倒是记得很牢：自然整体被区分成四个部分，第一部分创造它物但不被它物创造(that which creates and is not created)，这就是作为创世主的上帝；第二部分被它物创造而且其自身也创造它物(that which is created and creates)，这被指为柏拉图的理念世界；第三部分被它物创造而且自身也不再创造它物(that which is created and does not create)，这部分被理解为异教诸神构成的世界，它曾经在《上帝之城》第6—7卷中被奥古斯丁严厉批判；第四部分既不是被创造，其自身也不事创造(that which is neither created nor creates)，这仍然是上帝，却是作为终极目的的上帝。《论自然的区分》是中古早期构造的第一个伟大的思想体系，它在形而上层面上包容了异教诗学、哲学和犹太—基督教神学三大传统，这种雄心勃勃的体系建构，之前只有奥古斯丁尝试过，之后只有迈蒙尼德的《迷途指津》和黑格尔的《精神现象学》具有同样的结构与理路以及同等的雄心与规模。

《论自然的区分》拥有精致的思辨，但似乎仍然笼罩着灰蒙蒙的神秘。可以发现，在自然整体被肢解为四部分之后，任何一部分都渗透着上帝隐秘的印迹，亦即"被造"的印迹，这意味着，自然本身不再向世人的理性自行敞开，关于它的知识全部掌握在那个创造者的手中。自然似乎变成了一个神秘体。自然的整全世界竟然可以被肢解成四大块，这在古希腊异教哲学传统看来简直是不可思议的。自然是恒定的、圆润的，而且，世人的理性可以思考它，一点都不神秘，而且，正是有了这可以诉诸理性的明晰与稳定，才使得自然法则与政治正义成为可能，这就是古典自然法的最关键的要害所在：它的"理性法"的出身。换言之，古典自然法的基础被设定在理性之上；由于理性在古典自然法传统中被认为是人的自然能力，所以每个人都能够感知和理解自然法，自然法因此是普世性的——所有人凭借其自然理性均可认识自然法，这是古典自然法的力量和精髓所在，但等到卢梭问世之后，它也恰恰成了自身的"阿喀琉斯之踵"。

卢梭对古典自然法学说的攻击要害在于古典自然法的基础（理性）是非自然的，那种可以称之为人之为人的自然本性应该落实在人的感性部分，而不是理性部分，这使得古典自然法的普世性成了问题，因为理性并非一个稳靠的、普世性的基础。政治学界的流俗意见就此认为卢梭是反对普世法则的，后世亦有很多人试图从"特殊主义"甚至"民族主义"方向上臆解卢梭，这都很肤浅。卢梭的真正关切乃在于寻找自然法真正的自然起源，从而为自然法的普世性奠定更加稳靠的基础，他在人的感性区域找到了这个"真正的"基础。在这个意义上，卢梭和霍布斯异曲同工，后者同样在人类的激情领域而不是理性领域探寻自然法的基础，尽管他曾经怪异但又不乏反讽味道地把他探索到的激情——恐惧——提升到“理性”的地位，因为“恐惧”会促人思虑。正如没有人认为霍布斯是一个特殊主义者一样，把卢梭当成特殊主义者恐怕也不恰当。在坚持自然法的普世性这个意义上，卢梭其实并没有走出亚里士多德和斯多亚哲人所建立的古典传统，只不过运思怪异而已。

在古典自然法这个大传统中，似乎只有一个人曾经从这个传统内部提出过颇有价值的质疑，那就是13世纪特立独行的“政治阿维罗伊主义者”，帕多瓦的马西利乌斯（Marsilius of Padua），《和平的保卫者》（*Defensor pacis*）的作者。马西利乌斯本人据说是古典自然法传统在中世纪的最后一个继承人，他认同这个传统的基本意见，即自然法的基础在于理性，而且理性属于人的自然能力。然而，马西利乌斯与前辈（尤其是阿奎那）不同地方在于，理性固然是人的自然能力，但这是一种臻至完美状态的自然能力，换言之，理性乃是人的自然本性所能达到的最高状态，这一人的自然本性的最高状态就是古典自然法的根基所在。然而，问题是，这一最高状态并非人人都能够达到；事实上，人类的大多数都生活在这一状态以下，因此他们没有能力认识和遵行根植于他们的自然能力范围之上的自然法，也因此，自然法不具有卢梭及其古代前辈所执意寻求的普世性；严格地说，自然法不具有普世的可行性，但具有普世的可能性，因为理性毕竟属于自然的能力。

马西利乌斯根据人类的实际状况审慎地在自然所管辖地领地内部进行灵活的再区分，而不是像卢梭那样生硬地把自然曲解成一块与同样被曲解的理性格格不入的浑然整体。换言之，自然需要进一步区分。作为结果，卢梭毁掉了政治的自然根基，得到的却是人类趋于放纵的自由，而马西利乌斯则在政治领域保留了自然的严格统治权，同时又通过进一步区分，留出了一片区域作为人类自由、审慎与技艺的用武之地。(参马西利乌斯:《和平的保卫者》第2讲第12章第7—12节,比较第1讲第17章第10节。)马西利乌斯让我想起 Johannes Scotus Eriugena 的《论自然的区分》,并且重新燃起我对这个人的旧日激情。我猜想,在那精致的思辨和灰蒙蒙的神秘大幕的后面,定是隐藏着一部伟大的政治剧——马西利乌斯辨析出的处于最高的自然状态之下的那个混沌的区域不正是 Johannes Scotus Eriugena 所说的第三种自然吗?

塞尔登的“神法”与推罗城的“神罚”

有何城如推罗？有何城如他在海中成为寂寞的呢？

——《以西结书》27:32

塞尔登(John Selden,1584—1654)是英国17世纪最渊博的法律史学家、政治哲学家和东方学家,他的《海洋封闭论》名噪一时,其中他针对后来被尊为现代国际法之父的格劳秀斯的《海洋自由论》提出了“海洋封闭论”,为海洋的私人占有权辩护,其中,塞尔登从犹太—基督教神学神圣律法层面提出的论证非常引人注目。[1] 他的论证是从两段《创世记》经文开始的:

> 神说,我们要照着我们的形象,按着我们的样式造人,使他们管理(praesit)海里的鱼,空中的鸟,地上的牲畜,和全地,并地上所爬的一切昆虫。神就照着自己的形象造人,乃是照着他的形象造男造女。神就赐福(benedixit)给他们,又对他们说,要生养众多,遍满地面,治理(subicite)这地。也要管理(dominamini)海里的鱼,空中的鸟,和地上各样行动的活物。神说,看哪,我将

---

〔1〕《海洋封闭论》出版于1636年,笔者使用的版本是John Selden, *Mare clausum*, *of the Dominion*, *or*, *Ownership of the Sea*, *Two Books*, written at first in Latin, and entitled, *MARE CLAUSUM SEU De Dominio Maris*, by John Selden, Esquire, translated into English, and set forth with some Additional Evidences and Discourses, by Marchamont Nedham, published by special command. London, *Anno Domini* 1652. Reprint by The Law Book Exchange, LTD, Clark, New Jersey, 2004)。本文在引证《海洋封闭论》时均简写为*MC*。

> 遍地上一切结种子的菜蔬和一切树上所结有核的果子，全赐给(dedi)你们作食物。(1:26—29)

> 神赐福(benedixit)给挪亚和他的儿子，对他们说，你们要生养众多，遍满了地。凡地上的走兽和空中的飞鸟，都必惊恐，惧怕你们。连地上一切的昆虫并海里一切的鱼，都交付你们的手(manui vestrae traditi sunt)。(9:1—2)[2]

其中，第一段涉及大洪水之前的神圣赠予，第二段则是洪水后挪亚及其儿子们三分世界。塞尔登的论证是以第二段为主导论据的：

> 在大洪水之后的第一次也是最古老的赠予中，上帝授权挪亚及其后代拥有整个地球(海洋只是地球的一部分)，以及与陆地紧邻的天空……也就是说，通过被授权自由地使用和享用地上的一切，这地上的一切也就为他们所有了。(*MC*, I. vi. 27—28)[3]

塞尔登所谓的“自由使用和享用”是从这两句话里得出来的，即“神说，看哪，我将遍地上一切结种子的菜蔬和一切树上所结有核的果子，全赐给你们作食物……连地上一切的昆虫并海里一切的鱼，都交付你们的手”(《创世记》1:29)。但是，使用权与所有权是完全不同的两回事，前者不能推导出后者，这是格劳秀斯在《海洋自由

〔2〕 引文中的拉丁文关键词抄录自 *Vulgata*(Stuttgart: Deutsche Bibelgesellschaft, 1969, 1994)。

〔3〕 非常有意思的是，在“凡地上的走兽和空中的飞鸟，都必惊恐，惧怕你们”(《创世记》9:2)这句圣经引文里，塞尔登认为，其中的“惊恐”和“惧怕”两个词暗示了主权者的占有与统治(*MC*, I. vi, 28)。这个观察不免让我们想到当古代以色列人想要一个王来治理他们的时候，上帝就通过先知撒母耳转达他的警诫，于是撒母耳便向民众描述了一副王(主权者)的令人惊恐和惧怕的形象。(《撒母耳记上》8:4—20)《撒母耳记》里的这段话引了起霍布斯的关注，他在《利维坦》里全文抄录，成为他论证“主权者的权利”的关键证据。见霍布斯:《利维坦》，第二十章。

论》中重点强调的[4],作为法学家,塞尔登也意识到了从"使用权"并不能直接推导出"所有权",但是,他的进一步解释显得异常牵强,而且非常武断地转移了话题。他是这样说的:

> 应当承认,"使用"和"享用"这类字眼并不意味着私人所有权,但是,由此可以引申出的是,陆地与海洋似乎从一开始的时候就是一同出现的,然后又以同样的方式一起为人类共同享有。(*MC*, I. vi,28)

塞尔登认为,陆地与海洋从创世之初就是被一视同仁的,二者之间没有差别,曾经一起被上帝赠予人类共享,又一起被上帝赠予挪亚和他的儿子们,陆地与海洋的这种无差别性是永恒的,不仅适用于人类共有万物的最初时代,也适用于私有制大行其道的后来时代(*MC*, I. vi,28)。塞尔登就是这样把话题转移到了海洋上面,并通过强调海洋与陆地的无差别性,暗暗地否定了格劳秀斯的核心论证,即海洋与陆地之间深刻的自然差异。也许是意识到了自己的论证显得多少有些勉强,塞尔登没有再按照自己的内在逻辑走到极端的结论,而是离开了自己的逻辑推证轨迹,提出了一个折中性的观点:在最初,陆地也好,海洋也好,并没有规定何者是人类共有的,何者又是可以私有的,二者既可以共有,也可以私有。依据这个这种观点,塞尔登驳斥了记载在《旧约·诗篇》中的一种主张,即认为陆地属于人类的儿子们,而海洋仅仅属于上帝。[5] 这种主张意味着只有陆地可以私有,海洋只能为人类共有。这是塞尔登不能接受的。塞尔登的论证的缺陷仍然出现在他关于创世之初的理解上。他说,陆地与海洋的无差别性源于二者在创世时刻的无差别性。然而,塞尔登的论断其实是有悖于圣经文字与精神的。《创世记》清楚记道:

---

〔4〕 这一点在《海洋自由论》附录部分的辩护文中被格劳秀斯详细阐释,尤其参见结尾部分。

〔5〕 "海洋属他,是他造的"(《诗篇》95:5)……"地,他却给了世人"(《诗篇》115:16)。

> 神说:“天下的水要聚到一处,使旱地露出来。”事就这样成了。神称旱地为地,称水的聚处为海。(《创世记》1:9—10)[6]

对这句话,《诗篇》解作:“他把地建立在海上,安定在大水之上”(《诗篇》24:2)。[7] 可见,在上帝的创造行动中,海洋先于陆地而出,而且,只有陆地可以为世人居住和住满,也就是说,可以被人占有,而海洋仅仅保留着承载陆地的原始状态(《诗篇》24:1)。[8] 塞尔登精研犹太学问,尤其精通古代与中世纪犹太拉比们的圣经注疏,然而,在《海洋封闭论》这部为英格兰海权辩护的现实性很强的论战作品中,他却一再在《旧约》涉及共有与私有以及陆地与海洋的经文解释上闪烁其词,甚至出现捉襟见肘的情形。用理论与现实的矛盾这样的陈词滥调来替塞尔登这样一位大学者开脱可能显得太冒昧了,然而,实情也许就是如此。塞尔登显然又一次意识到了自己关于陆地与海洋的无差别性的论证不太牢靠,于是再次折中了自己趋于极端的观点逻辑:

> 不管人类获取何物,(陆地也好,海洋也好,)万能的上帝,作为宇宙之父,仍然保留着他对于人类以及其他万物的至高所有权。这一点,头脑清醒的人从来没有否定过。但是,我们发生争议的地方是人类的所有权这个问题,而不是在上帝的所有权……如果按上帝的所有权立论,则任何事物都不属于人类,更不用说海洋了;如果按照人类的所有权理论,则任何事物都是——或者可以是——私有的,因为任何事物都可以被私人夺

---

〔6〕 *Vulgata* 拉丁文本为:dixit vero Deus, congregentur aquae sub caelo sunt in locum unum et appareat arida, factumque est ita, et vocavit Deus aridam terram congregationesque aquarum appellavit maria.

〔7〕 Vulgata 拉丁文本为:super maria fundavit [terram]...

〔8〕 令人奇怪的是,《诗篇》24:1—2 也被塞尔登引用来反驳海洋与陆地的差异性的主张(*MC*. I. vi, 28),显然,他并没有看到,这句经文的意思恰恰是有害于他的论证的。

取、持有以及拥有。(*MC*, I. vi,29)

就这样,塞尔登一方面向大洪水之前的原始共有状态表示了形式上的敬意,另一方面则把自己的主张往前推进一步。

为了从神法上佐证海洋可被私人拥有这一持论,塞尔登举出了推罗古国(Tyre),它曾经是腓尼基海的主人。塞尔登对推罗的描述全部来自圣经,主要是《以西结书》。《以西结书》是一部先知书,记述的是神借先知以西结之口预言的种种异象,其中也包括与以色列为敌的推罗古国从繁盛到灭亡的事情。推罗是一座古代商业性的海洋帝国,商贾云集,贸易丰富,先知书对其描述可谓浓墨重彩:

> 耶和华的话又临到我说,人子啊,要为推罗作起哀歌,说,你居住海口,是众民的商埠。你的交易通到许多的海岛。主耶和华如此说,推罗阿,你曾说,我是全然美丽的。你的境界在海中,造你的使你全然美丽。他们用示尼珥的松树作你的一切板,用利巴嫩的香柏树作桅杆,用巴珊的橡树作你的桨,用象牙镶嵌基提海岛的黄杨木为坐板(或作舱板)。你的篷帆是用埃及绣花细麻布作的,可以作你的大旗。你的凉棚是用以利沙岛的蓝色、紫色布作的。西顿和亚发的居民作你荡桨的。推罗阿,你中间的智慧人作掌舵的。迦巴勒的老者和聪明人都在你中间作补缝的。一切泛海的船只和水手都在你中间经营交易的事。波斯人、路德人、弗人在你军营中作战士。他们在你中间悬挂盾牌和头盔,彰显你的尊荣。亚发人和你的军队都在你四围的墙上,你的望楼也有勇士。他们悬挂盾牌,成全你的美丽。……你便在海中丰富极其荣华。(《以西结书》27:1—11,25)

塞尔登正是从这一段话,尤其是“你的境界在海中”(et in corde maris sita finitimi tui)这句话看到了推罗对海洋的拥有和统治(*MC*, I. vi,29)。其中,“境界”即国境界线。塞尔登的这项神法证明令人非常费解。先知书的这段话显然只是对推罗古国的史实描述，与神法没有任何关系，因此不能构成神法论证。当然，从章节标题来看，塞尔登似乎把神法与神圣预言(divine oracle)同等对待了，[9]这样的话，塞尔登引证先知以西结的预言作为神法的证明，似乎也可言之成理，但是，以西结针对推罗的预言丝毫没有透露出上帝允许推罗占有并统治海洋的意思，相反，推罗的海洋霸权在上帝眼中被视为傲慢、强暴和不义，于是凭借先知以西结之口谴责推罗并预言它的毁灭：

> 耶和华的话又临到我说，人子啊，你对推罗君王说，主耶和华如此说，因你心里高傲，说，我是神，我在海中坐神之位。你虽然居心自比神，也不过是人，并不是神。……又因资财心里高傲。所以主耶和华如此说，因你居心自比神，我必使外邦人，就是列国中的强暴人临到你这里。……他们必使你下坑，你必死在海中，与被杀的人一样。……你从受造之日所行的都完全，后来在你中间又察出不义。因你贸易很多，就被强暴的事充满，以致犯罪……你因美丽心中高傲，又因荣光败坏智慧，我已将你摔倒在地，使你倒在君王面前，好叫他们目睹眼见。你因罪孽众多，贸易不公，就亵渎你那里的圣所。故此，我使火从你中间发出，烧灭你，使你在所有观看的人眼前变为地上的炉灰。各国民中，凡认识你的，都必为你惊奇。你令人惊恐，不再存留于世，直到永远。(《以西结书》28:1—19)
>
> 主耶和华如此说，推罗啊，我必与你为敌，使许多国民上来攻击你，如同海使波浪涌上来一样。主耶和华对推罗如此说……因你倾倒的响声，海岛岂不都震动么。那时靠海的君王必都下位，除去朝服，脱下花衣，披上战兢，坐在地上，时刻发抖，为你惊骇。他们必为你作起哀歌说，你这有名之城，素为航海

[9] 与此相关的章节(第一卷第5章)的标题是“神法或者圣经中的神圣预言允许对海洋的私人所有”。

之人居住，在海上为最坚固的。平日你和居民使一切住在那里的人无不惊恐。现在何竟毁灭了。如今在你这倾覆的日子，海岛都必战兢。海中的群岛见你归于无有就都惊惶。主耶和华如此说，推罗啊，我使你变为荒凉，如无人居住的城邑。又使深水漫过你，大水淹没你。那时，我要叫你下入阴府，与古时的人一同在地的深处，久已荒凉之地居住，使你不再有居民。我必叫你令人惊恐，不再存留于世。人虽寻找你，却永寻不见。(《以西结书》26:3—21)

荡桨的已经把你荡到大水之处，东风在海中将你打破。你的资财、物件、货物、水手、掌舵的、补缝的、经营交易的，并你中间的战士和人民，在你破坏的日子必都沉在海中。你掌舵的呼号之声一发，郊野都必震动。凡荡桨的和水手，并一切泛海掌舵的，都必下船登岸。他们必为你放声痛哭……他们哀号的时候，为你作起哀歌哀哭，说，有何城如推罗。有何城如她在海中成为寂寞的呢。你由海上运出货物，就使许多国民充足。你以许多资财、货物使地上的君王丰富。你在深水中被海岛打破的时候，你的货物和你中间的一切人民，就都沉下去了。海岛的居民为你惊奇。他们的君王都甚恐慌，面带愁容。……你令人惊恐，不再存留于世，直到永远。(《以西结书》27:26—36)

推罗本是赐冠冕的，它是商家的王子，他的买卖人是世上的尊贵人。遭遇如此，是谁定的呢？是万军之耶和华所定的，为要污辱一切高傲的荣耀……耶和华已经向海伸手，震动列国(manum suam extendit super mare conturbavit regna)。(《以赛亚书》23:8—9,11)

以西结的预言里充满了海洋的字眼，诸如“你居住海口，是众民的商埠”、“你的交易通到许多的海岛”、“你的境界在海中”、“你便在海中丰富极其荣华”、“我在海中坐神之位”、“海岛岂不都震动么”、“靠海的君王”、“你这有名之城，素为航海之人居住，在海上为最坚固的”、“有何城如他在海中成为寂寞的呢”、“你由海上运出货物，就使许多国民充足”，甚至“你必死在海中”，等等。毋庸置疑，这些措辞暗示了一个海洋王国的历史存在，但丝毫没有提示这个海洋王国是合乎神法的，相反，这个盛极一时的海洋王国触怒了上帝（“推罗啊，我必与你为敌”），遭到神法的严厉裁断和诅咒，“我要叫你下入阴府，与古时的人一同在地的深处”，“不再存留于世，直到永远”。[10]《以赛亚书》论到推罗的时候，称推罗为“列国的大码头”（negotiatio gentium）、“大海的保障”（fortitudo maris），甚至被等同于大海本身（《以赛亚书》23），因而，上帝对推罗发烈怒被先知说成是“耶和华已经向海伸手，震动列国（manum suam extendit super mare conturbavit regna）”（《以赛亚书》23:11）。这样看来，按照先知书，推罗这座海洋帝国不但没有受到神法的支持，甚至更遭受了神罚。这一点，塞尔登并非没有看到，而且还就推罗遭罚给出了自己的解释：“上帝诅咒推罗，并非因为推罗占有了海洋，而是因为推罗被傲慢据有，自比为神”（*MC*, I. vi,30）。这个解释显然过于神学修辞化了，塞尔登需要进一步做的是把这种象征性的神学语言还原到自然事实的层面，以求得推罗遭诅咒的真实原因，但是，他没有这样做，而只是满足于先知古老预言的谜一样的字面意思，这显然是不合适的。其实，以自然的或者历史的眼光看，推罗遭诅咒的原因正是他傲慢地霸占了海洋，与列国的贸易多行不义。这一点，先知以西结也明确点到了

〔10〕 有的说法是推罗遭诅咒七十年：推罗必被忘记七十年，照着一王的年日。七十年后，推罗的境况必像妓女所唱的歌：“你这被忘记的妓女啊，拿琴周流城内，巧弹多唱，使人再想念你”（sume citharam circui civitatem meretrix oblivioni tradita, bene cane frequenta canticum ut memoria tui sit.）。七十年后，耶和华必眷顾推罗，他就仍得利息（原文做“雇价”），与地上的万国交易（原文作“行淫”）。（《以赛亚书》23:15—17）希伯来文中的“交易”与“行淫”同源，这让笔者想到古希腊诗人品达《科林斯地峡赛会颂》（*Isthmian* 2）中提到的当时文坛上的一种现象，即诗人们受雇为远在海外的富人家作诗，以此讨取报酬。品达批判了这种把诗歌“卖到海外”的商业行为，在古希腊文里，“卖到海外”（pernamai）与“行淫”（porne）也是同源。这样看来，《以赛亚书》把商贾云集、贸易丰富的推罗古城直呼作“周流城内，巧弹多唱”的“妓女”，就是自然而然的了。

(《以西结书》28:15—18),可惜的是,塞尔登对这段经文保持了沉默。用格劳秀斯的自然法修辞来讲,从最根本的意义上看,海洋帝国是一种对海洋的暴政(tyranny),它侵害了海洋的原始自由,与自然律相悖反,这才是推罗的傲慢和不正义的根本源头。这一点,没有谁比雅典海军将领、大史家修昔底德有着更加痛心的感受了。[11] 这样的话,根据先知书的预言,也就有了推罗遭受惩罚的特有方式。首先,上帝将之沉入大海,借此,大海得到修复,回归原始的自然状态,也就是先知书所说的,"你必死在海中,与被杀的人一样","你在深水中被海浪打破的时候,你的货物和你中间的一切人民,就都沉下去了";接着,上帝又把它安置在大地深处(terra novissima),回归陆地,可谓(de terra facta sunt et in terram partier revertentur)出于尘土,也都归于尘土[12]:"我要叫你下入阴府,与古时的人一同在地的深处,久已荒凉之地居住"。至于"耶和华已经向海伸手,震动列国"这句话则暗示了上帝作为大自然的创造者,凭借暴力把推罗人据为己有的海洋强行收回,重置于原始的自由状态中,令万国中那些作王的胆战心惊。正如先知所说的:"那时靠海的君王必都下位,除去朝服,脱下花衣,披上战兢,坐在地上,时刻发抖"(《以西结书》26:16)。笔者认为,这段经文几乎是最完美地注解了格劳秀斯的命题:大海不识主权者(Neque enim potuit natura dominos distinguere)。[13]

综上所述,塞尔登以推罗古国为个例就海洋的私人所有权主张所提出的"神法"论证是失败了。

---

[11] 参拙文"修昔底德的帝国回忆:初读《伯罗奔尼撒战争史》",载《诗歌与历史:政治哲学的古典风格》,上海三联书店,2004。

[12] 《传道书》3.20,另参《传道书》12.7,《创世记》3:19。应该说,人据其自然本性既不是理性的动物,也不是政治性的动物,而是土地性的动物。这在笔者看来就是旧约圣经传达的有别于古代异教的命题。这个命题得到了格劳秀斯的重用,但给塞尔登造成了不小的麻烦。

[13] 格劳秀斯用"大海不识主权者"这一命题说明了海洋的原始自由状态,这是一种政治性的无辜状态,也就是说,任何人都不可能在洋面上留下任何痕迹,换言之,任何人不可能在海洋上分界、立法、建国,海洋处于一片绝对的、原始的"自然状态"(status naturalis),它抵制人类的所有技艺,不承认任何主权君主的权威。

天下的水要聚在一处:威廉·透纳《奴隶船》神学政治论[1]

柏拉图曾经用不甚友好却又不无道理的口吻说,画家的作品与真理隔了有三层远的距离。笔者这份针对威廉·透纳的评述并不准备在第四层的位置上提供一份多余的解释,而是意在把第三层的东西带回比第一层更高的位置上。"在这类事情上",梅尔维尔说,"敏感只为敏感所吸引;不靠想象,谁也无法跟随另一人进入这些领域"[2]。这就是笔者在研究透纳的过程中所遵循的解释原则,因为我们都是敏感的人。[3]

---

[1] 在语涉《圣经》语境时,笔者没有刻意区分"神"和"上帝"两种称谓,而是同时混用之。

[2] 梅尔维尔:《白鲸》,成时译,人民文学出版社,2001,第 211 页。

[3] 本文定稿后,笔者读到了艺术史家潘诺夫斯基(Erwin Panofsky)的杰作 *Studies in Iconology*(1939)的中译本(《图像学研究:文艺复兴时期艺术的人文主题》,戚印平、范景中译,上海三联书店,2011)。潘诺夫斯基在"导论"中提出了艺术史学者在阐释经典艺术作品过程中需要关注的三层意义,其中第一层意义是作品的纯粹形式分析,如线条、色彩、材质、风格等,即对"构图方法"的解释,被称为自然主题(natural)。第二层意义被称为习传主题(conventional),亦即对艺术作品表达的主题和理念的指认,主题与理念的习传性(conventionality)要求艺术史学者非常熟悉其起源与传承,这也就是潘诺夫斯基所谓的"原典知识",这意味着,艺术史学者必须是一个兼通古今学问的大学者。第三层意义是内在的(intrinsic),即对艺术作品中所体现的根本原理、学说、教义的辨认和解释,它们揭示了一个民族、时代、阶层、宗派或哲学学说的基本原则和价值,这是对作品的深度解释,这种解释有可能超出艺术家本人的想象,它是对"人类心灵的基本倾向"的熟知和把握,它要求艺术史学者必须是一个心思敏感、精于思辨的人,一个类似哲学家的人,对这一层意义的把握将考较艺术史学者的综合直觉力、想象力以及对人类心灵法则的洞见力。我们可以不无道理地说,在很大程度上,进入这一层意义的艺术史学者正是梅尔维尔所说的"敏感的人",他似乎综合了帕斯卡尔所说的"几何学精神"(l'Esprit géométrique)

一、《奴隶船》*

这是英国学院派画家约瑟夫·马洛德·威廉·透纳(J. M. W. Turner, 1775—1851)的风景画《奴隶船》(Slave Ship),又名《黑奴贩子把死奴与病奴抛入大海:暴风来袭》(*Slavers Throwing Overboard the Dead and Dying: Typhoon Coming On*),1840 年展出,现存美国波士顿美术馆。这幅画的灵感来自发生在大西洋上针对非洲黑奴的"桑格号大屠杀"惨案(The Zong Massacre)。从 16 世纪到 19 世纪,大约有 2000 万非洲黑人被欧洲人当成奴隶装进了由大型货船改造而成的"奴隶船",他们一律被当做货物处理,用铁链枷锁固定在狭小的格子间里。由于海路遥远,环境恶劣,大约有 1000 万黑奴不堪折磨而死于非命,只有体格强悍者才能幸存下来。贩运奴隶的船主往往都会为他们的"货物"投保,按照"海上紧急抛货条款"(Jettison Clause),在海上每损失一个黑奴可以得到 30 英镑(相当于现在的 37000 英镑)的赔偿。这项条款使得很多船主把生病的黑奴也抛入大海,并捏造理由以骗取保险。桑格号(*Zong*)是英国利物浦一家贩奴公司的奴隶船,1781 年 9 月,在驶往美洲途中,爆发了瘟疫,船长科林伍德(Luke Collingwood)下令将 133 名染有瘟疫的黑奴投入大海,之后,又谎称船上淡水供应紧缺,不得不"紧急抛货",把一部分黑奴投入大海,妄图以此谋取巨额保险,但由于船员告发,惨案终大白天下,激起大规模辩论。二十七年后,美国与英国联合签署了《废除奴隶贸易法案》。六十年后,威廉·透纳在其步入鼎盛之年,向世人展出了这幅风景

与"敏感性精神"(l'esprit de finesse),而且显然更加倾向于后者。如果与潘诺夫斯基图像学的"三层意义"对观,则既可以看到,笔者这项针对威廉·透纳的研究在第一层意义的专业把握方面尚有不足之处,这是笔者作为非学院派的艺术史业余爱好者的缺憾;同时也可以看到,这项研究的主体部分约略是在潘诺夫斯基所谓的第二层与第三层的意义领域内展开,因为这正是笔者的术业专攻与心性偏爱之所在。笔者希望在这两个层面的探索不会让读者过于失望。(笔者补注)

* 请参见本书扉页插图。

画《奴隶船》。

二、《神谱》

与透纳同时代的杰出画论家罗斯金(John Ruskin)在1843年说,如果用一幅画来证明透纳的不朽,那就是这幅《奴隶船》。罗斯金对这幅作品的文字描述本身就具有强烈的视觉冲击力:

> 这幅画是在经过长时间的暴风雨后,大西洋上的一个日落黄昏……画面中大海的整个表面被分成两个巨大的山脊,就像在经历暴风雨的痛苦之后,随着憔悴的深呼吸而起伏的胸膛。在两个山脊之间,落日的余晖洒在大海的凹面,把它笼罩在令人不愉快但却绝妙的光线中,强烈骇人的光彩像金子一般炽热,如鲜血般充盈。沿着这条如火的路径和山谷,把海水分割的摇荡的波浪,也无休止地分开。波浪以黑色的、模糊的、荒诞的形式翻滚着,沿着发亮的泡沫在自己身后留下暗淡的、可怕的投影……波浪之间残留的摇曳不定的空间和激荡的水,被绿色如灯一样的光照亮,反射着落日的金色,强烈渲染成难以辨明的火烧云的形象。在深红或鲜红的火光里,水花跌落在波浪上,给永不停息的波浪注入了猛烈飞荡的新动力。[4]

美国文学巨匠梅尔维尔的长篇小说《白鲸》可以看做是一项对大海习性的深刻研究,但是面对神秘的大海,作者仍然叹息道:"海洋潮水的秘密至今还没有被即使是最有学问的研究家揭示出来"[5]。梅尔维尔对大海的敬畏,古人早有感同身受。荷马在《奥德赛》中对大海的描述已成为人类关于大海的最早想象:"酒色的

---

〔4〕 罗斯金:《现代画家》,第2卷,赵何娟译,广西师大出版社2005年版,第103页。
〔5〕 梅尔维尔:《白鲸》,第200页。

大海”、“广漠的咸海”、“灰暗的海面”、“浩渺的大海”、“灰色的大海”、“云雾弥漫的大海”、“闪光的海水”、“涡流回旋的大海”、“昏暗的大海”、“多游鱼的大海”、“波涛汹涌的大海”、“雾蒙蒙的大海”、“神圣的咸海”、“幽深的海水”、“苍茫喧嚣的大海”、“神奇的海水”、“深紫色的海水”,这些用词简单粗朴,但足以令人隐隐感到大海的神秘。索福克勒斯更是把大海当做人类灵魂的隐喻,因为他发现两者共同秉有一种黑暗的质素:大海拥有海面和海底,正如人类灵魂拥有万般表象和叵测的深渊一样,当它被搅动之际,隐藏在海底的黑暗将涌上海面〔6〕。荷马和索福克勒斯都没有能力去完整地描述大海的真实模样,赫西俄德同样也不能,尽管他把大海的家族编入他的“神谱”。而事实上,把大海列入神界,这本身正是在否定凡人探究大海秘密的可能性,赫西俄德的构想进一步证实了这一点。海神蓬托斯生了三兄弟和两姐妹,但是,其中的两个兄弟却繁衍了截然相反的后代:哥哥涅柔斯与大洋神的女儿“秀发的多里斯”一起生下了五十个神女,她们“优雅”、“妩媚”、“迅捷”、“爱笑”、“圣洁”、“发环华美”、“风姿绰约”、“美丽无瑕”、有着“玫瑰般的手臂”,而且生性和她们的父亲一样“诚实良善”、“从不忘正义法则”〔7〕。弟弟福耳库斯和自己的血亲妹妹刻托却繁衍了好几代怪物——在世界尽头看守金苹果的蛇妖;甫一出生就白发苍苍的格赖埃姐妹;戈尔戈姐妹,其中有命运悲惨的墨杜萨;从墨杜萨的污血中生出来的神马佩加索;被大力士赫拉克勒斯斩杀在海水环绕的厄律提厄的三个脑袋的格律俄涅;神圣无情的厄客德娜,她既不像有死的人也不像永生的神,一半是娇颜的少女,一半是怪诞的蛇,斑驳多变,吞食生肉,住在神圣大帝的深处,不知死亡也永不衰老;厄客德

〔6〕 索福克勒斯:《安提戈涅》,第586—593行,比较第929—930行,以及希罗多德《历史》7.16a。

〔7〕 上古诗圣俄耳甫斯献给“涅柔斯的女儿们”的祷歌这样唱道:“花萼般的脸,纯净的水仙女……你们在深处欢舞,追逐水的路途,五十个年轻女孩儿在浪里狂醉……”(〈祷歌之24〉)。吴雅凌编译:《俄耳甫斯教祷歌》,华夏出版社2006年版,第49页。

娜与天庭的叛军首领提丰交合，生下了格律俄涅的牧羊犬俄尔托斯、看守冥府大门的恶狗刻尔柏若斯、女神赫拉的宠物怪兽许德拉、口喷火焰的客迈拉、毁灭了俄狄浦斯王族的狮身人面兽斯芬克斯，这些都是“无所畏惧的后代”[8]。赫西俄德眼里的大海要么宛如神女般柔媚，波光荡漾，风情万种，要么沦为丑陋、阴森、不可名状的魔兽世界。然而，这两类存在物并非我们想象得那样判若云泥，事实上，二者在深沉的血亲关系中互为表里，互为依存。万般身姿的海的女儿们构成了大海平静的表面，她们是大海的形式（eidos），而在她们可爱的身子下面，隐藏着汹涌浑浊的魔兽世界，它们怪诞的长相是对所有形式（eidos）的否定，它们的存在向我们提示，海的女儿们所编织出来的形式只不过是一种美丽的幻影，只有它们——这些怪诞的存在物所构成的黑暗世界才是大海的主宰，它们是一种非形式，或者说是一种反形式或者无形式，亦即对形式本身的摧毁和消灭，这在最根本的意义上意味着大海的不可理知性，任何描摹大海的尝试都是徒劳的，即使是诗人也不例外。

三、“神说：天下的水要聚在一处”

古希腊诗人们对大海的描摹可谓不遗余力，然而，他们的劳作仅仅使得大海越发神秘莫测、难以索解。我们越是琢磨他们的诗行，就越发同情梅尔维尔的叹息。遗憾的是，我们不知道梅尔维尔是否看到过透纳的《奴隶船》，但我们能够确定的是，这两个人曾经面对过同一片海洋，这片海洋不再是古代异教诗人的神灵魔怪们的栖居之地，而是造物主的伟大作品——《圣经》视野的介入，永远地改变了梅尔维尔和透纳眼中的大海的形式。

透纳画了一辈子大海，唯有《奴隶船》所展现的大海最撼人心

〔8〕 赫西俄德：《神谱》，第240—264行，第337—370行，第265—336行。中译文采纳吴雅凌女士的版本，见吴雅凌：《神谱笺释》，华夏出版社2010年版。

魄。他的大海使笔者想到上帝的创世,尤其是创世之初(前三天)的场景及其基本元素:水、光以及天空(《圣经·创世记》1:1—10)。透纳在创作这幅作品的时候,用的似乎不是油彩,而是上帝创世曾经用过的原始元素:虚空的混沌、深渊、飞跃的圣灵、光、天下的水、由水气凝聚而成的天空。透纳仿佛是在跟从上帝进行着第二次创世。透纳的大海与赫西俄德的大海迥异其趣。在赫西俄德眼中,大海是丑陋的、阴森的,更重要的,它是不可名状的、反形式的,或者说是没有形式,它不仅是反美学的,更是反哲学的(就哲学作为一种对自然秩序的重述和理解而言),它象征着混乱、毁灭、秩序与意义的匮乏。这是一种创世之前的状态,或者说,这是宙斯的奥林波斯神圣秩序之外的状态,是"前政治的"自然状态。赫西俄德完全被古代多神论传统所支配,大海因此被纷争不休的诸神灵所分割、肢解、隔离与占有。让我们看看大海家族诸魔怪的居所吧:格赖埃姐妹在"神的居所(天空)与人的居所(大地)之间"游荡,戈尔戈姐妹住在"显赫的大洋彼岸",佩加索生于"大洋水涛的边缘",三个脑袋的格律俄涅和俄耳托斯在"大洋彼岸"被斩杀、厄客德娜盘踞在"洞穴深处",那是一个"地下国度","神圣大地的深处","远离永生的诸神和必死的凡人",吃生肉的刻尔柏若斯居于昏暗的"冥府",看守金苹果的蛇妖生在"黑色大地的深处"、"世界的尽头"……[9]彼岸、边缘、世界尽头、天空与大地之间、大地深处、乃至阴间冥府,所有这写字眼都暗示着一种被放逐的意义,继而提示着大海的被割裂、被中断、被封闭与"被地方化"的状态。这正是古希腊多神论异教神学的精义所在。与赫西俄德截然相反,威廉·透纳重新统一了大海,他凭借着上帝创世之初曾经使用过的单一但却浑厚的诸元素,复原了大海原始的主权、威势与人格化的愤怒和正义。疯狂的伟力激起滔天巨浪,大海因此而破碎不堪,古老怪诞的海洋家族烟消云散,甚至像卡

〔9〕 赫西俄德:《神谱》,第270—336行。

吕普索、刻尔克、塞壬女妖这些盘踞海上一方并施展巫术统治的诸侯恶霸也踪影全无，碎裂的洋面诚然宣示着“反形式”，但这已经是一种全新的“反形式”了，一种旨在消弭掉所有类似三头六臂、人身蛇面的“反形式”的反形式，这种反形式着眼于一种唯一的、绝对的形式的重建，一种神圣意义的恢复，它是反多神论的无神论，它的目标在于重建对于唯一神的信仰。赫西俄德的大海因为其放逐中的丑恶而令人生厌，透纳的大海因为其统一的神权而令人敬畏。透纳的大海是崇高的——很难想象，崇高，这一古代异教美学的巅峰体验竟然在透纳这幅反异教的作品中实现了。透纳的大海没有任何古怪的形式，因而宣泄着绝对的自由，传达着上帝的绝对权威和神圣正义。此时的大海，唯一地属于造物主，“海洋属他，是他造的”（《圣经·诗篇》95:5，比较 115:16）。在天外强光的透照下，透纳似乎把原来被分隔在遥远的“大洋彼岸”以及“大地深处”乃至围浸着“冥府”的海水都给唤醒了。“神说：天下的水要聚在一处！”（《创世记》1:9），它们便在渊深的海底深处悄悄地聚拢在一处，先是互相挤撞，然后合成一体，最后喷涌而出，赫西俄德用女子的曼妙肢体与魅人倩影拼凑而成的洋面顿时破碎不堪，一切古老的幻象（phantasia）就这样永远地终结了！在这个时刻，透纳的大海甚至不再是上帝的造物，它几乎就是造物主的亲临。这简直就是属于透纳的时刻！透纳的大海彻底摆脱了古希腊多神论异教神学的羁绊，伸张了犹太—基督教传统的唯一神论诉求——透纳就是这样统一了大海。在笔者看来，西洋艺术史上只有透纳一个人理解了《圣经·创世记》第 1 章第 9 节（“神说：天下的水要聚在一处！”）的奥义。

值得提到的是，在透纳展出《奴隶船》的第二年，俄罗斯年轻的浪漫派风景画家伊凡·康斯坦丁诺维奇·艾瓦佐夫斯基（Ivan Konstantinovich Aivazovsky，1817—1900）的名画《混沌：创世》（*Chaos: Creation of the world*, 1941）问世了。这幅画所呈现出的大海与透纳的《奴隶船》里的大海在形状上有着惊人的相似之处，只不过透纳的色调更加火红耀眼,而艾瓦佐夫斯基的色调更加幽暗渊深,前者强调的是一种原始的狂怒和力量[10],后者则凸显出富有神学意义的冥思、缄默和神秘。[11]

艾瓦佐夫斯基对夜色中的大海情有独钟,对月光下的海面钻研尤深,我们很难断定这幅《混沌:创世》的灵感是否来自画家对月下大海的观察,然而,幽暗色调的使用的确能够表现出人们对渊深而不可测的创世之初的宇宙想象。除去色调的显著差异,艾瓦佐夫斯基与透纳的大海几乎是一模一样,因此,既然艾瓦佐夫斯基把自己的作品命名为"创世",那么,这个名字同样可以毫无疑问地适用于透纳的作品。艾瓦佐夫斯基的《混沌:创世》可谓是透纳《奴隶船》的最精确的神学索引。[12] 如果不考虑精神内质,只看外观表现的话,《混沌:创世》与透纳的第一幅展出作品《海上渔夫》(*Fishermen at Sea*, 1796)倒是有着更加直观的相似。这幅画表现的是月色中的大海,这个主题是艾瓦佐夫斯基的最爱,透纳采用的幽暗色调很容易

---

[10] 丹纳(Hippolyte Taine, 1828—1893)曾经指出透纳使用的色彩过于"火爆刺眼",他对这一风格做出过饶有趣味的点睛,他首先认为,绘画的前提是眼睛不经过后天的教育就能够对形体和颜色极端敏感,眼睛应该像嘴巴一样贪婪地享受绘画作品。因为这个原因,德国和英国都没有产生第一流的画家。在德国,"纯粹观念的力量太强大,没有给眼睛享受的余地。"比如丢勒(Albrecht Dürer, 1471—1528)固然杰出,但他"仍然保持他毫无风韵的形体,僵硬的皱纹,丑恶的裸体,暗淡无光的色彩,或是粗鲁,或是忧郁,或者沉闷的相貌;他的作品中流露出奇怪的幻想,深刻的宗教情绪,渺茫而玄妙的推测,说明形式不足以发挥他的精神。"丹纳认为,像丢勒这种人是"生来研究神学而非研究绘画的"。同样道理,英国人也不是为了形式而爱形式,或者为了色彩而爱色彩,他们的气质"太好斗,意志太顽强,思想太实际,太冷酷,太忙碌,没有心思对于轮廓与色彩的美丽细腻的层次流连忘返……有形体的东西对于他们只是一种标志和暗示。"丹纳:《艺术哲学》,傅雷译,江苏文艺出版社,2012,第168—169页。

[11] 西班牙文艺复兴时期杰出的艺术家格列柯(El Greco,即 Doménikos Theotokópoulos, 1541—1614,)喜欢坐在夜晚黑暗的房间里构思他的作品,因为他认为黑夜比白天更加适合于冥思苦想,"明亮的白天会扰乱我灵魂内在的光"。Cf. Mary Acton, *Learning to Look at Paintings*, Routlege, 2008, p. 82。

[12] 《混沌:创世》问世当年,就被教皇格里高利十六世买去装饰梵蒂冈画廊。第二年,透纳在罗马与比自己年轻25岁的艾瓦佐夫斯基会面,尤其对后者的《月光下的那不勒斯海湾》(*The Bay of Naples by Moonlight*, 1842)深深折服,以至于用意大利文撰写了一首赞美诗献给这个俄罗斯人。

令人想到艾瓦佐夫斯基。然而,这两幅画的相似只是表面现象,它很容易欺骗那些草率的眼睛。居于《海上渔夫》中心位置的渔船以及船上那盏灯笼透出的桔色微光为整个画面投射出了一种凡俗温情的氛围,而这种人世间的思想却是艾瓦佐夫斯基的《混沌:创世》所没有的,后者完全被创世神用古初的创世元素围浸在一片神圣、崇高和没有被人烟侵染的原始隐秘之中。在那里,没有别的,唯有神的灵运行在水面上。

四、"水便分开,海就成了干地"

"谁用无知的言语使我的旨意暧昧不明?"(《圣经·约伯记》38:1)。上帝曾经以造物之奇妙反诘乌斯的义人约伯。其实,把这项反诘施之于赫西俄德是再合适不过了。"我立大地根基的时候,你在哪里呢?……海水冲出,如出胎胞,那时谁将它关闭呢?是我用云彩当海的衣服,用幽暗当包裹它的布,为它定界限,又安门和闩,说,你只可到这里,不可越过。你狂傲的浪要到此止住"(《约伯记》38:4—11)。又有什么言辞能比这几行圣言更精准地解释透纳的大海呢?"海水冲出",宛如被释放的神怒,瓦解着丑陋的旧形式;"为它定界限……你狂傲的浪要到此止住",则喻示着造物主强大的节制力,它终将服务于新形式与新秩序的缔造[13]。

然而,恰恰是在"创世"的巅峰时刻,一个最神圣的时刻,上帝的自由主权与神圣秩序突然遭到了挑战:一具黑奴的尸体被汹涌的波涛抛到画面的最前端,铁制的枷锁仍然牢牢地地箍在灰暗的脚腕上,触目惊心,就在旁边,另外几只手正挣扎着,更多的枷锁在海水

---

[13] "你定了界限,使水不能过去,不再回转遮盖地面。"《圣经·诗篇》104:9。上帝的烈怒及其节制,《圣经·约拿书》提供了一个最佳范例。参《约拿书》第4章。梅尔维尔的《白鲸》第8—9章曾在这卷书上大做文章,为美利坚民族的海洋精神提供神学论证。笔者对此另有专文研究。

里时隐时现,而远处,一艘三桅奴隶船正在被巨浪卷入混沌的背景中……我们知道,在上帝创世的六天中,第三天造了大海,而造人却是在第六天,人与人之间的残杀则是在第二代发生的事情[14],至于人类造船的技艺更是远在一千六百五十六年以后的事情了(《创世记》5:3—7:6),其时,地上充满了强暴,人世已经普遍堕落(《创世记》6:13)。被残害的人体、幽灵一般的三桅船、铁制的枷锁,这些人类世界的堕落元素本来属于一个更加晚近的世代,但此时,它们却提前闯入了不属于它们的神圣领域——大海,以及不属于它们的神圣时刻——创世的第三天。世上再没有第二个人比透纳更深刻地洞察到自由和奴役这两种秩序是何等地不共戴天了。这艘奴隶船的突然闯入使罗斯金把船的色彩判定为"罪恶的色彩":

> 中空的细碎的蓝紫色的波浪的骇人投影被投射在傍晚的雾气上,聚合了寒冷与低沉,前行时就像奴隶船在大海上空的闪电中挣扎,笼罩着死亡的阴影。它脆弱的桅杆以血红的线条出现在空中,这充满了罪恶的色彩以及周边的可怕的色彩让天空充满了恐怖,把燃烧的血和光混合在一起,随着阴森海浪和铅灰色的浩瀚大海的孤寂的叹息掷向远方。[15]

罗斯金的感觉太敏锐了,他对哪一处是罪恶的色彩、哪一处是恐怖的色彩的分布和理解非常人所能及。但是,他如果能够在这个地方提及《圣经·出埃及记》第14章第21—30节,那该多么完美啊!这是笔者对这位天才评论家的最大遗憾。罗斯金正确地看到了大海中央的陷落部分正在形成一个巨大的仿佛山谷一样的凹面:

> 画面中大海的整个表面被分成两个巨大的山脊,就像在经历暴风雨的痛苦之后,随着憔悴的深呼吸而起伏的胸膛。在两

〔14〕 即该隐杀害亚伯的事情。见《圣经·创世记》第4章。

〔15〕 罗斯金:《现代画家》,同前,第104页。

> 个山脊之间，落日的余晖洒在大海的凹面，把它笼罩在令人不愉快但却绝妙的光线中。[16]

这个凹陷部分的海面被天空的强光透照着，光影在海面上形成了一条路，被起伏的海水撼动着，尽管歪歪扭扭，但仍然执著地通向天空。这象征某种艰难但明晰的拯救与自由。在这条由光所形成的道路的两边，是汹涌的浪脊，所有罪恶的证据（船、枷锁、死尸、挣扎的黑奴）都被裹挟其中，它们随着翻涌的巨浪，滚滚而来，即将被中间的“光谷”所吞噬。对于这幅混合着人世的罪恶与神义的恐怖，以及奴役、自由与解放的图景，还有什么文字能比《圣经·出埃及记》第14章第21—30节更有解释力量呢？

> 摩西向海伸杖，耶和华便用大东风，使海水一夜退去，水便分开，海就成了干地。以色列人下海中走干地，水在他们的左右作了墙垣。埃及人追赶他们，法老一切的马匹，车辆，和马兵都跟着下到海中。……耶和华对摩西说，你向海伸杖，叫水仍合在埃及人并他们的车辆、马兵身上。摩西就向海伸杖，到了天一亮，海水仍旧复原。埃及人避水逃跑的时候，耶和华把他们推翻在海中，水就回流，淹没了车辆和马兵。那些跟着以色列人下海（的）法老的全军，连一个也没有剩下。以色列人却在海中走干地，水在他们的左右作了墙垣。当日，耶和华这样拯救以色列人脱离埃及人的手，以色列人看见埃及人的死尸都在海边了。

造物主既然能够让“天下的水聚在一处”，他也必然能够再把它们分开——这是笔者从透纳的大海的凹陷部分所形成的那道光谷中所领悟到的神秘意义。这种令“沧海奔逃”、让“约旦河倒流”

〔16〕 罗斯金：《现代画家》，第103页。

的魔力,和塞壬、刻尔克、卡吕普索等古代异教的魑魅魍魉所持有的可怜巫术不可同日而语,这是神圣秩序的呈现、神圣正义的执行(《圣经·诗篇》114:3,比较104:7),正如先知以赛亚所述:"使海与深渊的水干涸,使海的深处变为赎民经过之路的,不是你吗?"(《圣经·以赛亚书》51:9)[17]

凹陷的光谷也是艾瓦佐夫斯基的画笔下的一个频繁出现的主题,比如前述《混沌:创世》就是一个显著范例。关于光谷与道路的神秘融合,对于浸淫在19世纪俄罗斯宗教思想的黄金时代的艺术家而言,是再自然不过的神学遐想了。这一点,在艾瓦佐夫斯基的《夜间的海上风暴》(*Storm on the Sea at Night*, 1849)、《九级浪》(*The Ninth Wave*, 1850)、《海上落日》(*Sunset on the Sea*, 1851)、《月光下的大海》(*View of the Sea by Moonlight*, 1878)、《波塞冬海上巡行》(*Travel Poseydon on the Sea*, 1894)等作品中有着优美的表达。

五、"神就造出空气,称空气为天"

在《奴隶船》中,天空占据了画面的一多半空间。研究透纳的大海,必须要研究透纳的天空。这里,诉诸古希腊异教诗人"无知的言语"依然是于事无补的。赫西俄德说,"大地最先孕育与她一样大的繁星无数的天空"[18]。古代异教诗人告诉我们,天空从大地而生,不仅屈从于大地,并且被大地及其泰坦神子们所憎恨和阉割[19]。透纳绝无可能忍受这种关于天空如此屈辱的思想,正如约伯的神不能忍受约伯的"虚妄"与"无知"一样[20]。"你知道天的法

---

〔17〕 在古希腊异教文献中,笔者检索到至少有一个地方提到了分开大海的思想。荷马:《奥德赛》,第3卷,第173—174行。"神明要我们把辽阔的海水从中央分成两半。"

〔18〕 赫西俄德:《神谱》,第126—127行。

〔19〕 赫西俄德:《神谱》,第154—187行。

〔20〕 参《圣经·约伯记》35:1。

则吗？能使地归在天的权下吗？”（《圣经·约伯记》38:33）“谁能明白云彩如何铺张，和神行宫的雷声呢？他将亮光普照在自己的四围。他又遮覆海底。他用这些审判众民，且赐丰富的粮食。他以电光遮手，命闪电击中敌人。所发的雷声显明他的作为，又向牲畜指明要起暴风”（《圣经·约伯记》36:29—33）。在透纳笔下，大地尚不见踪影，天空是唯一的。

透纳的天空的全部秘密都隐藏在《圣经·创世纪》第1章第6—8节的文字中，也就是上帝创世的第二天。

> 神说：诸水之间要有空气，将水分为上下。神就造出空气，将空气以下的水、空气以上的水分开了……神称空气为天。

罗斯金所好奇的是上帝分开众水的那道空气，希伯来文称之为shamayim，《圣经》詹姆士国王钦定本译作dome，也有译作firmament或者heaven的，中文作“空气”或“苍穹”，它把众水上下分开，它居于中间，它下面的水在创世第三天被上帝“聚在一处”成为大海。处于中间位置的“天空”或者“苍穹”像谜一样令罗斯金好奇，而且，他似乎在透纳的画中找到了谜底。换句话说，罗斯金觉察到，透纳展示了古代的约伯所不知道的“天空的法则”。在透纳的提示下，罗斯金把天空与绚烂壮观的云彩等同，当他继而把云彩理解为上帝的圣殿、居所、宝座与脚蹬的时候[21]，一切谜团豁然开朗。罗斯金的解释是纯然《圣经》式的，透着中古犹太拉比的神秘、独断与敏感的色彩。罗斯金写道：

> 我们发现上帝在以色列人面前从柱状的云朵中出现，在西奈山上的一朵云彩中现身；在云朵中上帝在御座上露面……用云朵装饰所罗门的神殿；在橄榄山的信徒面前升入一朵云彩，

---

〔21〕 罗斯金：《现代画家》，第4卷，丁才云译，第86页。

> 再以相同的方式进行审判……在赞美诗中,云彩与天空是可以互换的词语,它们都表达了上帝的神力,"他折弯了天空,然后来到下面"……"你的仁慈存在于天空中,你的信仰存在于厚厚的云彩中。"再看看,"云彩和黑暗包围着他,他的宝座建立在公正以及审判上;天空宣告了他的公正,所有人都可以看到他的荣耀。"[22]

居于中间位置的天空或者苍穹被弥尔顿(John Milton)理解为一道充盈着灵气的圆球状的屏障,保护下面世界免受原始混沌的乱流的侵扰,后者居于屏障之外,在创世之前就已经存在了:

> 天神又宣布说:众水之间
> 当有苍穹,众水和众水要分开!
> 于是就造成了苍穹:那流动的,
> 清洁的、透明的元素空气(便)扩展,
> 直扩展到这大圆球的极外凸面;
> 扩展到分隔上下水的坚牢岩壁。
> 因为他把世界筑在平静的水上,
> 犹如地球一样,筑在广阔的,
> 在水晶大洋中周流的平静的水上,
> 远避混沌的骚扰和紊乱,
> 免得接近这样狂暴的极端
> 致使整个结构蒙受不安。
> 他把这个苍穹叫做天。[23]

在弥尔顿的想象中,天空或者苍穹以拱形向外和向下扩展开来,紧

〔22〕 罗斯金:《现代画家》,第4卷,第87页。

〔23〕 弥尔顿:《失乐园》,第7卷,第261—274行,收于《弥尔顿诗选》,朱维之译,人民文学出版社1998年版。

密地包裹住凡人将要定居其中的世界。这种包裹或者覆盖具有保护、安抚的意思,从中可以引申出统治、主权以及审判——弥尔顿已经暗示到了天空与上帝的密切联系了。罗斯金显然注意到了弥尔顿的思想,以至于这拱形的天空让他想到了天使张开的翅膀。可能正是在弥尔顿的激发下,罗斯金以史诗般的文字写下了自己对“天空法则”的领悟:

> 我能够理解为什么人们用天空去指示云彩中最崇高的法则。这一法则就是:正如(海洋的)大片水域形成于大地的表面,这片水域也应该在高空中蔓延开来——云彩的颜容呼应着大海的颜容;高居天空的这片区域由水铺张而成,有着荣光四射的本性,它们不但不会遏阻火焰,反而在胸中酝酿着烈火;它们不再因为被狂风扬起或被巨岩分开而被迫发出低低的呻吟,而是用自己的声音在地极与地极之间遥相呼应;它们不再囿陷于纹丝不动的海湾,也不再被导入千年不变的航道,而是随心而动,像天使的军团那样,在山巅之间选定自己的露营之地;它们也不再总是那么惶然地下坠,跌入漆黑的深渊中,而是展开它们的翅膀,覆盖东方与西方,仿佛一袭多彩的长袍,用紫线和红线织成,镶着火焰,把无边的远方的阴郁扫除净尽。[24]

隐藏在透纳的画面中并被罗斯金发现的“天空法则”是一种关

〔24〕 罗斯金:《现代画家》,第4卷,第89—90页。中文版的译文并没有如实传达出原文的意思,笔者这里根据原文重新译出,外文原文电子版参见以下链接:http://www.gutenberg.org/files/31623/31623-h/31623-h.htm#page082。

于主权与统治的法则[25]。中世纪最伟大的犹太解经学家迈蒙尼德(Moses Maimonides,1135—1204)曾经提醒他的学生在理解天空与上帝的关系的时候要密切注意四个词:创造(baro)、制作(assoh)、拥有(qa-noh)和上帝(el)。上帝创造、制作、拥有天空。这是典型的《圣经》思想,在表述这一思想的时候,最常用的就是上面这四个词。比如,"神(Elohim)创造(bara)天地"(《创世记》1:1),"在神(Elohim)造(assoth)天地的日子"(《创世记》2:4),"天地的主(qoneh)[占有者]"(《创世记》14:19)。其中,"Elohim"是一个多义词,有上帝、天使和君王以及城邦统治者的意思,最后一层意思尤其显著[26]。迈蒙尼德洞察到,在表述上帝创造天空这层意思时,《圣经》没有使用 yesirah 这个词,这个词的意思是"给予形式"(forming),也就是把某种形式给予已经存在的质料上,比如上帝用尘土造人和各种活物,就是把人和活物的形式给予了尘土,用的就是 yesirah 这个词。但是,在表述上帝创造包涵天与地在内的宇宙整体时,《圣经》用的词就是 baro,这个词的意思是把存在从虚无中带出来,也就是《圣经》独有的"无中生有"(creatio ex nihilo)的伟大思想。某种事物从虚无中被创造(baro)的同

〔25〕《圣经》中关于天空、云彩、统治等思想,参考《出埃及记》13:21, 16:10, 19:9, 24:16, 34:5;《利未记》16:2;《民数记》10:34;《士师记》5:4;《列王记上》8:10;《耶利米哀歌》3:44, 3:50;;《以西结书》1:4;《但以理书》7:13;《马太福音》24:30;《贴撒罗尼迦前书》4:17;《启示录》1:7。对于透纳在这方面的思想及其表现方式,我们依然能够在艾瓦佐夫斯基的《世界大洪水》(*The World Flood*, 1864)中找到深刻的索引,后者在刻画原始的自然诸元素对人类的审判与惩罚这层思想时,从布鲁洛夫(Karl Brulloff, 1799—1852)的杰作《庞培城的末日》(*The Last Day of Pompeii*, 1830—1833)中得到了最好的灵感。和透纳一样,这两位俄罗斯画家在表现狂暴的自然元素向人世倾泻天灾的时候,都突出了光的至高地位,正是由于光的存在,世界才没有沦入彻底的绝望、混乱和死亡,光一方面带来灾难与惩罚,另一方面则暗示着秩序和希望,它既是致死的,却也赐予新生。这当然是犹太—基督教的思考习惯。参《何西阿书》6:7:"我施行的审判如光发出。"比较透纳绘于 1800 年的《埃及的第五灾》(*The Fifth Plague of Egypt*)。

〔26〕Moses Maimonides, *The Guide of the Perplexed*, translated with an Introduction and Notes by Shlomo Pines, with an Introductory Essay by Leo Strauss, The University of Chicago Press, 1963. pp. 23—26. 中译文参迈蒙尼德:《迷途指津》,傅有德等译,山东大学出版社 1998 年版,第 24—28 页。

时也就被赋予了永恒的归属于这一事物的本性(nature),而给已经存在的质料赋予形式(yesirah)只不过是给这一业已存在的事物增添某种偶性(accident)。比如,上帝用尘土造人和活物,只不过是给尘土增添了"人"和"活物"的形式(eidos),尘土是永恒不变的,唯有形式在变,形式就是一种偶性。迈蒙尼德提示他的学生,在表述上帝创世这个思想时,《圣经》使用了能够传达"无中生有"这层意思的baro这个词,这显示了上帝在他的造物面前是绝对自由的,他不像古代异教传统中的创世神(德穆格)那样仅仅在给定的原始质料上面添加种种偶性,那只不过是奴性十足的泥瓦匠人而已,这个匠人与他的作品之间的关系是不稳定的、偶然的,因为他只创作了偶性[27]。从虚无中创造,表明了上帝对他的创造物的绝对的拥有和统治,因为是他所赋予他的造物的,不是偶性,而是本性。正是这个原因,《圣经》总是用 Elohim 这个表示君王和统治者的词来指称上帝[28]。

赫西俄德也看到了天空对大地的覆盖这一史诗般的思想,但是,他以纯粹自然肉欲的言辞解释了,或者说,扭曲了这一思想。天空,那上帝的居所,在异教诗人这里成了一种欲望的囚徒:

> 广大的乌兰诺斯带来了夜幕,
> 他整个儿覆盖着该亚,渴求爱抚,
> 万般热烈……
>
> (《神谱》,第 176—178 行)

〔27〕 阅读古希腊文史与哲学著作的一个基本印象就是字里行间弥漫着惶惶不安和宿命论的感受,究其根本原因,就在于古希腊人的造物主(德穆格)和世界之间的关系是偶然的,他只贡献了世界的偶性,也就是说,他没有能力支配宇宙整体,后者的本质性质居于他的能力之外,他无法在最根本、最完整的意义上保护这个世界。如果比较前文引述的弥尔顿《失乐园》(第 7 卷,第 261—274 行)关于"苍穹"的诗文,则可明晓希腊思想和《圣经》思想之根本差异所在。

〔28〕 Moses Maimonides, *The Guide of the Perplexed*, pp. 348—359. 中译文参迈蒙尼德:《迷途指津》,第 329—330 页。(中译文与英译文略有出入)

在古希腊神话中,“爱欲”(Eros)是最古老的神明,与“混沌”、“大地”、“地狱”同属“神谱”中的第一代神明。赫西俄德这样描述“爱欲”:“永生神中数他最美/ 他使全身酥软,让所有神和人/ 思谋和才智尽失在心怀深处”[29]。“爱欲”身居如此高位,与古希腊宇宙论中的“生成”思想息息相关,生成需要爱欲来催发。在《圣经》传统中,与“爱欲”约略对等的是“神的灵”,《创世记》第1章第1—2节说的“起初……神的灵运行在水面上”就是这个意思。“神的灵”与古代异教徒的“爱欲”表面对等,但实质上有着霄壤之别。正如赫西俄德所暗示的,“爱欲”作为世界的动力因,深深地嵌入了世界的身体中,尤其是“大地”的身体中,因为大地是万物之母,所以秉有来自“大地”的质料性的黑暗品质。对于世界万物,“爱欲”在有限范围内施行着一种暴政,他自身也深受体内这种暴虐力量的摧残之苦,所以才会有古希腊诗人把“匮乏”称作爱欲的母亲,“匮乏”表征着自身的不完满的状态,并产生了对完满状态的渴求,“爱欲”就是这样奴役着自己,也奴役着万物[30]。与古希腊异教传统不同,《圣经》传达了另一种思想:“神的灵”没有嵌入世界,尤其没有嵌入大地,他仅仅运行在水面之上。这暗示着神和世界的关系不是生成性的,而是创造性的,“你发出你的灵,它们便受造”(《圣经·诗篇》104:30)这句话说的就是这个意思。神创造了世界,但自身却以绝对自由的身姿处在世界之外。这样一来,有别于异教徒的自然宇宙论,《圣经》的“创世论”就提出了一种全新的统治方式。“神的灵运行在水面上”这句话还有一层更加隐秘的意思,那就是神通过水创造了世界,并凭借水对世界施行统治,正如《诗篇》所说,“你用深水遮盖地面,犹如衣裳”(《圣经·诗篇》104:6),“他把地建在海上,安定在大水之上”(《圣经·诗篇》24:2)。所以,古代希腊异教思想中的“爱

---

〔29〕 赫西俄德:《神谱》,第120—122行。
〔30〕 参柏拉图在《会饮篇》中讲述的关于爱欲的故事。

欲”是一种与土地和暴政有关的思想[31]，而《圣经》中的“神的灵”则传达了关于水和自由的讯息。“爱欲”和“神的灵”表示完全不同的统治思想，二者的差异构成所谓“雅典”与“耶路撒冷”的冲突的根本内容。[32]

罗斯金令人惊奇地指出，天空是由水组成的，它不仅不会使火熄灭，而且本身蕴含着火焰，因而光辉夺目。这显然是针对透纳的大海与天空二者水火交融的画面而言的，这本是一种诗化的宣泄，然而，却无意中触碰到了《创世记》中最玄奥的秘密，即上帝第二天的创世内容，那就是把众水隔开的天空（《创世记》1:6—8），这曾经引起古代解经家们的高度关注。为什么？天空下面，是凡人的世界，它是可见、可触、可知的；天空之上的那一面，则是不可见、不可触、不可知的领域，是“渊面黑暗”的“空虚混沌”（《创世记》1:2），也就是弥尔顿想象中的原始混沌，凡人也许永远都不会去关心它；唯有居于中间位置的天空，它高悬于凡人的头顶，可见，但又不可触，它与凡人的世界有着明显的差异，但是凡人偏偏又可以遥遥地仰望着它，因此很可能是凡人除了自我认识之外最渴望认识的东西，它将激起他们无穷的想象和思索，并由此诞生最深邃的真理和最荒谬的偏见。事实正是如此，几乎所有民族在其童年时期的诗学、神学乃至哲学都是围绕“天问”而展开的，而人与人、族与族之间的分殊、世仇和争战也随之而来。比如，赫西俄德说：

大地最先孕育与她一样大的

---

〔31〕 宙斯建立了奥林波斯新朝代以后，很多前朝老神也得到了重新整编和委任，其中“爱欲”与爱神阿佛罗狄忒合二为一（有种说法认为她是爱欲之母），俄耳甫斯献给阿佛罗狄忒的祷歌甚至尊其为“命运之母”，可见威力不凡。“因为万物都从你而来，你把宇宙掌于轭下，号令三个王国，赋予一切生命，无论是天空、丰盛的大地，还是深沉的大海……你以爱欲疯狂的迷药，掌控人类和无数兽类，使之深陷不可征服的欲望”。（《祷歌》之55）。吴雅凌编译：《俄耳甫斯教祷歌》，第101—102页。

〔32〕 比较前文引述过的迈蒙尼德对《圣经》中关于上帝与天的表述的分析。关于上帝凭借水而统治世界，参下文分析。

繁星无数的天,他整个儿罩住大地,
是极乐神们永远牢靠的居所。

(《神谱》,第126—128行)

这就是古代异教的天空,它被一群不死的怪力乱神占据着。《创世记》第1章第6—8节则提出了不同的想象。上帝造出空气,把众水上下分开,神就把中间的空气称为天空或者苍穹。迈蒙尼德认为,不能仅仅从空间意义上去理解上帝分开众水的意思,正确的理解应该是,因为上帝在众水之间分配了不同的形式(eidos),众水才有所区别,但是,这种区分是偶然的,因为前面已经说过,形式是偶性,水的本性却没有变。比如上帝把天空下的水聚在一处,"称水的聚处为海",这并不意味着大海与天空上面那部分水就是不一样了的。迈蒙尼德说,事实上,天空本身也是水的一种偶然的形式。他引述古代拉比的语录说,"中间部分的水珠凝聚(而成天空)"。水作为一种共同的元素而先在着,之后,上帝按照三种形式把它们分开,最下面的成为大海,中间部分成为天空,第三部分居于天空之上,完全与大地隔离,也就是说,它居于凡人的眼睛与思想之外。迈蒙尼德说,这一部分居于天空之上的水与我们所知道的水全然不同,上帝为我们指示了一条全然不同的道路去认识它,这条道路最终将通向"非凡的秘密"[33]。我们可以不无理由地猜测,这部分水很可能就是神的灵运行其上的水,是创世行动刚刚开始就已经存在的那部分没有接纳任何偶然形式的最初元素。

迈蒙尼德提醒我们注意到,《圣经》在叙述上帝创世的六天中,只有第二天没有出现"神看着是好的"这句话。这使得第二天的创世工作和内容非同凡响。古代拉比们对此的解释是,第二天的创造

〔33〕 Moses Maimonides, *The Guide of the Perplexed*, p. 352—353. 中译本没有体现出这层关键意思,或许是所据英文本(Michael Friedländer, 1881年初版, 1904年修订)错漏所致,参迈蒙尼德:《迷途指津》,傅有德等译,第324—325页。

没有最后完成。用哲学语言表述出来就是,天空以及天空以上的那部分水还没有接纳特定的形式,换言之,它们还没有受到偶性的沾染,仍然保持着创世之初的原始元素状态,或者说,它们尚未进入时间,它们仍然与"神的灵"紧贴在一起。迈蒙尼德观察到:在那些业已存在的事物中,凡是提到那些被造的、已经进入时间中的、并且具有永久稳定的完成态势的,《圣经》都会使用"神看着是好的"这句话,这类事物包括白昼、黑夜、海洋、陆地、植物、众星、活物、人。这些事物之所以"是好的",乃是因为它们首先是可见的,其次,它们有助于使已经存在的事物的永久持存。此处"好的"这个措辞采纳的是一种功利性意义的理解,尤其是对于大多数人都需要且都能理解的那种功利性[34]。迈蒙尼德以此暗示,第二天的创造物(天空以及天空以上都被称为"水"的部分)不具备这里所说的功利意义,它们承载着某种神秘的意义:

> 你将明白,天空以及天空上面,也就是我们称之为水的领域里,隐藏着某种神秘的东西。如果仅仅用肤浅的思想去考虑这个领域的外在意义,那么这个领域根本就不存在。因为,在我们凡人和天空的最底层之间,除了简单的诸元素之外什么也不存在……这个判断更加适合于天空和天空以上的领域……那是一个不可能存在的领域,完全超出了我们的想象。但是,如果考虑它的内在意义以及真实意图,那么它就变得更加神秘了。它不得不成为一个被隐藏的秘密,免得一般人贸然地探究它。……对于一种其真实意义被隐藏,其外在意义又不具有一般人所显而易见的功用性的事物而言,怎么可能说"它是好的"呢?[35]

---

[34] Moses Maimonides, *The Guide of the Perplexed*, p. 354. 这段话非常重要,可惜在中译本中全部丢失,参迈蒙尼德:《迷途指津》,傅有德等译,第 325 页。

[35] Moses Maimonides, *The Guide of the Perplexed*, p. 353—354.

天空以及天空之上这片领域究竟隐藏着什么神秘的东西？它会不会是谁的居所呢？迈蒙尼德的解释具有一层强烈的神学—形而上学的暗示意义，它有助于我们理解威廉·透纳在画布上展示出来的天空法则，并佐证约翰·罗斯金的卓越洞见。对于这片神秘的领域，迈蒙尼德补充了一句话，意味可谓深远："尽管它表象着（represents）存在物的一大部分，但是它本身并没有构成（constitute）存在物之永久持存下去的目的（purposed end），因此，它并不适用'它是好的'这句话"[36]。那这句话换成神学语言就是，上帝高高地隐藏在云彩做成的宝座中，并不参与世界历史的进程[37]。《圣经·诗篇》中的诗文把这个意思表达得再好不过了："以云彩为车辇，借着风的翅膀而行。"（《圣经·诗篇》104：3）这里的"风"就是《创世记》第1章第2节中的"神的灵"。亚里士多德在其最具神学品质的著作《宇宙论》中表述了同样的思想，他说，神的"座位"实不在我们所见到的宇宙中心，即大地之上：

> 我们一向把这烦扰的世界（地球）认作宇宙的中心，但全净的神，高举自己，直上到全净的区域，那里我们称之为上天（Ouranon），这区域正出于宇宙的边界（horos），也就是最高层，我们又称之为奥林波斯（Olympos），这也是恰当的，因为这里也是全明的（holos-lampein），这里，全不同于我们在这大地之上，时而受到暴风雨的干扰，那么就全然宁静，而且全免于黯冥的阴影（《宇宙论》400a2—10）。

在亚里士多德的天文与天象学说里，居于天穹最高层的是"第

---

〔36〕 Moses Maimonides, *The Guide of the Perplexed*, p. 354. 中译本此节全部误译，参迈蒙尼德：《迷途指津》，傅有德等译，第325页。

〔37〕 参迈蒙尼德对《圣经》中上帝以"天空"为"宝座"（kisse = throne）的思想的解释。迈蒙尼德：《迷途指津》，傅有德等译，第36—37页。参照《圣经·以赛亚书》66：1（"天是我的座位"），《圣经·耶利米书》17：12（"我们的圣所是荣耀的宝座，从太初安置在高处"），《圣经·耶利米哀歌》5：19（"你的宝座存到万代"），等等。

五元素”以太构成的天体群星，这一最高层级的最底层是月亮，月亮之下，一直到地球表面，就是所谓大地或曰人世间的领域，拉丁人所谓的 mundus。笔者记得读迈蒙尼德的时候，经常碰到“月下”（sublunaris）这个词，指的正是这月亮下面的人世间。充塞于月下层域的就是火、风、水、土四大元素。有别于“第五元素”——以太——的宁静澄明，月下的这四种元素有着变幻不定的好动性格，它们由于冷热干湿而发生永无休止的分分合合，继而在月层天一直到大地表面的层域形成云、雨、霜、露等天象与气象的巨大易变，给人世间带来颇多纷扰。亚里士多德上引文中所谓“烦扰的世界”说的就是这个意思。烦扰的月下世界与全然宁静的月上领域差别很大。亚氏甚至摘引了荷马的诗文（《奥德赛》6:42—45）来说明月上那片天空是何等净朗：

> 传说那里是神明的居地，永存不朽，从不刮风，从不下暴雨，也不见雪花飘零，一片太空延展，无任何云丝浮动，笼罩在明亮的白光里。

这就是“崇高天体”的居所。亚氏是怎样描述月下世界呢？

> 反顾于地上的众众，它们既是易于变化的，这就随时而积有前后种种的差别，随地而做成形形色色的异态。从今以先，在不同的区域，曾有剧烈的地震，坍裂了的大地；暴雨骤至，洪水泛滥于地面，淹没了道路；海浪时或内侵，沉浸了旱陆，时或退落，干涸了长滩；狂风飓飙有时摧毁整个城邑；大火烈焰有时从天而降。（《宇宙论》400a23—30）

这“月下世界”像极了中古早期神学家爱留根纳在《自然的区

分》中划分出的"第三种自然"。[38]

如果参照亚里士多德—迈蒙尼德的解释,我们不难捕捉到《圣经·创世记》第1章第7—8节的精审用词的个中意味。"神就造出空气……神称空气为天"(et fecit Deus firmamentum... vocavitque Deus firmamentum caelum)。这并非简单的语义重复,而是因为"空气"(firmamentum)更为原质、神圣,而"天"(caelum)已经贴近了尘世,前者是神的居所,后者是属人的,二者有着深刻的等级差异。从类比意义上看,这一点很像古代诗人针对"火"所构造的等级差异:据意大利古学宿儒、《十日谈》的作者薄伽丘说,宙斯掌管的火是处于原质态的"火元素"(elementatum ignis),而他的儿子赫淮斯托斯掌管的火则是初具可感形态的原火(ignis elementatus),后者的等级低于前者,以此类推,我们不妨说,普罗米修斯为人类盗取的天火就居于更低的等级了,因为它可以被凡人直接使用。简言之,越感官化,等级越低[39]。由此可推知,上帝最初创造的"空气"(firmamentum)仿佛宙斯的火元素,不为凡人所感知,它就是迈蒙尼德所指的天空之上的那片神秘领域,在它下面,则是贴近尘世的领域,上帝给它取了另外一个名字,叫"天空"(caelum),它不仅可知,而且可感,这片领域也正是亚里士多德的《天象论》(*Meterologica*)研究的对象。迈蒙尼德对"天空"的研究方式也许可以用来分析《圣经》中的"光"的难题。《圣经·创世记》开篇就说,神在第一天创造了光,然而,我们知道,

---

〔38〕 爱留根纳(Johanne Scotus Eriugena),"神秘神学"创制人,著有《自然的区分》(*De Divisione Naturae*),希腊文写作 *Periphyseon*,书中把自然整体被区分成四个部分,第一部分创造它物但不它物创造(that which creates and is not created),这就是作为创世主的上帝;第二部分被它物创造而且其自身也创造它物(that which is created and creates),这被指为柏拉图的理念世界;第三部分被它物创造而且自身也不再创造它物(that which is created and does not create),这部分被理解为异教诸神构成的世界,它曾经在《上帝之城》第6—7卷中被奥古斯丁严厉批判;第四部分既不是被创造,其自身也不事创造(that which is neither created nor creates),这仍然是上帝,却是作为终极目的的上帝。第三部分正是亚里士多德所指的"烦扰的世界"。

〔39〕 参薄伽丘:《异教神谱》(*Genealogia deorum gentilium*)第12卷,第70节,转引自潘诺夫斯基《图像学研究》,前引书,第47页。

神直到第四天才创造了发光体，即太阳、月亮和诸星辰。这一创造次序的前后矛盾可谓“六日创世”最显著的难题。套用迈蒙尼德对“天空”的解释理路，我们不妨推说，第一天所创造的光是元素意义上的光，它和诸光体（太阳、月亮、诸星辰）不一样，前者更原质，与凡人居住的“月下世界”绝对隔离，而后者已然映照着“月下世界”，与尘世处于水乳交融的状态了。奥古斯丁在《上帝之城》第10卷第2节讨论了普罗提诺看到的“光”，并在此前提下提示读者去把握《约翰福音》1:6—9那段关于施洗约翰的文字：施洗约翰不是光，他只是为光作见证的。笔者认为奥古斯丁这一点提醒颇有启示意义，我们不妨顺着他的意思说，太阳、月亮与诸星辰本不是光，它们只是光的见证。《圣经·创世记》的“光”的难题或许在这条思路中约略可以得到解答。而且，笔者相信，这条思路也是理解透纳的天空（以及他的光）的唯一门径。他的天空和他的光是富有神性的，甚至似乎是通往天堂的，以至于笔者总要猜想，但丁的“净火天”可能就是这个样子吧。——但丁显然是另一位“光学”大师。

到此为止，我们终于可以来静静地感受罗斯金是用何等崇高的文字渲染透纳的天空法则了：

> 这，我相信，就是天空的法则（ordinance of the firmament）；对于我而言，在与天空之间身体性的切近中，上帝意在使我们感知到他直接的临在，他在看顾我们、判断我们、赐福给我们。“那时，地见神的面而震动，天也落雨”[40]，“（神）把虹放在云彩中”[41]，藉此，在落雨飘零的沙沙声中，他恢复了永恒圣爱的许诺。“神在（天空中）为太阳安设帐幕”[42]，如果没有天空壮美的围浸与温文的伺服，它势必在昏暗的虚空中燃烧着炙热难耐的

〔40〕《圣经·诗篇》68:8。
〔41〕《圣经·创世记》9:13。
〔42〕《圣经·诗篇》19:4。

> 火焰;清晨,天空的云彩为它的车轮铺就了金色大道;正午,天空的云彩为它的临在筑起了光芒的殿宇;傍晚,天空的云彩用紫色的纱幕将它安息的圣所拢住。……上帝就是这样,以天空为荫蔽,将难以忍受的太阳安置在凡间,藉此,他仿佛从天上的宝座俯身下来,屈就于人世。他作为世界万物的创造者、永恒之上的栖居者,我们无从得见;但是,作为世界的审判者、凡人的守护者,天空确然是他的居所。"不可指着天起誓,因为天是神的座位;不可指着地起誓,因为地是他的脚蹬。"[43]来了又去、去了又来的带着丰收的喜雨与令人心生感激的凉荫,矗立在大地尽头的银色宫殿的幻景,风儿的呻吟,迅雷的轰鸣,以及多彩的锦袍与裂开的光芒的荣耀,所有这一切无非都是使我们的心间对下面这几个字感受得更加深切、更加明晰、更加慕爱:"我们的父,他在天上"[44](Our Father which art in heaven)。[45]

《圣经》有这样一句话:"铺张穹苍,如铺幔子"(《圣经·诗篇》104:2,比较《圣经·以赛亚书》44:24, 45:12)。这是对创世第二天的天空之被造的记述,十分形象;然而,用这句话来描述上帝创造天空下面的大海也未尝不可:用来铺张天空的幔子太长了,飘落下来,就成了

---

〔43〕《圣经·马太福音》5:34—35。

〔44〕《圣经·马太福音》6:9,即"主祷文"的第一句。

〔45〕参罗斯金:《现代画家》,第4卷,丁才云译,同前,第90页。中译本的这段话错误太多,笔者这里重新译出,英文电子版参见以下链接:http://www.gutenberg.org/files/31623/31623-h/31623-h.htm#page082。值得一提的是,罗斯金的解释在一定程度上偏向了新约基督教方向,即神屈身从天空的宝座上下来,变成人,取了人的身体和心灵,并接纳人世的思想(参《现代画家》,第4卷,同前,第88页,第2段)。笔者以为,在这一点上,罗斯金完全曲解了透纳。透纳关于神(天空)的思想是全然属于旧约传统的,《奴隶船》彰显的是主权、正义、愤怒、审判以及对罪恶的敌意。透纳与迈蒙尼德的解释更加接近,他们都不能忍受任何与屈辱有关的思想沾染到上帝和天空的领域。"神的灵运行在水面上"这句话应该是正确理解透纳的钥匙和指南。罗斯金在透纳笔下看到的"天空的法则",我们在艾瓦佐夫斯基最负盛名的《九级浪》(*The Ninth Wave*, 1850)中也能隐约窥见,在这幅画里,这位俄罗斯天才放弃了月光海洋的灵感,使用了耀眼的亮红色,从而与透纳的精神更加接近。

大海。我们前文已经讲明，这造就了天空与大海的“幔子”就是水。在透纳的画面中，来自天上的光芒倾泻在海面上，并在大海中雕刻出了一条坎坷凹陷的路，光芒泛着崇高的金黄色和恐怖的血红色，整个天空和大海都被它渲染，以至于我们很难分清天与海的界限，二者似乎在这片色调中统为一体。可以想象的出，“铺张穹苍，如铺幔子”这句用来描述上帝创世的话语，完全可以用来描述透纳作画的过程：画家怀着神圣与崇高的烈怒，用火焰般的油彩点燃了天空，那火焰先是被天空蕴涵着，由于太饱满，便像火山爆发的熔岩一样洒落下来，汇成了燃烧的大海，就像上帝的那幅“幔子”太长，便从天上飘落下来，从而创制了大海一样。在这个意义上，我们可以说，透纳统一了大海与天空，或者说，他用天空统一了大海。

透纳、罗斯金和迈蒙尼德，分别作为画家、艺术史家与神学家，各自从不同的视角看到了同一种事物，即天空中的云彩和上帝的主权、统治与审判之间的奇妙统一。他们的观察几乎可以毫不费力地把我们引向《启示录》作者圣约翰看到的上帝降临的异象：“他驾云降临……地上的万物都要因他哀哭”[46]。圣约翰看到的是一幅末世论(eschatologic)图景中的审判者的超自然幻象，无数艺术家试图再现这一超越了自然主义和物理法则的幻象，但是只有一件作品卓然而立，那就是丢勒(Albrecht Dürer)的木刻组画《启示录》(*The Revelation of St John*, 1497—1498)。维也纳艺术史学派的德沃夏克(Max Dvořák, 1874—1921)针对这组版画的第二幅(也就是圣约翰的第一个幻象[47])做

〔46〕《圣经 · 启示录》1:7。

〔47〕“看哪，他驾云降临……我转过身来，要看是谁发声与我说话；既转过来，就看见七个金灯台。灯台中间有一位好像人子，身穿长衣，直垂到脚，胸间束着金带。他的头与发皆白，如白羊毛，如雪，眼目如同火焰。脚好像在炉中锻炼光明的铜，声音如同众水的声音。他右手拿着七星。从他口中出来一把两刃的利剑，面貌如同烈日放光。”《圣经 · 启示录》1:7，12—16。

出了恰如其分的评论:

> 在他(丢勒)看来,这第一幻象发生在空中,万能之神坐在彩虹之上,周围环绕着七个发光体,每颗星立于云彩之上……如果这一场景是以坚实的尼德兰自然主义风格表现的,或是以意大利式的世间次序来表现的,就会变得既虚弱无力,又不能令人信服。丢勒不但没有弱化原作的想象力,反而强化了它。他的线条蜿蜒曲折,不受地心引力控制;他的云彩精致美妙,从黑暗的背景中浮现出来,体积厚重却并无沉重感,展示了无限深远的空间。所有这一切都将我们带入一个只存在于想象中的世界,在这个世界中,物理世界中的规律不再起作用,起作用的是另外一些法则。[48]

德沃夏克对丢勒的评论着眼于天空、云彩及其奇妙的法则,无疑,这些都和我们前文对透纳的评论有着一种值得玩味的一致性。正是这种一致性提示我们,在透纳的灵感背景——即强调创生思想的《创世记》,与丢勒的灵感背景——即强调审判思想的《启示录》,这两者之间存在着交叉和重叠——《启示录》精神已经渗透进《奴隶船》的火红的油彩中了,这可以顺理成章地解释为什么透纳的大海是那样地翻腾着滚滚怒潮,那样地破碎不堪,充满了毁灭与死亡的暗示,这一点与艾瓦佐夫斯基的《混沌:创世》是全然不同的,后者的世界没有死亡和毁灭,惟有蕴涵着新生与秩序的幽深和寂静。

六、谜一样的白色——梅尔维尔的启示

《奴隶船》呈现的海面尽管坎坷不平,但是,从整体来看,左侧

〔48〕 德沃夏克:《作为精神史的艺术史》,陈平译,北京大学出版社,2010,第 81 页。(“丢勒的启示录”章)

要明显高于右侧，这表示，在如火的落日辉光中，狂风刮起的风暴催动着海水从南向北奔袭而来。这滚滚而来的海潮，透纳赋予了它一种非常罕见的颜色——白色，它占据了画面左侧靠近边缘的区域，并呈楔形的态势，头朝前，向着画面中央的“火焰区域”突进。在突进的路上，这股白色的势力与泛起的黑色海浪相结合，形成了程度不同的灰暗色，它占据着画面中狭窄的一隅，但是雾霭弥漫的色调却透着森森寒意，与画面中浸透在火红色的其余部分形成刺目的对峙。这片白色区域是透纳这幅作品中最令人费解的部分。

罗斯金在其以透纳研究为重心的画论经典《现代画家》中，专门以“论水的真相”(Of Truth of Water)为题，分析了水在透纳作品里的卓越表现。遗憾的是，他似乎没有注意到《奴隶船》左侧的这片白色潮水，这片令人不寒而栗的潮水，自上而下奔涌而来，冲击摇撼着透纳用神圣的火焰般的颜色统一为一个整体的宇宙。这片白色究竟是什么？

《伊利亚特》和《奥德赛》贡献了古希腊人关于大海的最早的想象，在其中，大海最经常地被呈现为“酒色的”、“蓝灰色的”、或者是“灰色的”。荷马从来没有使用过白色去描摹大海[49]。同样，《圣经》也没有关于白色海洋的思想。幸运的是，当我们把目光转向《白鲸》的作者时，我们似乎找到了答案。就着这个作者，在透纳的《奴隶船》问世后的第十年，借着一个“海中飘零人”之口，向世人说，“海洋潮水的秘密至今还没有被即使是最有学问的研究家揭示出来”。在《白鲸》第42章，基于自己对白色海水的体验，梅尔维尔研究了作为某种神秘的原型存在的白色。他认为，尽管很多事物因为白色而平添纯洁、尊贵、神圣的气质，甚至是王者般的至高无上的荣耀，但是，在这种颜色中仍然蕴含着某种难以捉摸的元素，“它在心灵中引起的惊惶，远过于红色令人想起鲜血而造成的恐怖。……

〔49〕 赫西俄德仅仅非常荒诞地提到了“一簇白色的水沫”，从中诞生了女神维纳斯。参《神谱》，第190行。

正是这种难以捉摸的品质,在一旦脱离了那些比较善良的联想而和任何本身就是可怕的东西相结合时,便会把恐惧感提高到了极限。"[50] 梅尔维尔敏锐地感觉到在白色中蕴涵着某种精神性的纬度,这种"精神性的白色"既具有令人崇拜的神性,又具有能够唤起无名恐惧的非人性:

> 全人类的世代相传的共有经验也未尝不在某些事例中为这白色的超自然性作证。死者的容貌中使目睹的人看在眼里最为骇怕的正是那脸上残留的大理石般的苍白色,这苍白色既是阴间惊愕失色的象征,又在同样程度上是这阳间凡人心惊胆战的象征。我们用来包裹死者的尸衣富有表现力的颜色正是借用了死者的苍白的脸色。甚至在我们的迷信中,我们也不曾忘了使我们的幽灵穿上一件雪白的罩袍;所有鬼魂都在乳白色的雾霭中冉冉升起。不错,这些恐怖事物固然使我们震惊;然而,让我们不要忘记,就连那位恐怖之王在被《圣经》福音书的作者拟人化以后,骑的也是灰白的马(pallid horse)。[51]

梅尔维尔似乎暗示,白色是一种穿越了阴间和阳世两个领域的东西,换言之,白色联结了本质上最相背反的、最不能互通、也是最不该被联结在一起的两种事物,即生与死。白色的恐怖品质正在于此,它联结了生与死,将亡者的幽冥鬼蜮强行带到生者的世界里。视野中的白色,意味死亡的幽影正在逼近。因此,不管白色在人们的其他情绪中象征着何等的庄严、安宁的事物,它在最极端的象征

---

[50] 梅尔维尔:《白鲸》,成时译,同前,第 208 页。梅尔维尔谈到了自己在南极海面上第一次看到信天翁的情景。他称之为"白色的幽灵",它跌落到了甲板上,"时不时地拱起它那巨大无比,犹如长在天使们身上的翅膀,仿佛要去拥抱一只神圣的方舟。"梅尔维尔尤其被这只白色巨鸟的眼神所震慑,那是他从未见过的眼神,从中,"我自以为已窥见了使上帝为之关注的秘密。"梅尔维尔:《白鲸》,同前,第 209 页。

[51] 典据《圣经·启示录》6:7—8。《启示录》与《约翰福音》为同一作者。此处的中译文有误,笔者据原文做了改正。关于这匹马的颜色,牛津大学 N. R. S. V 版本圣经写作 pale green,*Vulgata* 拉丁文版写作 pallidus,梅尔维尔的用词与后者更加契合。

性意义上，必然唤起人们心灵中最原始的恐惧[52]。看到白色，无异于窥到了死亡。“尽管这个看得见的世界的许多地方似乎是由爱形成的，但是构成那不可见的领域的却是恐惧。”在对蕴涵在白色之中的阴森可怖的含义做了足够渲染以后，梅尔维尔把视野转向了海洋：

> “大自然……并没有忘记把这种驾乎一切之上的可怕属性作为它的一种力量，南海上挥舞铁拳的鬼怪似的狂风，由于它掀起的滔天巨浪，而被称为白风。”“如果一个水手被从吊床上叫起来去看他的船正半夜航行在乳白色的大海中，这时候他就会感觉到一种静悄悄的超自然的恐惧。这一片变白了的海水犹如一个裹着白色尸体的幽灵，在他眼里就如真正的鬼魅一般令他胆战心惊；尽管船还在向前行驶，他尽可放心：那个鬼魅还发现不了他，可是他的心和舵却一同沉了下去；直到脚下又是碧蓝的海水时，他才定下心来。”[53]

我们很难确定，梅尔维尔所说的那片“犹如一个裹着白色尸体的幽灵”的变白了的海水是否就是透纳《奴隶船》左侧的那片诡异的海水，它翻腾着白色的浪涛，挟带着来自地狱般的力量，朝着被上帝收复的金色国度奔涌而来。很显然，这片白色的海潮表征着一种不可知的异常势力的神秘入侵。很难弄清楚这股恐怖的势力究竟是什么？它又是来自哪里？不过，我们也许可以在赫西俄德的诗歌中发现一些模糊的线索。《神谱》记述了一个幽暗的地下世界——塔耳塔罗斯（Tartaros），也就是冥王哈德斯的宫殿，居住着黑夜、死亡和睡眠，阿特拉斯就是矗立在这里用肩膀支撑着天空；它同时也是

〔52〕 荷马提到了“灰白的恐惧”。见《奥德赛》，第 11 卷，第 633 行。

〔53〕 梅尔维尔：《白鲸》，同前，第 210、213 页。丹纳提到了一种有着“惨白的、死尸般的或是青灰的色调”的大海，无疑这种视觉感受和梅尔维尔如出一辙。参丹纳：《艺术哲学》，前引书，第 249 页。

被宙斯神改建而成的一座巨型监狱,古老的泰坦神、提丰以及他们的看守——天空与大地哺育的三个可怕的战神——都被宙斯放逐到此地,这群神祇代表着希腊神话世界中最狂暴的力量,连恐怖的海洋家族也望尘莫及。值得我们关注的是塔耳塔罗斯的地理位置:它竟然是"大地和荒芜大海的根"![54]

> 在那里,无论迷蒙大地还是幽暗的塔耳塔罗斯,
> 无论荒凉大海还是繁星无数的天空,
> 万物的源头和尽头并排在一起。
> 可怕而发霉的所在,连神们也憎恶。[55]

在塔耳塔罗斯的"丛石之地"里,流淌着一种"古老的水",名字叫"斯梯克斯"(Styx),以女神的形式出现,她是环抱大地与海洋[56]的大洋神(Oceanus)的女儿,即大洋神的第十条支流,穿过大地与海洋的缝隙所形成的悬崖,最后流淌到幽暗的冥间塔耳塔罗斯[57]。斯梯克斯河身处冥域,冰冷可怖,被宙斯分派主管诸神的誓言,引起神明们的恐惧与憎恶。在维吉尔《埃涅阿斯纪》里,斯梯克斯河同样出现在冥间,并被描述为一个漩涡,"泥浆翻腾、深不可测,犹如鼎沸"[58]。在但丁的想象中,梯提克斯河则成了底层地狱(第六、七、八、九层)的护城河,它被描绘成由一条"凄惨的小溪"(tristo ruscel)汇聚而成的沼泽[59]。作为一座监狱,塔耳塔罗斯被"三重黑幕"所围困,四周有铜墙环绕,并装有海神波塞冬打造的青铜大门,可谓密不透风[60],但是,它仍然存在着一个致命的漏洞,那就是斯梯克斯河。

---

[54] 赫西俄德:《神谱》,第728行。

[55] 赫西俄德:《神谱》,第736—739行。

[56] 赫西俄德:《神谱》,第790行。

[57] 赫西俄德:《神谱》,第786—792行。

[58] 维吉尔:《埃涅阿斯纪》,第6卷,第295—297行。

[59] 但丁:《神曲·地狱篇》第7章,第107行。中译文参田德望译本,人民文学出版社,2002。

[60] 赫西俄德:《神谱》,第726、732—733行。

沿着这条河溯源而上,可以直通环绕着大地与海洋的大洋河[61]。被禁闭在塔耳塔罗斯的古老的黑暗力量有一天顺着斯梯克斯河回溯倒流、喷涌而出,这并非不可能的空想。正如前文已经讲明,古希腊异教思想中的世界弥漫着深重的不安全感,他们的创世神掌管的只是其中的偶性,而其中狂暴、原始的自然本性却并不在他们的统御范围之内。用通过斯梯克斯河喷涌而出的地下王国的黑暗势力来解释威廉·透纳的那片神秘的白色,不但轻而易举,而且极其诱人,甚至还有一定程度的说服力。但是,我们最终需要进一步提出的问题是,透纳为什么要这样做?尤其是,透纳在凭借上帝的天空驱散了异教徒的妖魔鬼怪从而统一了大海之后,为什么还能够忍受塔耳塔罗斯的古老军团乘着寒气逼人的白色海潮向火焰蒸腾的上帝国发动挑战?难道是透纳的犹太—基督教一神论世界图景也存在着自身的安全漏洞?还是透纳的上帝模仿宙斯的王权技艺[62],有意释放已经被他放逐的黑暗势力,以辖制更加可怕的敌人?[63]

我们能够确定的只有两件事情:其一,1840 年展出的《奴隶船》和出版于 1850 年的长篇小说《白鲸》是人类历史上关于海洋习性的

---

〔61〕 参考俄耳甫斯献给大洋神的祷歌:“不死神族与会死凡人的本源,以无穷水浪环绕大地的边缘,由他而生所有的河流和海洋,还有大地上泉涌而出的纯水。”(《祷歌》之 83)。吴雅凌编译:《俄耳甫斯教祷歌》,第 49 页。

〔62〕 天空神乌兰诺斯与大地神该亚生育了三个儿子,各有五十个脑袋和一百条手臂,硕大无朋,被称为“百臂神”,被乌兰诺斯幽禁在地下,也就是塔耳塔罗斯,后被宙斯释放,“从虚冥送到阳光里”,加入“泰坦大战”,帮助宙斯决定性地赢得了战争,奠定了后者对诸神的统治权,最终建立了奥林波斯神界秩序。在此之后,他们便被宙斯派遣到塔耳塔罗斯,看管关押在那里的泰坦、提丰等反叛势力,其实是放逐了这三位有功之臣,因为他们的力量太过强大,不可久留在地上的太平国度。赫西俄德:《神谱》,第 147—160 行,第 617—719 行,第 813—819 行。在宙斯建立的奥林波斯神界秩序中,其成员以温文曼妙的女神居多,比如宙斯的十个妻子、雅典娜、阿尔特弥斯、柏尔塞福斯、命运三女神、时序三女神、美惠三女神、九个缪斯文艺女神、青春女神赫柏等。需要指出的是,“百臂神”被放逐到塔耳塔罗斯,但实际上并没有脱离奥林波斯神界,阴暗丑恶的塔耳塔罗斯是神圣光明的奥林波斯秩序的一部分,正如赫西俄德所提示的,它是“大地和荒凉大海的根”。

〔63〕 注意透纳画面中的那片白色海潮,其楔形的潮头首先冲击的是黑色的奴隶船。

研究传统中的两座巅峰[64]。其二,梅尔维尔关于白色的研究并没有解开透纳的白色谜题,反而使这一谜题更加趋于神秘。这一如梅尔维尔自己所陈说的:

> 但是我们还没有解决这一白色的妖术问题,还没有弄明白为什么它对心灵具有如此巨大的影响力;更为怪异、更具凶兆意义的是:我们已经看到白色既是某种精神事物的象征,不,它简直就是基督徒的上帝的面纱本身;而同时却又是强化人类最为可怕的事物的动力因素。[65]

七、罗马法附言

古罗马皇帝克劳狄乌斯发布过一道敕令,被罗马法学家莫德斯丁(Herennias Modestinus)记载下来,最终被查士丁尼大帝收入《民法大全》中的《学说汇纂》第 40 卷第 8 条(“论未经释放而得自由的奴隶”)中的第 2 款[66]。该律条这样陈述道:“根据神圣的克劳狄乌斯的敕令,因为身体严重虚弱而被主人抛弃的奴隶将获得自由的资格”(Servo, quem pro derelicto dominus ob gravem infirmitatem habuit, ex edicto divi claudii competit libertas)。在透纳的《奴隶船》中,我们看到,奄奄一息的黑奴被主人抛入大海,他们连同自己身上的枷锁,都将作为奴役的罪证,统统沉没在大海的怒涛中,在那里,再没有人世间的强暴和

---

〔64〕 在《白鲸》的故事情节趋于尾声的时候,梅尔维尔试图再一次浓墨重彩地刻画了大海,他的文字与透纳的绘画在精神上简直如出一辙:“强劲有力的风势充塞于天地之间,使得天空和空气有如鼓起肚子的篷帆,整个世界被风吹得轰轰隆隆地响。晨光四溢,使得那看不见的太阳黯淡了许多,只能凭着它的散射出来的光束才知道它的所在。彩霞满天,好像戴着王冠的巴比伦国王和王后的纹章,主宰了一切。”梅尔维尔:《白鲸》,同前,第 527 页。这段文字或许是对透纳笔下的大海的最精确的“图像学”描述。

〔65〕 梅尔维尔:《白鲸》,同前,第 215 页。译文据原文有修改。

〔66〕 参照《民法大全·学说汇纂》,第 41 卷,第 7 题,第 1、7 款。

奴役,唯有原始的自由和平静〔67〕。凭借一种神学与自然法的象征性语言,透纳几乎重述了克劳狄乌斯的古罗马律法。这是一种崇高的语言,而它表述的律法则是富于苦难的。沉浮在大海中的枷锁令人想到波斯国王薛西斯(Xerxes,大流士之子)在挥兵希腊的路上鞭笞大海的典故。根据希罗多德《历史》第七卷的记载,波斯军队在赫勒斯滂海峡(今天的达达尼尔海峡)建起一座联通欧亚的大桥,但旋即被海浪摧毁,薛西斯怒不可遏,遂判罚大海受鞭刑三百,并把一副脚镣抛入大海。古希腊史家记述(或者杜撰)波斯国王用脚镣捆绑大海,这固然意在彰显希腊人的理智和亚洲君主的疯狂,但这一举动却成为凡人妄图封锁、占有乃至奴役大海、与大海为敌的经典象征。这种轻狂的思想当然不会被透纳所容忍,正如《奴隶船》血红暴怒的大海所显示的,上帝赋予海洋的原始的自由和主权不容冒犯。对这一思想的明智而谦卑的遵从,可见诸于公元2世纪罗马法学家马西雅努斯(Volusius Maecianus)记载的罗马皇帝安东尼努斯(Antoninus)的一份用希腊文写就的政令(《学说汇纂》XIV.2.9):"我乃世界之主,然而,至于海洋的法则,就由辖制海洋事务的古老的罗得海洋法去统管吧"〔68〕。

透纳的《奴隶船》表达了一种神圣的愤怒与敌意,它以触目惊心的方式把大海的绝对自由与人世间的黑暗奴役同时表现出来,并宣告了后者的一败涂地。相信透纳不会反对笔者为这幅伟大的作品追加一个并非微不足道的副标题——"自由海洋及其敌人"。〔69〕

〔67〕 参荷马:《奥德赛》,第11卷,第134—135行。

〔68〕 参《民法大全·学说汇纂》,第14卷,第2题,第9款。

〔69〕 "自由海洋"(Mare liberum)是现代自然法学说奠基权威、国际法之父格劳秀斯在1609年提出的理论主张,它强调了海洋的自由开放以及不可被私人占有的自然状态及其神圣性。参笔者的两项研究:(1)"大海不识主权者——自由海洋的政治哲学含义",刊《格劳秀斯与国际正义》(经典与解释第34辑),刘小枫等主编,华夏出版社,2011。(2)"封闭海洋——约翰·塞尔登的海权论证及其问题",刊《自由海洋及其敌人》《海国图志》第8辑,林国基主编,上海人民出版社2012年版。

持剑的梅尔波美涅

沃格林的《柏拉图》(之一)

2006年坊间出版的《理想国》研究文献《〈王制〉要义》(华夏出版社),收录了三篇解释,其中最后一篇是沃格林(Eric Voegelin)的。第一篇具有哲学思辨气质,甚至还带点20世纪"解释学"文艺理论的味道;第二篇偏重古典学套路。与两者不同,沃格林是一名政治哲学家和政治思想史家,但他的研究风格可用四个字概括:"想象"与"才情"。

沃格林的这种风格在开篇就一览无遗:他效仿古老的新柏拉图主义解释传统,从《理想国》的第一个字kateben(往下走)窥探到了远望深渊和地狱的神秘象征,并继而和古希腊的"下地狱"的神话传统勾连起来——在沃格林看来,苏格拉底"下到"比雷埃夫斯港就是哲人下到地狱。《理想国》的谈话是在比雷埃夫斯港进行的,这无异于说,哲学是一种来自地狱的教导,或者说,哲学必须从地狱开始。难道真是这样吗?沃格林奔放但不失精致的想象力似乎在《理想国》结尾可以得到明确的认可:《理想国》正是以一个被柏拉图改写的"下地狱"的神话结束的。

几年前我在和朋友的通信中讨论但丁《神曲》,涉及维吉尔《埃涅阿斯纪》第六卷的埃涅阿斯下地狱的神话,那个神话的中心内容是安奇塞斯的亡魂对自己的儿子、未来罗马国父埃涅阿斯的政治教导。笔者以那次讨论为基础,写了一篇随笔,其中有这段文字:

> 我相信,在《苏格拉底的申辩》末尾一段极其重要的有关死亡的文字中(41a—c),柏拉图暗示了哲学是一种来自冥间的

> 思考和探究。《游叙弗罗篇》《苏格拉底的申辩》《克力同篇》和《斐多篇》四部对话被认为是柏拉图的早年作品，在柏拉图的作品整体结构中也多被古代注疏家排列在最前面。从这个意义上讲，这四部对话实际上可以被当作是哲学的序言。同时，四部对话的主题是苏格拉底之死，这样的次序安排可能意味着，只有在苏格拉底进入冥间之后，哲学才真正开始。这意味着，在时间序列的意义上讲，《斐多篇》之后的所有柏拉图作品都是被假定成一个亡魂的谈话，这个亡魂被神从冥间遣入人世，正如苏格拉底的自白："雅典公民们，我这样一个人是神灵赐给城邦的，你们如果听我的劝告，就留下我吧！"（《苏格拉底的申辩》31a—b）

写这段文字的时候，自觉想象有余，说理不足，朋友也不置可否，那篇随笔也就慢慢淡忘了。今天看到沃格林竟然也有类似的想象，自然念及旧文旧事。

这几年，读书问学逐渐偏离古代的故纸堆，但是"下地狱"的问题倒也不曾彻底忘掉，甚至还研读了这个问题史的重点文献——西塞罗《国家篇》第六卷"西比阿之梦"（Somnium Scipionis）以及古代晚期密教学者马克罗比乌斯（Ambrosius Macrobius）和文艺复兴时期西班牙大文豪维弗斯（Vives）的传奇解释。可是，才情不够，斩获甚少。

很难确定为什么希腊人在崇尚生命的同时，又对"地狱"这类死后的事情怀着隐秘的感情。那究竟是一种什么样子的感受，我们也不易把握。但不论如何，正如希罗多德的作品充满童真的素朴与世俗的欢乐，修昔底德的作品交织着现世的冷峻和智者的教导，古希腊人的生活与心境大抵就是这样。死后的事情在他们的生活中似乎从来没有占据过重要地位，正如"下地狱"在《理想国》里仅仅是最后的修辞，它的多余被一些中古阿拉伯哲人看得很清楚——阿维罗伊的《理想国》讲疏到第九卷就毫无征兆地终止了，给人感觉似乎《理想国》本来就没有第十卷似的。

古代晚期,希腊人以及那些被希腊文化教化过的罗马人的文明日渐衰败,文人对现世不再抱有先辈们曾经有过的热爱,生命变得平静、内敛,终至消极、枯萎,这种生命态度的思想结晶就是斯多亚道德哲学,在它的教诲下,灵魂的美德不再是往昔那种向外展开的、具有侵略性的政治德性,而是自利的、冥思苦想式的理论生活,它不再追求名声,转而低声谈论沉思的幸福和哲学人生,它尤其称道平静地面对死亡,因此,苏格拉底之死——这颗柏拉图早早埋藏在雅典政治的黄金时代中的斯多亚种子——开花结果了,"下地狱"的问题顺理成章地进入文人视野,它自然地表达了古代道统的"遗老遗少"们对现世的愤懑和对来世的想象,并且作为一种学问的形态被发扬光大——这就是"新柏拉图主义"。新柏拉图主义不仅是一种学问方式,而且是一种生活方式,它酷似"毕达哥拉斯主义",而且两者也的确一度联手,共度古代晚期的艰难岁月。这一点,没有人比奥古斯丁体察得更细致入微了。(参《上帝之城》第8—9卷)

"新柏拉图主义"学人由于自身所属的旧体制的衰落,对"现实主义"思想风格没有兴趣,转而执迷于神秘的"象征"和"符号",期待来自另一个世界的隐秘指令。在他们眼中,朴素自然的世界和事物已经发生了严重的变形,阿普列乌斯的《变形记》的出现绝对不是偶然,柏拉图对话也未能幸免。以波菲利(Porphyrios)、普罗克鲁斯(Proclus)、杨布利柯(Iamblichus)等人为代表,柏拉图对话被大规模地给以象征和寓意化的解释,哲学的、政治的对话成了玄妙难解的神话学,这种状况一直持续到文艺复兴的费奇诺(Marsilio Ficino)。在马基雅维里时代,新柏拉图主义传统在费奇诺的手里已经是强弩之末,他撰写的鸿篇巨制《柏拉图神学》是这个传统的最后堡垒。马基雅维里和费奇诺共存于同一个时代、同一座城市,这是我每每想起来就感到惊讶的事情:前者殚精竭虑地致力于重建被查士丁尼大帝取缔的柏拉图学园的同时,后者孜孜以求的却是统治新世界的新君主。马基雅维里之后,新柏拉图主义传统终于被霍布斯流放到

“黑暗王国”中去了,那是它最后一次给人印象深刻的出场。尽管如此,在启蒙后的现代,这种浸透着玄奥智慧学问偶尔还会吸引个别富有“才情”和“想象”的头脑,比如沃格林。沃格林的《理想国》研究只不过是“新柏拉图主义”的陈词滥调,这不仅体现在他对kateben的解释中,也体现在他对《理想国》第十卷“厄尔神话”的解释中,更体现在他对“洞喻”这个新柏拉图主义者最能施展身手的论题的解释中。

究其精神气质而言,“下地狱”的神话也许源起于古老的东方,比如古埃及、古推罗、古腓尼基、甚或古犹太之类的以迷信立国的祭司民族,不过这不重要,重要的是要看到被古希腊人淘洗过了的“下地狱”又是一幅什么光景。这个神话从荷马开始,就被一代又一代的希腊文人改写,有俄耳甫斯样式的,有奥德修斯样式的,也有柏拉图样式的,甚至到了罗马时代,做过共和国的掌门人但心仪希腊文化的西塞罗也不忘记改写一篇让世人惊奇不已的“西比阿之梦”。然而,所有的这些努力,所有的这些文献,在古代晚期的“新柏拉图主义”学统中都发生严重变形。和以往的变形不一样,这是一次本质性的变形,一次足以重新塑造生活方向(periagoge)的变形,它支配了从古代晚期到中古晚期的漫长而精巧的神学解释路径以及以此为灵感的粗鄙难耐的民间宗教性的“梦幻文学”传统。最后,所有这一切在但丁的《神曲》中得到了最夸张的展示以及最彻底的变形。

撰写一部“地狱神话”在新柏拉图主义传统中的“变形记”未尝不可,那如梦如幻的玄奥情调足以令人忘掉现世。不过,此刻,有一件也许是更为重要的事情需要我们知道,那就是:《神曲》之后,也正是梦醒时分。

沃格林的《柏拉图》(之二)

《理想国》无疑属于年轻人,正如完成整个对话的人都是年轻人一样。对话持续了一个晚上,这需要充沛的体力。当然,苏格拉底除外,此人是神灵赐给雅典的神物,另当别论(《苏格拉底的申辩》31a—b)。然而,在这个热烈的言辞国度的边缘,柏拉图塑造了一个几乎是无声无息的老者——虔敬正义的克法洛斯。

克法洛斯出现在这部哲学戏剧的开端。老练的读者都知道,开端的地方往往是应该引起注意的地方。老克法洛斯引起了很多读者的注意。布鲁姆(Allan Bloom)在其《理想国》英译本导言中表述了颇有见地的观察:老克法洛斯在这部戏剧中的沉默寡言乃至最后缺席象征着法律的不容讨论、不容置疑的性质。这个观察富于教益。沃格林是一位极有才情和想象力的政治思想家。他阐释过八部柏拉图对话,其中对《理想国》用功最多。在这项研究中,沃格林对老克法洛斯的解释别具一格,可谓点睛之笔。

苏格拉底在他的对话中必须面对一些有着"无可指责"但是却又"令人同情"的性格的人。沃格林说,老克法洛斯就是这种性格的范例。这位老人对年轻人的生存疑惑、政治沙龙和哲学讨论都没有兴趣,但他虔敬守法,过着合理正义的生活。在这一点,他无可指责。但是,沃格林认为,正是这一点恰恰令人同情。老克法洛斯代表了危机时代中的"老一代人",类似于我们的"老革命家"。他来自一个德行纯良的美好年代,并获得了在那个年代养成的正义虔敬的品行。现在,那个年代逝去了,但是,光荣的革命传统仍然使他保持古老的美德。在这个问题上,一切都无可置疑,他不需要任何灵魂的拷问和艰深的思考就可以做一个有德行的、正义的人——他的德行和正义来自他因循多年的传统,与理论思考无关。用沃格林的话说:“他不是由于‘爱智慧’而正义”,而是由于习传的品行而正义。换言之,他的正义似乎没有经过哲学的检审,似乎也没检审的必要。对于这种理所当然的正义,老人从未质疑。甚至他的整个生活都不曾遭受过“质疑”(aperion)的侵扰。前苏格拉底时代的自然哲学家阿纳克西曼德所谓的那种万物得以产生的“没有固定形态和性质的物质”(aperion)对于老克法洛斯来说是全然陌生的,他老实地赚钱,并且真心诚意地供奉神祇——沃格林认为,老克法洛斯的生活平静安逸,灵魂没有动荡,这不是“爱智”的生活,他的正义与德行没有经受过哲学的问责,恐怕也经受不起哲学的问责。因此,当一个危机四伏的年代,一个传统的习俗与德行饱受质疑、濒临崩溃的年代到来之际,克法洛斯代表的“老一代人”既没有能力反思老传统的缺失,也没有能力辨析新时代的弊病,结果,他们也就没有能力向嗷嗷待哺的年轻人提供什么有用的教导了。

老一代人在年轻人的教育问题上所体现出来的无能被沃格林很不耐烦地指斥为老年人特有的“衰弱”,这很容易让人想起卢梭在《爱弥儿》中强调的,老年人不适合承担教导幼童的任务。不管怎么说,老克法洛斯的情况起初令人“同情”,继而引人“鄙视”,因为在传统断裂的危机时期导致突如其来的精神空虚的,正是这一代人,他们生活在光荣传统的庇护之下,却从来不曾过问那个老旧传统的可持续发展空间有多大。接下来,“一切似乎都是瞬间发生的:老一代人忽视了在年轻人心中树立正确而具体的秩序观念,而冷淡与迷惑在几年之内就转变成可怕的社会灾难。”波勒马霍斯不是开始天真地把正义理解为商人的诚实了吗?这就是沃格林笔下的老克法洛斯,他确实令人同情,也招人鄙视。

然而,事实也许是,在柏拉图笔下,老克法洛斯固然令人同情,但未必招人鄙视。当苏格拉底把一群轻浮暴躁、嗷嗷待哺的年轻人聚拢在一起并且将要开始一场喧闹的“自由教育”的时候，老人安静地离开了，并走向自己供奉一生的神殿。这其中，悄然离开无疑体现了老人的节制，一种基于自知的节制；而走向自己供奉一生而今却门可罗雀的神殿，这体现的未必不是古老律法的孤傲！也许最终证明布鲁姆是正确的：克法洛斯孤守古旧的律法正义，拒绝与人交谈，因为律法不是爱智者的清谈，而是立法者的独白。值得一提的是，在柏拉图所营造的以苏格拉底为中心的世界中，神殿似乎从来没有一个显赫的位置，在这个意义上，这位古代哲人比《新大西岛》的作者、现代哲人培根似乎更缺乏虔敬。

一代人有一代人的事情去做，一代人有一代人的命运去接受。就像荷马笔下的草木，岁岁枯荣，周而复始——太阳底下真的没有什么新鲜的事情。这或许就是希腊人留给世人的最高智慧。克法洛斯的时代结束了，新时代是祸还是福与他再没有关系，他只和他的神在一起。在这一点，他酷似《苏格拉底的申辩》中的苏格拉底最后的样子：“公民们，你们活着，我却该死了，哪条路更好，唯有神知道。”

不管克法洛斯如何平庸，苏格拉底如何高妙，有一点他们是一样的：他们都老了，正是这一点把他们和年轻一代断然分开。这是命运女神赐给凡人的不可更改的事实，这是大自然不可违抗的命令。克法洛斯顺应了这个事实，心怀敬畏，选择离开。苏格拉底却留了下来，试图更改命运女神早已为凡人谋划好的棋局。在这一点上，也只有在这一点上，苏格拉底尤其显出其渎神的性格，而这也正是这个老哲人的伟大和疯狂的地方。他的失败也正是在这里。雅典城在他身后的政治乱象说明了一切。

苏格拉底貌似哲人，貌似敬畏恒定不变的自然，其实骨子里对“自然”深怀警惕，并且妄图凭借自己的技艺(教育)改变自然的进程和秩序，在这一点上，他和近代的卢梭没有太大区别，二者都相信自然的“可完善性”。所以，我们不无理由地说，在19世纪大遭鞭挞的“进步”理念并非始于卢梭，而可能早在苏格拉底那里就埋下了伏笔。苏格拉底的渎神，克法洛斯的虔敬，只有从这个角度去思考才能得到完整、公正的理解。

沃格林的《柏拉图》(之三)

赫拉克利特支离破碎的文字凝聚着足以穿透灵魂的神秘:“对于醒着的人来说,只有一个单一而普遍的世界,而在睡眠中,每个人都转向他自己的私人世界。”(《残篇》89)

《理想国》第三卷结尾,柏拉图辗转讲述了一个同样神秘的“腓尼基人的传说”。政治哲学家沃格林看到,这个备受争议的传说渗透着赫拉克利特《残篇》89对平等精神的暗示。在立法者为其“样板城邦”确立了森严的等级(劳动者、辅助者、护卫者)之后,全体公民被要求聆听一个“腓尼基人的传说”。传说告诉公民们,他们接受的不同教育、他们的身份连同城邦的等级,都只不过是他们的想象,“如梦如幻”。自然的真实情况是:他们曾经居住在大地深处,在他们被孕育养成后,被大地母亲打发到世界中来。因此,土地是他们的母亲,而他们彼此又皆为兄弟。可是,这个传说忽然话锋陡转:虽然所有人皆为血缘兄弟,但是神在铸造他们的时候,在有的人身上加入了金,使他们成为统治者,在有的人身上加入了银,使他们成了辅助者,在有的人身上加入了铜和铁,他们就是低微的农人和工匠。

可以看到,“腓尼基人的传说”由两部分内容组成。其一:所有人由大地生育(physis),皆为兄弟;其二,所有人皆为神所创造(techne),并被区分为金质人、银质人、铜质人和铁质人。前者说的是自然的平等,后者说的是技艺所导致的不平等。这两部分内容的意义显然截然相反,但却共处于一个神话中,简直匪夷所思。

在形态上,柏拉图笔下的“腓尼基人的传说”是对赫西俄德“五世神话”的改写,但是却别有意蕴。后人对这个传说的解释似乎大都专注于金质人、银质人、铜质人和铁质人的技艺性的划分,换言之,传说的第二部分内容备受瞩目。在现代,这部分内容几乎成为那些平等主义者借以控告柏拉图的最大罪状。相应的,柏拉图的辩护者也应运而生,他们大都以所谓“高贵谎言”为柏拉图开脱罪责。究其本质,控告者也好,辩护者也罢,两者似乎都瞩目于“腓尼基人的传说”的第二部分内容,换言之,两者都承认,柏拉图凭借这个传说,确实是在传授万恶的不平等政治教义。

对于上述这两种貌离神合的解释路线,沃格林不以为然。他试图从“腓尼基人的传说”的第一部分发现更加根本的真相。从传说所在的上下文里,沃格林也看到,它是立法者出于城邦福祉的考虑而讲述的一个善意的“神话”,亦即“谎言”(389b—c,414b)。这个谎言是什么呢?沃格林说:“它只是一个简单的真理,即人人都是兄弟。”遗憾的是,这个曾经一度口口相传的真理已经很少人相信了,所以,当它再度出现的时候,只好披上神话的外衣,甚至甘愿被人视为谎言。心思敏感的沃格林对此感到难过,他在《理想国》的字里行间发现(414d),在苏格拉底看来,人间的差异和不平等仅仅是一场梦幻(oneirata),兄弟间的平等才是被掩盖的真相(aletheia)。

> 把这最高真理当作不可信的谎言来述说,这是《理想国》这部作品中最痛苦的一页,饱含着(苏格拉底)对雅典痛心疾首的鄙视。

以神话的方式引入平等,这不仅表明了使“平等”成为可能的、在城邦时代还无法言说的对“共同人性”的感知体验,也暗示了城邦之内派系林立和邦国之间征战杀伐、毫无兄弟骨肉之情可言的城邦时代所特有的苦况(参《理想国》卷五对希腊世界内讧的论述,比较格劳秀斯《论战争法权与和平法权》开篇对基督教世界内讧的论述)。

“腓尼基人的传说”出现在“样板城邦”森然的等级制确立之

后,在这种等级制中,统治阶层高高在上,并接受为了巩固它们的地位而被精心设计的教育和训练。这样的布局,在沃格林看来,只不过为了一个目的,那就是让所有公民(尤其是统治者)意识到那个使世人被区分、被离异的政治等级以及那个等级赖以存在的所有教育、训练等技艺都是梦幻般的东西(oneirata),真相是:人皆来自大地,四海皆为兄弟。梦幻与真实的区别,被苏格拉底用来反对"邪恶的傲慢",这种傲慢正在支配着权贵们。沃格林深刻地洞见到,这种傲慢正浓浓地弥漫在城邦之中,吞噬着所有脆弱的东西。没有什么能够阻止这种邪恶的激情,即使是四海皆兄弟的古老真理也于事无补。因此,构成"腓尼基人的传说"的第二部分应运而生:既然连骨肉兄弟的平等神话都无力抑制权贵的傲慢,那么索性把权贵之所以成为权贵的一切教育、训练和等级秩序全都归结为一场梦幻般的神话。"腓尼基人的传说"的第二部分没有把人间的不平等归因于教育等一系列属人的技艺,而是归因于造物神在不同人群中掺入的不同金属。这样,由于把孕育了权贵和傲慢激情的不平等提升到神话领域,不平等的政治制度的整体结构就获得了一种"梦幻"的特征,一种人力所不能左右的、近乎命运的神秘作弄般的特征。

沃格林对"腓尼基人的传说"的总结富于理性精神,也具有卢梭式的鼓荡人心的民主修辞品质:

> 在这场梦幻与真理的戏剧之后,又一次清楚明白地显映出赫拉克利特的影子。我们想起那些梦游者,他们放弃了那些拥有清醒理智的人所拥有的共同世界,只活在他们的私人世界中。如果人们为当下的地位和天赋感到骄傲,并想方设法为不肖子孙维持权势,而不视这种思想为真理的堕落,那么,好城邦中的社会差异极有可能引发私人世界的战争。当统治者提拔他的子弟们进入统治层,哪怕他们并不具有其父辈的金质,而低阶层的子弟即使拥有金质也决不被擢升之际,国家就要完蛋了。因为它不再是智慧统治的、清醒的生活世界,而是变成了

> 混乱的私人世界，在这个世界中，人们沉迷各自的梦幻激情。如果人们忘了，他们的存在所具有的真实性只不过是为了表现神的梦幻戏剧，那么，好城邦也会变为一场噩梦。

“腓尼基人的传说”所传达的无疑是一个伟大的政治讯息：人人平等，皆为兄弟。这个讯息首先来自柏拉图，柏拉图委之于苏格拉底，苏格拉底委之于一个“立法者”，那个“立法者”又委之于“腓尼基人”，“腓尼基人”则为之裹上一袭如梦如幻、屡遭误解的神话花衣。一个如此判然自明的真理，其来历竟然如此辗转曲折、费尽心机，这实在令人难以置信。时光荏苒，到了18世纪的时候，卢梭重述了这个真理，但是剥掉了腓尼基人缝制的神话外衣：人生而平等，但由于技艺的作弄，却无往不在枷锁之中——如此简单、如此有力，同样令人难以置信。

读王恒博士《柏拉图的"克里特远征"》

《法篇》第三卷是政治哲人柏拉图的一项"世界史研究"，这卷书也是王恒博士的立论基础。《柏拉图的"克里特远征"》2008年出版，隶属"海国图志"丛书系列，副标题直接明了——"《法篇》与希腊帝国问题"。我只想提请读者注意的是此书的"结语"部分，这是全书的点睛之笔。

从世界史的夸大但是不失其主线条的视野来看，东方亚细亚民族在政治史上的贡献无疑是"君主政制"，也就是近代西方人一再诟病的"东方专制主义"，而欧罗巴民族则贡献了共和政制，它最早诞生于古希腊城邦。在世界史进程中，这两种政治遗产非但没有老死不相往来，反而屡屡发生冲撞。荷马的《伊利亚特》以"史诗"的文体记载了最早的冲撞——特洛伊战争。此后在希罗多德的《历史》中我们读到了希腊与波斯的战争。东西方两种政治精神的冲撞绵绵不绝，以至于柏拉图在《法篇》第三卷中把"民主政体"与"君主政体"称为"母制"，分别以希腊的雅典和亚洲的波斯为代表，所有其他政体模式均由这两种"母制"嫡出。

两种"母制"的冲撞在亚洲沙漠中的犹太人发明并壮大基督教以后达到巅峰，这次冲撞持续了好几百年才见分晓。"雅典与耶路撒冷"的对峙问题令很多一流思想家困惑不已，施特劳斯在《思索马基雅维利》的一处不显眼的注释里悄悄叹道："近代历史就是亚细亚战胜欧罗巴的历史。"——这酷似身怀"欧洲复国主义"理想的马基雅维里的感叹。可是，犹太人施特劳斯的亚洲出身和欧洲教养使得这句感叹意犹未尽。

当柏拉图以“母制”这个如此亲密的字眼来称谓亚洲君主政体之际，他无疑是心怀敬重的。这项由亚洲民族为人类历史贡献出的政治遗产主宰了欧罗巴漫长的中古时期。后来，在喧嚷的文艺复兴早期，意大利诸多弹丸邦国大兴“共和革命”，妄图恢复希腊城邦古制，这项亚洲遗产随之遭到顽强抵制。此后，在西班牙、法国两大君主国的阴影下，共和浪潮席卷欧洲，世相发生诸多难以言明的变迁，这份亚洲遗产渐渐受到冷落。不过，每逢在自由蜕变成放纵的极端乱世，冷峻的思想家和保守的政治家仍然会诉诸这项伟大遗产，霍布斯的乱世之作《利维坦》就是这样应运而生的。

18 世纪与 19 世纪是革命的世纪，也就是“弑母”的世纪。在黑格尔单方面以欧洲的“自由”为世界史价值标杆的等级排名表中，来自亚洲的“母制”被施以重击。从此，诸如“东方专制主义”、“亚细亚生产方式”之类的诟病不仅欧洲人习以为常，连亚洲人自己也开始陈陈相因了。很少人能够像柏拉图一样愿意针对这份遗产给出公正的解释，与此相比，1904 年英国皇家地理学会中的一位眼光卓著的会员面对欧洲听众的一句提醒可谓难能可贵：

> 正是在外来野蛮人的压力下，欧洲才实现了它的文明。因此，我请求你们暂时地把欧洲和欧洲的历史看作隶属于亚洲和亚洲的历史，因为在非常真实的意义上说，欧洲历史是反对亚洲人入侵的长期斗争的成果。[1]

重新认识亚洲人的“母制”并学会尊重她，一个恰切的出发点是柏拉图《法篇》第三卷，而不是黑格尔的《历史哲学》。所以，我提请读者记住王恒博士这本书——《柏拉图的“克里特远征”：〈法篇〉与希腊帝国问题》。

---

〔1〕 麦金德：《历史的地理枢纽》，林尔蔚等译，商务印书馆 2007 年版，第 52 页。

斯宾诺莎婉拒海德堡大学哲学教席

哲学家的生活可以很热闹,也可以很冷清,前者如培根、莱布尼茨、伏尔泰,后者如霍布斯、斯宾诺莎、维柯。斯宾诺莎的生活冷清得似乎根本就没有生活过。他极少谈论自己,这一点把他和那些热衷撰写"自传"、"回忆录"或"忏悔录"的人区别开来。斯宾诺莎一生未婚,深居简出,交游也很少,并且遭犹太公会诅咒与驱除。他似乎是一个只有灵魂没有身体的幽影,偶然在世界逗留,撇下几卷关于上帝、国家以及灵魂福祉的书卷便消失匿迹了。在 1877 年斯宾诺莎的海牙雕像揭幕仪式上,法国大思想家勒南(Ernst Renan)在其演讲辞中不是指着雕像这样说过吗:正是从这里,神从来没有如此真切地来到我们中间了!

幸运的是,斯宾诺莎留下了 52 封私人书信,使得后人可以隐约追踪到他的一些生活印迹。书信在其去世后由友人于 1677 年编订,收入《遗著》(*Opera posthuma*),最终定本收录在 1895 年的斯宾诺莎著作标准版中。1996 年,商务印书馆推出由洪汉鼎先生翻译的中译本。其中有一封信写给海德堡大学一位神学教授,留给笔者很深印象,因为它可以解释斯宾诺莎的神一般的生活。

1673 年 2 月 16 日,海德堡大学神学教授、帕拉丁选帝侯的参赞法布里休斯(Johann Ludwig Fabritius)在选帝侯的授意下,写信邀请斯宾诺莎执掌海德堡大学哲学教席(第 47 封)。帕拉丁选帝侯卡尔·路德维希(Karl Ludwig)是瑞典女皇克里斯蒂娜(Christina)的弟弟,姐弟两个都以酷爱庇护文艺事业而闻名。神学教授在信中转达了选帝侯的美意，并补充说，选帝侯答应许诺斯宾诺莎以“哲学思考的最大自由”，并且相信斯宾诺莎“不会滥用这种自由来动摇公众信仰的宗教”。斯宾诺莎回了一封短信，谢绝了选帝侯的邀请，信文如下：

尊贵的阁下：

假使我曾经怀抱有就任于任何学院教席的希望，那么我没有别的所愿，只能选择仁慈的殿下帕拉丁选帝侯通过您给我提供给我的这一教席，尤其因为仁慈的殿下亲王赐予的那种进行哲学思考的自由，更不用说我长期向往在公认最明智的殿下统治下生活的那种愿望。但是由于公开讲学从来不是我的意向，因而考虑再三我终不能接受这一光荣邀请。因为，首先我考虑，如果我要抽出时间教导青年人，那么我一定要停止发展我的哲学。其次我认为，我不知道为了避免动摇公众信仰的宗教的一切嫌疑，那种哲学思考的自由将应当限制在何种范围。因为宗教上的争论，与其说是由于对宗教的狂热，毋宁说是由于人们的不同倾向或不相一致的爱欲所引起的，这种不相一致的爱使他们惯常去曲解和指摘每一件事物，甚至曲解和指摘那些曾经被正确陈述的东西。在我的个人孤寂生活中，我已经经验到这些事情，如果我有幸荣获这样高的职位，它们将更加引起我的恐惧。尊贵的阁下，这样您就会看到我不是没有向往幸运的希望，但是由于一种对宁静生活的爱欲——这种爱欲我认为我在某种程度上能够获得的——我不得不谢绝这一公共教职。因此我诚恳地请求您转告仁慈的选帝侯殿下，允许我对此事再考虑一下，并许我获得仁慈殿下对他的忠诚赞扬者的恩惠。请答应我的请求。

尊贵的阁下　您的仆人　斯宾诺莎

1673 年 3 月 30 日海牙

斯宾诺莎在这封信里表明了没有公开讲学的意向,他给了两个理由:第一,在公众领域中教导青年人浪费时间,有碍于自己的哲学思考。第二,公众领域被某种人人都有但却又不相一致的“爱欲”所左右,这种“爱”导致狂热、指摘、曲解和争吵,它让斯宾诺莎感到恐惧,而且与斯宾诺莎所向往的那种“对宁静生活的爱欲”格格不入,这里,斯宾诺莎提出了两种爱欲的冲突,耐人寻味。

不难发现,这两个理由其实是一回事。——身处公众领域中的青年人往往被不相一致的爱欲所左右而走向狂热和盲信,继而热衷于指摘、曲解和争吵,教育这类青年人,徒劳无益。斯宾诺莎吃过这方面的苦头。他曾经有个年轻的崇拜者,跟从他学习笛卡尔哲学,后来,此人化名“阿尔伯特·博许”写信给斯宾诺莎,充满了“疯狂的诅咒和谩骂”。比如,其中有这样的话:

> 我从前越是钦佩您深邃和敏锐的智力,我现在就愈是为您惋惜和痛心。因为您虽然是以为很有才华的人……您却放纵自己,被卑鄙和最傲慢的撒旦引向堕落和欺骗。您的全部哲学,如果不是纯粹的迷妄和奇想,又会是什么呢?……难道您这个可怜的小人、尘世的蛆虫、尸灰、蛆虫的食物竟敢以您的不齿于人类的亵渎把自己放在永恒的上帝的无限智慧的化身之上吗?……您的狂放的、鲁莽的、可怜而又可笑的和该诅咒的傲慢建立在什么基础上呢?(第67封)

这封信也许没有让斯宾诺莎感到寒心,但一定会使他厌恶,并且确信教育的徒劳无益。他曾经告诉他的终生的朋友、英国皇家学会秘书长亨利·奥尔登堡:“我害怕当代的神学家们会憎恶这部著作(即《神学政治论》),会以他们惯有的仇恨来攻击我,我是极端讨厌他们的争论的。”(第6封)

“阿尔伯特·博许”的言辞表征了斯宾诺莎所警惕的那种病态的“爱欲”,它风靡于知识大众之间,使他们互相以仇恨相向。不难发现,这种对知识与教义近乎狂热的宗教式“爱欲”,与隐蔽在哲学的爱智实验中的那种危险“爱欲”有着不可推脱的联系。对《理想国》的一代又一代的重读所一再显明的无非是一个老掉牙的教育难题:“色拉叙马霍斯们”几乎是不可能被知识驯服的,对于这类人,爱欲必然以狂热与盲从的形态出现,而哲学则无往不堕落为意见、学说、主义、宗教、甚至嗜血的真理。对于这种糟糕的状况,柏拉图一筹莫展,相反,他似乎更使之每况愈下,他固然看到了“爱欲”的危险品质,但却以哲学的理由、用华丽的言辞为“爱欲”做过毫无保留的辩护(参《会饮篇》),柏拉图激起了青年人对哲学的爱欲,但却无力把它节制下去。也许是这个原因,斯宾诺莎在给雨果·博克塞尔的信中说:“柏拉图、亚里士多德、苏格拉底的权威对我来说,并没有多大分量。”(第56封,参《伦理学》第三卷第19命题以下章节对爱与恨等情感的讨论)

斯宾诺莎谢绝海德堡哲学教席,意在避开弥漫在校园中的病态爱欲,这种爱欲势必伤害斯宾诺莎自己所珍惜的对宁静生活的爱欲。对于宁静的心灵生活而言,没有什么比对知识的宗教式的爱欲更具有毁灭力了。斯宾诺莎全部的哲学思考其实都意在拒斥这种同时柔和了暴君气质和奴隶精神的激情。

《伦理学》第四卷第一句,斯宾诺莎把“奴役”定义为无力节制自己的情感(Humanam impotentiam in moderandis et coercendis affectibus servitutem voco)。在斯宾诺莎看来,导致诅咒、曲解、谩骂和争吵的狂热爱欲所表征的正是心灵的奴役,斯宾诺莎的哲学不愧是一种纯粹的自由哲学,这种自由不仅表现在一个人面对所谓真理和美善的时刻,也表现在面对谬误和丑陋的时刻,后者让我们注意到斯宾诺莎著名的格言:不要嘲笑,不要哀哭,也不要诅咒,而是要去研究(Non ridere, non lugere, neque detestari, sed intelligere)。这句格言让那些被骚动不安的心灵所奴役着的人(尼采、舍斯托夫)耿耿于怀。在1665年写给好友奥尔登堡的信里,斯宾诺莎表述了同样的思想:

> 我既不笑，也不哭，而是进行哲学思考，更切近地观察人类的本性。我不认为嘲笑自然是正确的，更不要说悲叹自然了，因为我认为人类如同其他东西一样，只是自然的一部分，我不知道自然的每一部分是怎样同整个自然，以及同自然的其他部分进行联系的。我觉得正是由于缺乏这样一种知识，所以自然中的某些事物早先在我看来常常是虚浮的、纷乱的和悖理的，因为我只是部分地、支离地感知它们，它们同我们的哲学精神不合。但现在，我要让每一个人都按照他们自己的想法生活。只要允许我为真理而生，那么如果谁愿意的话，就让他们为了他们的幸福而死去。

斯宾诺莎拒绝了海德堡大学的哲学教席，但遗憾的是，这并没有使他避开令他厌恶的那种“爱欲”的侵袭。他的昔日朋友、丹麦论敌斯蒂诺（Nicholas Steno）在1675年给他的信中不无道理、但又不乏幸灾乐祸地写道：

> 在别人告诉我而且我自己也有种种理由认为是您写的那部书中（即《神学政治论》），我注意到您在研究有关公众安宁的所有问题，或者宁可说是有关您个人安宁的所有问题，因为在您看来，公众的安宁的目的就在于个人的安宁。但是，您采用了与您渴求的安宁相矛盾的手段……您之所以选择了与您渴求的安宁相矛盾的手段，显然是由于您在寻求公众安宁的时候，您却使一切都变得紊乱而无秩序，而您在力图避免任何危险时，您却不必要地使自己招致最大的危险。（第67[A]封）

斯蒂诺这封信以雄辩的笔调向斯宾诺莎重述了类似但丁《神曲》所构造的基督教教义，并呼唤斯宾诺莎皈依这个真理，很自然，斯宾诺莎没有回信。丹麦国家档案馆管理员约根森（A. D. Jorgensen）对斯宾诺莎的沉默做出这样的解释：

> 基督教爱欲的骚动不安的精神使斯蒂诺想叫他的昔日朋友(斯宾诺莎)分享这种精神的快乐,但对于个人的欲望和忧愁无动于衷的哲性的无限宁静却使斯宾诺莎认为这个人已经离弃了真理的认识,没有希望再叫他返回来了,因而沉默乃是对于他的请求的唯一正当的回答。(第68封注释1)

《神学政治论》把斯宾诺莎抛入公众领域,在那里,勃勃爱欲激荡着曲解与嘲笑、哀怨与谩骂、诅咒与争吵。对此,斯宾诺莎早已了然于胸(第6封)。1656年,荷兰阿姆斯特丹犹太公会开除了斯宾诺莎的教籍,并向他发出恶毒诅咒:

> 让他白天遭人诅咒,夜晚遭人诅咒;躺下时遭人诅咒,起来了还遭人诅咒;外出遭人诅咒,回家也遭人诅咒。主永远不会宽恕他、承认他;主的怒火和愤懑之气今后永远灼烧他。把律书所载的一切诅咒都堆压在他的头上;把他的名字从这个世界上抹去;因为他的罪恶言行,主会把他从以色列的所有支族中清除出去,并用天底下的一切恶言詈语重重诅咒他。……禁止任何人同他交谈,同他书信往来;禁止任何人给他提供便利;禁止任何人与他同处一屋,禁止任何人靠近他在四腕尺以内;禁止任何人读他口述的或者书写出来的任何文字。

具有反讽意味的是,在1877年的斯宾诺莎雕像揭幕仪式上,勒南以犹太古先知的口吻发出了另一种诅咒:“那些路过的人,谁胆敢向这尊文雅冥思的雕像示以侮辱,他就有祸了……”

培根的古代智慧

不朽，不管是肉体性的，还是灵魂性的，不管是政治家的修辞，还是宗教徒的渴望，似乎永远都具有扰动人心与世道的神秘力量。它曾经鼓动了传说中的希腊诗人俄耳甫斯深入地狱深处拯救亡妻欧律狄克。然而，俄耳甫斯的琴声尽管触动了地狱的神明，但是最终不能使亡妻复生——缪斯女神传授的优美诗艺中，似乎缺少起死回生的魔法。

俄耳甫斯的故事在古罗马诗人奥维德的《变形记》中有最完整、最动人的记述。亡妻永堕地狱，俄耳甫斯请求允许他再渡迷津，但是地府的守卫把他赶回，于是他穿着肮脏褴褛的衣衫在岸边痴坐了七天，寝食难安，终日以泪洗面，之后便离开地府，隐居在色雷斯群山之中，终日以琴声感化野兽、草木乃至石头，荒山之中倒也颇有几分盎然生机和井然秩序。

在诗歌与爱欲构成的俄耳甫斯的生平中，英国哲人培根看到了两种事业：自然哲学与政治哲学。在《论古代人的智慧》第11章中，培根说：俄耳甫斯的乐声有两种功能，讨好冥府的神灵鬼怪与感化世间的野兽草木。前者是自然哲学，后者则是道德和政治哲学。因为自然科学的最高任务是恢复和更新不能持久的东西，或者退而求其次，把事物保持在当前的状态，使其免受腐朽消亡的命运。这项事业要求恰如其分地调节自然的各个部分，酷似精确地调节琴弦、使之发出和谐的乐声。这是人世间最困难的事业，皆以失败告终，这就是俄耳甫斯深入地狱，终不能克服死亡的寓意所在。培根接

着说:

> 一旦发现自己不能胜任(前一种)伟大事业之后,哲学怀着忧郁的心情转向了适合自己的人类事务,通过说服和雄辩潜移默化地让人们热爱美德、正义与和平,教导人们团结友爱、服从政权、自我节制和遵纪守法。

> Itaque Philosophia, tantæ rei fere impar, atque idcirco merito mœsta, vertit se ad res humanas, et in animos hominum suasu et eloquentia virtutis et æquitatis et pacis amorem insinuans, populorum cœtus in unum coïre facit, et juga legum accipere, et imperiis se submittere, et affectuum indomitorum oblivisci, dum præceptis et disciplinæ auscultant et obtemperant...

培根这句话如格言般的耐人寻味,政治哲学的起源、野心与黯然神伤的气质几乎全部浓缩其中。柏拉图所有作品加起来要说的,也不过就是这一句话。政治哲学起源于自然哲学,政治哲学的受苦记忆,政治哲学以研究人类事务为己任,政治哲学似乎生性忧郁。一个古老的神话,一篇现代的解说,古代人的智慧如此朴素,培根的领悟也如此简洁。

让笔者感兴趣的是政治哲学的黯然神伤的性格,也就是培根用拉丁词 moesta 提示给读者的。忧郁似乎与悲剧大有干系——政治哲学真的如此忧郁成性吗?苏格拉底也许不这么看,培根看到的俄耳甫斯更不曾这么看。培根写得很清楚,在哲学没有能力获得死亡的知识和克服死亡的命运之际,就忧郁地转向政治,成为政治哲学——忧郁的确是政治哲学生来就已经禀有的天然底色,但这与古代悲剧英雄的道德和近代浪漫派的悲情没有什么关系。政治哲学的忧郁来自对自己前身的无能与缺陷的深刻感知,它把握不住"整全"。这是智识上的无能与缺憾。培根的文字表明:在 moesta(忧郁)之前,他用了一个字merito(活该)。“忧郁”被修饰以“活该”,整个意蕴陡然一变——“活该忧郁”(merito moesta),这令人哑然失笑的文字排列,与其说透着自知之明的哲性智慧,不如说闪烁着反讽的喜剧精神。有什么东西能比反讽更能刻画政治哲学的性格呢?哲学的最高反讽不就是追寻“整全知识”而不得吗?而政治哲学的存在不正是对这一最高反讽的确证吗?政治哲学就是哲学的最高反讽,它和俄耳甫斯的生平一样,“活该忧郁”。

培根身后,18世纪的法兰西“知识分子们”(philosophes)兴高采烈地搞着哲学。热心教育、好为人师的孔多塞在《人类进步史表纲要》(1794)中大言不惭地把人间描绘成天堂。他甚至把不朽当作一个数学上的“无限小”的问题,坚信在时间的绵绵进程中,人类能够无限推迟导致死亡的老龄,从而在尘世中获得不朽。整部漫长哲学史上,从来没有哪个时代像这个时代那样可以把哲学“搞”得兴高采烈。

政治哲学不再忧郁,据说是因为它变回了自己的前身——自然哲学,并且获得了使“欧律狄克”得以不朽的巫术(art)。哲学探达了生与死的整全奥秘,因而不再有反讽——这世上,还有什么比这更具反讽味道的事情呢?

卢梭的人生和作品

在卢梭的早期著作《论人类不平等的基础与起源》中，一种疯狂的理想被疯狂地守护着。那个理想伴随并且折磨了卢梭整整一生，以至于到了撰写《忏悔录》和《一个孤独游逛者的狂想》的风烛残年之际，卢梭的愤懑、尖刻、愁苦和阴郁的灵魂已经病入膏肓。为了那个理想，卢梭花了一生时间去呻吟、受苦、自怨、自怜，并且仇恨这个世界以及这个世界上的很多人和很多事。

凭借愤懑、尖刻、愁苦和阴郁等混乱的激情去守护所谓一种理想，这是一种非常现代的现象，在所谓的"现代抒情诗人"中间广泛流行。这种感伤的滥情风尚旨在以疯狂的手段标榜一种疯狂的观念、信仰，甚至是直觉，并且在这种疯狂所许诺的虚假的绝对独立中自我陶醉，这就是卢梭在孤独的漫步中所体会到的"存在感"的本质。我认为，在近现代文学史上，或许是莎士比亚在他具有极度高超的心理分析性的悲剧中最早揭示了这种疯狂的感伤，《麦克白》堪称其中之典范。在莎士比亚笔下，麦克白在精神上的孤独和感伤具有清晰的政治含义，他与巴比伦柳树下哀哭切齿的犹太人惊人地相似(《诗篇》137)：他过度地相信自己的"被拣选"，以至于把整个世界都看成他的对立物；他不具备与世界邻人共处的习性，也没有能力进入这个世界，并且和平安静地居住下来。他和世界的唯一关系仅仅是通过暴政所实施的统治，而暴政恰恰表明他没有能力去统治。由于与世界和邻人的普遍对立，麦克白达到了一种几乎是绝对意义上的独立，一种以流血和死亡所保证的独立。麦克白的悲剧不是古典希腊式的悲剧，因为它不能唤起人的“恐惧”与“怜悯”，这两种情感来自高贵的人物和优秀的人生，而麦克白既不高贵，也不优秀，他的悲剧所唤起的只有憎恶。从麦克白在政治上的疯狂和暴政到卢梭在精神上的感伤和孤独，这两个人之间的距离不过咫尺之遥。

苏格拉底在《高尔吉亚篇》的灵魂隐喻中把那些被愤懑、尖刻、愁苦和阴郁等激情所统治和折磨着的灵魂判决为不幸和不义的灵魂。《忏悔录》再现了这类灵魂的自负和苦难。卢梭记述的那个既不高贵也不优秀的人生，常常使笔者想到《高尔吉亚篇》中那个由于不幸与不义而在阴间呈现出满身鞭痕的灵魂。罗马帝国的大史家塔西陀曾经在罗马暴君提比略身上看到了那个可怜的灵魂的影子：“毫无疑问，提比略的罪恶和他的丑行甚至已经使他自己都感到痛苦了。哲学的伟大教师经常讲的话并非没有意义；他说，如果能够把暴君们的灵魂放到阳光下面，人们一定会看到那上面的裂口和伤痕；正如鞭子可以在身上留下的伤疤一样，残暴、激情和恶意也可以在人的灵魂上面留下伤痕。不管提比略身处幸运，还是蜗居在阴郁的独处里，都不能使他不把自己灵魂的痛苦和应得的惩罚表露出来。”（Adeo facinora atque flagitia sua ipsi quoque in supplicium verterant. neque frustra praestantissimus sapientiae firmare solitus est, si recludantur tyrannorum mentes, posse aspici laniatus et ictus, quando ut corpora verberibus, ita saevitia, libidine, malis consultis animus dilaceretur. quippe Tiberium non fortuna, non solitudines protegebant quin tormenta pectoris suasque ipse poenas fateretur.）我认为，卢梭的“哲学人生”应当在《高尔吉亚篇》中的灵魂隐喻的语境下去理解，就像塔西陀在同样的语境下理解提比略的“暴君人生”一样。这样的人生最需要忏悔，也最无须忏悔。

建国者卢梭

在《论人类不平等的起源与基础》的序言中，卢梭把自己视为建国者，他将“以造福人类的手修正我们的种种制度，并且给予这些制度以一个不可动摇的基础”，他也将“预防从这些制度中可能产生出来的种种混乱，并从一些看来是给我们以无限苦难的方法中，创造出我们的幸福。”在此之后，他叮嘱读者学会向他这样的伟人“祝福”。

言外之意，“国家”是建国者赐予人类的一种福气和美善。然而，在卢梭笔下，国家真的是这样的吗？远远不是。卢梭对国家以及继之而来的政治状态、技艺以及文明怀有刻骨的怀疑和敌视，与此相应，他对一种被称之为“自然状态”的非国家状态情有独钟。《论人类不平等的起源与基础》及其早期论文《论科学与艺术是否有助于敦风化俗》就是这种敌视和钟情的雄辩表达，这种情感和思想一直延伸到《爱弥儿》的《漫步》。

在卢梭眼中，建国后的政治状态仅仅是强者的暴力统治和弱者的被统治。他深刻地指出，在人类社会中，被称为强弱贫富的这些关系是最为动荡不安的关系，因为它们的基础往往是变幻不定的偶然和机缘。因此，国家体制既然以这种动荡危险的关系为主体，那么，这些制度就无异于一座“奠基在流动沙滩上的建筑物”。卢梭不仅对建国后的政治状态大为不满，而且，对于国家的起源，他的观察也极尽讽刺：“谁第一个把一块土地圈起来并想到说：这是我的，而且找到一些头脑十分简单的人居然相信了他的话，谁就是文明社会的真正奠基者。”这句出现在《论人类不平等的起源与基础》第二部开篇的话闻名遐迩。

在卢梭的词汇里，“建国者”和“立法者”都是“富人”，法律是富人针对穷人的谎言和欺骗。富人向他的邻人们述说一种可怕的情势：如果所有的人彼此都武装起来相对抗，就会使某些人的富有和另一些人的贫穷都变成了沉重的负担，无论是在贫穷或在富有之中，任何人都得不到安宁。在述说了这种情势之后，富人就很容易地造出一些动听的理由，诱导他们来达到自己的目的：

> 咱们联合起来吧，好保障弱者不受压迫，约束有野心的人，保证每个人都能占有属于他自己的东西。因此，我们要创立一种不偏袒任何人的、人人都须遵守的维护公正与和平的规则。这种规则使强者和弱者同样尽相互间的义务，以便在某种程度上，补偿命运的不济。总之，不要用我们的力量来和我们自己作对，而要把我们的力量集结成一个至高无上的权力，这个权力根据明智的法律来治理我们，以保卫所有这一团体中的成员，防御共同的敌人，使我们生活在永久的和平之中。（《论人类不平等的起源与基础》第一部）

卢梭因此断言，这就是国家和法律的起源，它们给弱者新的桎梏，给富者新的力量，自然状态里的天赋自由就此被永远消弭，取而代之的是保障私有财产和承认不平等的法律，它把巧取豪夺变成不可剥夺的权利，为少数野心家的利益而卖命，驱使整个贫弱的人类忍受奴役和困苦（《论人类不平等的起源与基础》第二部）。卢梭的论证针对的显然是霍布斯和洛克。

相对于国家的状态，卢梭以维吉尔《农事诗集》式的牧歌笔调勾画了他所谓的纯良的“自然状态”，两百年来，那种状态雄辩地校调了标题为“论人类幸福与苦难的自然状态”的《利维坦》第十三章的阴暗视野。

在来自“自然状态”的田园诗般的映照下，卢梭看到了“关于人世的一个主要原理”，那就是，自然曾使人幸福、善良；国家如今使人堕落、悲苦。“适合于纯粹自然状态的善良已不适合于新产生的国家……那种自然状态应该是最幸福而最持久的一个时期。对于这一点我们越加深思，便越觉得这种状态极不易发生变革，而且也是最适合于人类的一种状态；除非由于某种不幸的偶然事件，人类是不会脱离这种状态的。为了人类的共同利益，这种偶然事件最好是永不发生。我们所发现的野蛮人，几乎都是处在这种状态。从他们的事例中，似乎可以证实：人类生来就是为了永远停留在这样的状态。这种状态是人世的真正青春，后来的一切进步实际上把人类引向没落。”(《论人类不平等的起源与基础》第二部)

针对建国后的政治状态的命运，卢梭发出的预言是先知式的：“新生的国家臣服于最可怕的战争状态：堕落而悲惨的人类，再也不能从已踏上的道路折回，再也不能抛弃已经获得的那些不幸的获得物，同时他们努力以赴的只不过是滥用使自己获得荣誉的种种能力，从而为自己招致恶果，并终于使自己走到了毁灭的边缘。”(《论人类不平等的起源与基础》第二部)霍布斯勾画的自然状态与政治状态恰好被卢梭颠转：在霍布斯笔下那臣服于战争状态的不再是自然状态，而是国家状态。国家，在卢梭这位自诩为“贤者”看来，只不过是一种“失去纯朴本性的人和人为的情欲的集合体”(《论人类不平等的起源与基础》第二部)。

“国家”在卢梭笔下受尽诅咒，那么，单凭一册《论人类不平等的起源与基础》就妄图以“建国者”自居的卢梭乞援人类为他祝福，这岂不自相矛盾？

卢梭一定是读到过亚里士多德《政治学》中的一句话：“那最先设想和缔造国家这类政治体的人正应该受到后世的敬仰，把他的功德看作人间莫大的恩惠。”(《政治学》第一卷)然而，卢梭也许有意无意地忘记了亚里士多德这句话之前的一句话：“人类生来就有合群的自然天性，所以能不期而共趋于高级的政治组合。”在亚氏看来，国家是自然而然的产物,不是像卢梭所说的那样是人为的暴力捏造;人类在本性上欲求共同的生活,因此是政治的动物;那些没有国家的人,或者在国家之外的自然状态游荡的人,就像荷马所说的,“无家可归、无法可循、无神可祭”(《伊利亚特》第九卷),他们因为孤独而不能和睦相处。在亚氏看来,人类为了共同生活而自然结成的所有共同体(家庭、部落、民族、城邦-国家)都致力于实现某种善,在所有这些共同体中,国家乃是最高的一种,它致力于去实现的善因此也是最高的(《政治学》开篇)。

与卢梭极尽所能地诅咒国家不同,国家的尊严及其向善品质在亚里士多德这里得到理性的澄清与维护。更重要的是,亚里士多德为人类树立了一个亘古不灭的原理:国家并不悖逆自然与人性。这和卢梭树立的“人世原理”(“自然曾使人幸福、善良;国家使人堕落、悲苦”)有天壤之别。

亚里士多德的这项原理的理论基础在于一个更深层的观察,那就是人在其自然本性上是趋于国家、趋于政治生活的动物。正是由于这个原因,亚里士多德断言:“那最先设想和缔造国家这类政治体的人正应该受到后世的敬仰,把他的功德看作人间莫大的恩惠。”既然人是天生的政治动物,他们的自然本性驱使他们欲求国家,那么,国家的缔造者正是通过建国而成全、安顿了人类的自然本性,这当然是他施之于人类的莫大恩惠,当然应该为后世敬仰。而在卢梭看来,建国之前的“自然状态”才是人类“最幸福而最持久”的一个时期,它是一种“最适合于人类的状态”,人类“生来就是为了永远停留在这样的状态中的”。换言之,卢梭认为,人类不具有政治的自然本性,因此人类不渴求政治的生活,并拒斥国家,国家是对人的自然本性的扭曲与奴役。换言之,对于人的自然本性而言,国家是一种灾难,而远不是恩惠——卢梭没有理由要求人类向那个为他们带来灾难的人祝福!

因此,我们不打算祝福作为建国者的卢梭,但这不应该妨碍我们去沉思卢梭下面这句话：

> 谁第一个把一块土地圈起来并想到说：这是我的，而且找到一些头脑十分简单的人居然相信了他的话，谁就是文明社会的真正奠基者。假如有人拔掉木桩或者填平沟壕，并向他的同类大声疾呼："不要听信这个骗子的话，如果你们忘记土地的果实是大家所有的，土地是不属于任何人的，那你们就要遭殃了！"这个人该会使人类免去多少罪行、战争和杀害，免去多少苦难和恐怖啊！（《论人类不平等的起源与基础》第二部，开篇）

卢梭尽管满纸悖论，但是，他仍然给世人留下了一个难解的问题：那最终应该得到人类祝福与感恩的，究竟是那"第一个把一块土地圈起来并想到说：这是我的，而且找到一些头脑十分简单的人居然相信了他的话"的人呢？还是那个"拔掉木桩、填平沟壑"的人？

卢梭与维柯

维柯和卢梭都属于那种在其灵魂至深的地方隐藏着绝对孤寂的伟人。卢梭虽然有很多躁动不安的游历,但始终落落寡欢,而维柯则终其一生都沉静地蜗居于南意大利的那不勒斯,连阿尔卑斯山都很少越过,对山那边蒸腾着的启蒙热浪和共和余波没有丝毫感知,以至于被后人视为18世纪欧洲最孤陋寡闻的思想天才。虽然没有证据表明卢梭(1712—1778)读到过维柯(1668—1744)的奇书《新科学》,但是,两个人在思想气质上基本上属于同代人,前者的《新科学》(1725,1730,1744)与后者的《论人类不平等的起源和基础》(1754)享有一个共同的使命:探索人类政治生活的起源,重写人类政治史。这项艰难使命把这两个天才从喧闹的时代肌体中地剥离出来,成为卓尔不群的异类奇葩——启蒙运动向前看,而他们两个则似乎向后看。

卢梭针对霍布斯的"自然状态"学说提出不遗余力的指控,认为他混淆了自然的事实与政治的捏造,用描述"政治状态"的语言来描述"自然状态",而事实上,霍布斯并没有看到"自然状态"的真实面目。几乎同样的指控,我们也可以在维柯针对格劳秀斯的研究中看到(《新科学》,第135、318、329、338、350、394—395、493、972节)。而在卢梭看来,霍布斯和格劳秀斯两个人做的恰恰是同一件事情,唯一的不同在于,格劳秀斯更具诗人气质,而霍布斯则是一派诡辩家的作风。在《新科学》第318、394、395节中,维柯反复提出这项指控,第135节则犀利地指出他与格劳秀斯地这场思想诉讼的最终来源乃是一场“大争论”,一场“第一流的哲学家们和伦理的神学家们之间进行着的反对怀疑派卡尼德斯(Carneades)和伊壁鸠鲁的大争论”,一场“连格劳秀斯也不能使之终结的大争论”,那就是“法律是否根据自然而存在,或者人在自然本性上是不是政治动物,这两个问题其实只是一个问题”(第135节)。而且,在第338节,也就是标题为“方法”的《新科学》第四部分的第一节,维柯直言了“新科学”所应遵循的研究方法,这个方法与卢梭的方法如出一辙,即从起源开始。但是,最关键的问题是,维柯所要回到的起源与卢梭回到的起源却大相径庭——“本科学必须从它所处理的题材开始的地方开始……”,云云。

维柯与卢梭的相似到此就结束了。换言之,两个人都要求政治哲学要回到人类历史的起源开始思考,但是,在起源是什么这个问题上,两人开始分道扬镳了。维柯说:“本科学必须从它所处理的题材开始的地方开始……(这意味着)我们必须和语言学家们一道回到杜卡里翁和庇娜的石头,回到安菲翁的岩石,回到卡德茅斯的犁沟里生长出来的那些人,或者是回到维吉尔的硬橡木去找寻这个开始。我们还要和哲学家一起回到伊壁鸠鲁的蛙,霍布斯的蝉,格劳秀斯的傻子们,回到没有神意的照看而投生到世界里的那些人……也就是说,回到荷马笔下的独目巨人”(《新科学》第338节,朱光潜译,人民文学版,1986,译文有改动)。而卢梭说:“从人类现有的性质中辨别出哪些是原始的、哪些是人为的,同时还要认清楚现在已不复存在、过去也许从来没有存在过、将来也许永远不会存在的一种状态,这不是一项轻而易举的工作,然而我们必须对这种状态具有正确的观念,借此才能正当地判断人类现在的状态。”(《论人类不平等的起源和基础》序言.4)。——维柯在英雄时代野蛮粗朴的自然状态中找到了起源,卢梭则把目光投向一个似乎从未存在过的时代。值得一提的是,在维柯的《新科学》研究中,语言学家的技艺被委以重任,同样的,关于语言的讨论在《论不平等的起源和基础》中占有相当大的篇幅(参 I. 24—32),卢梭本人更是著专文讨论语言的起源问题,这无疑是卢梭的“自然状态”主题研究中的一个分题。对语言的起源问题的研究将最终把我们带到“自然状态”的问题核心,继而也是政治哲学问题的核心——因为语言的起源问题发生在人类从自然状态朝着政治状态跨越的边境线上(卢梭:《论语言的起源——简论旋律与音乐的摹仿》,洪涛译,上海人民出版社,2003)。

政治哲学如何研究“血”？

在《思考马基雅维里》的一个不起眼的脚注中，政治哲学家施特劳斯写下了一句简短的文字，大意很简单：“血”是一个极为敏感但又极为根本的政治哲学论题。这句话并不难理解。政治哲学最崇高的研究主题是“建国”，而最棘手的研究主题则是“革命”——“建国”与“革命”无往不是血淋淋的事情。在“血”这个论题上，政治哲学与政治史二者几乎没有那种通常存在于理论与现实之间的巨大差别。

在犹太-基督教政治哲学与神学传统中，“血”的论题性尤其突出。如果我没有记错，在《新约·启示录》中，“血”出现了20次，《启示录》无疑新约圣经中最血腥的一卷书，它事关“革命”，也启示了西洋世界后来的所有革命行动。与《新约》相对，《旧约》里面血腥最浓的一卷书当是《出埃及记》。伏尔泰在《风俗论》序言中提供了一份可怕的杀人数据，其依据就是《出埃及记》：

> 利未人膜拜摩西的兄弟所铸的金牛之后共被杀死23000人；
>
> 因可拉反叛摩西事件而被烧死250人，被耶和华降瘟疫杀害14700人；
>
> 因一个百姓与米甸女人睡觉而被耶和华降瘟疫杀害24000人；
>
> 因以法莲人口音不准，将“示播列”（Shiboleth）读成“西播列”，被斩杀42000人；

因和便雅悯人发生内讧共死约85000人；
伯士麦人偷看约柜而被处死50070人。
合计：239020人

《出埃及记》的主题是摩西的“建国”，而《启示录》的主题则是“末世论革命”，前者事关“起源”，后者事关“终点”——在“起源”和“终点”的地方，政治最具血腥味儿。人类有一种本性迫使他们不是渴望“起源”，就是渴望“终点”，但在同时，他们的另一种本性又使得他们不可避免地惧怕“起源”与“终点”：人类因此具有嗜血与晕血的本性。这是政治文明遇到的最大麻烦。——嗜血使人残暴，晕血使人懦弱；残暴指向专制，懦弱招致奴役。

关于“起源”与“终点”的知识是政治哲学最高和最后的知识，它是危险的，但也是必要的。从这个意义上讲，政治技艺的精髓就体现在对这种知识同时进行巧妙的掩盖和揭示，也就是适度的“启蒙”与适度的“蒙昧”。因此，成熟稳健的政治行动与政治教诲只存在于“启蒙”与“蒙昧”之间的微妙地带，在这里，血的殷红色并没有被全部掩盖，但无疑会被稀释，从而让嗜血的人变得节制，让晕血的人变得勇敢。有了勇敢与节制这两个基础德性（cardinal virtues），建造一个运转良好的正义、睿智的共和国的基本石材就算是到位了。

施特劳斯关于“血”的那个脚注出现在他对马基雅维里的研究中。不能不承认，对于一个疏解政治经典的大学者而言，这样的布局安排非常恰当，或者说，非常正义，因为，根据马基雅维里自己的说法，他是政治哲学史上的哥伦布，和那个踏上一片人迹罕至的大陆的航海家一样，马基雅维里也来到了一片人类的思想触手迄今从未碰到的领域。马基雅维里为现代世界发现了新的起点，他是“建国者”、“新君主”，他因此必将血腥。以研究马基雅维里为契机去揭示“血”的存在，同时却以毫不起眼的脚注形式把这片血色淡化掉，这就是施特劳斯的启蒙与蒙昧相叠加的精致笔法。我记得施特劳斯说过，既“启”又“蒙”才是正确的启蒙，他说，西方政治思想史上只有柏拉图和迈蒙尼德娴熟地掌握了这项复杂的技术——与他们相比，我把“血”这个被施特劳斯小心开启并精心蒙蔽的危险品公示出来，简直就是一个伪启蒙派的败类了。

卡利俄佩的琴音

海伦的心事儿

重读荷马发现了不少有趣的地方，其中之一就是海伦这个人物好奇怪。在卷六，赫克托尔离开战场短暂回城，有一场和海伦交谈的情景，就是在这场谈话中，海伦说出了在我看来是《伊利亚特》最惊人的一句话："是宙斯给我们两人带来这不幸的命运，日后我们将成为后世人的歌题。"从上下文看，海伦所谓的"我们两人"是指她自己和帕里斯，也就是诱拐海伦的那个纨绔子弟、赫克托尔的亲兄弟。笔者自己也是一直这么理解的，"我们两人"指的是海伦自己和帕里斯。但是这次重读，突然有点疑惑了：海伦说的"我们两人"也许是指她自己与赫克托尔。原因有三：其一，"是宙斯给我们两人带来这不幸的命运"这句话，帕里斯似乎谈不上什么"不幸的命运"，他活得很滋润，战争间隙还不忘逃回家强迫与海伦亲热，虽然武功不济，但居然让特洛伊人的噩梦——阿喀琉斯——死在了他的弓箭下；《伊利亚特》刻画了很多命运不幸者，赫克托尔为其中之最，帕里斯显然不在此列。其二，"日后我们将成为后世人的歌题"这句话中的"歌题"值得深究，最典型的"后世人的歌"当然是《伊利亚特》，而《伊利亚特》"歌题"当属赫克托尔与阿喀琉斯，尤其属于赫克托尔，与帕里斯没有太大关系，他似乎不配入题。其三，最暧昧的一点就是卷六第349—353行，也就是海伦谈话的中间部分，她说她为帕里斯感到羞耻，希望"成为一个好一点的人的妻子"；面对赫克托尔说出这种话，个中味道十分暧昧，海伦心目中的这个"好一点的人"不就是特洛伊的大英雄赫克托尔吗？——海伦希望做赫克托尔的妻子，这并非匪夷所思的事情。海伦接着更加大胆地让赫克托尔进入她的闺房休息，海伦的闺房只有一个人和一个神进入过：特洛伊王子帕里斯和爱神阿佛罗狄忒。海伦的邀请（诱惑？）遭到赫克托尔的拒绝："海伦，别叫我坐下，谢谢你的友爱。""友爱"一词又是一个很强烈的暗示，在古希腊文学语境中，这个词与欲爱有着千丝万缕的联系。赫克托尔拒绝了海伦的"友爱"或者"欲爱"，海伦自知此生不可能和赫克托尔在一起，成为这个"好一点的人"的妻子，但是，这并不能阻碍她在想象中和赫克托尔在一起：在后世人的诗歌中，她将和她的大英雄永远在一起。至少，荷马似乎领会了海伦的隐秘心事，《伊利亚特》最后，我们得到了最强烈的暗示：在赫克托尔的葬礼上，有三个人为亡者领唱挽歌：妻子安德罗马克、母亲赫卡柏，最后一个就是海伦。在海伦的挽歌中，她再一次把自己和赫克托尔放在一起："我为你和我悲叹，心里很忧伤，我在这辽阔的特洛伊再也没有别人对我和蔼友好，人人见了我都发颤。"（24.773—775）

被凡人刺伤的阿瑞斯:《伊利亚特》的战争法

《伊利亚特》是一部战争史诗,描写了人与人之间的战争,这类战争悲壮惨烈,堪称一幕幕悲剧;另一类是神与神之间的战争(参第20—21卷),这类战争令人忍俊不禁,堪称喜剧。比如,第21卷,火神赫菲斯托斯憨厚质朴,与河神克珊托斯的一场大战却打得天昏地暗、异常凶猛,直到河神向火神的母亲赫拉苦苦哀求。赫拉对儿子说:"我的光辉的儿子赫菲斯托斯,住手吧,不能为了凡人而如此屈辱不朽的神明"(21.379—380)。我们知道,赫拉这位天后豢养了很多三头六臂的怪兽做宠物,宠物们仗着主人的威势,为所欲为,曾经被大英雄赫拉克勒斯斩杀。赫菲斯托斯,这位寡言少语的铁匠也颇像是慈爱的母亲精心宠养的一头小兽。在神与神之间的战争中,当然少不了雅典娜,这位"擅长呐喊"的女战神生得英姿飒爽,性子也是风风火火,最喜欢打架斗殴(5.876—877),为此没少被父亲宙斯训斥。她把弟弟战神阿瑞斯打得瘫软在地,然后"大笑不止",对他说道:"你这个蠢材,显然你并没有认真思量,我比你强多少……"(21.409—410)。雅典娜不爱红妆爱武装,她最厌烦的女神就是柔媚妖冶的爱神阿佛罗狄忒,看到爱神搀着战神逃出战场,雅典娜就"兴冲冲地追赶过去,对准阿佛罗狄忒的胸部狠狠一拳,"阿佛罗狄忒的心和膝盖立即瘫软"(21.423—424)。神与神之间的战争就是这样在洋溢着戏谑的氛围中展开,连主神宙斯都笑得合不拢口:"宙斯高踞奥林波斯山顶听见呐喊,高兴得大笑不已看见神明们争斗"(21.389—390)。

神与神的战争更像是一场体育赛会,神明们玩够了,闹够了,就皮肉不伤、一个不少地回到高高的奥林波斯山,兴高采烈地宴饮谈天(4. 1—4);人与人的战争则是赤裸裸的杀戮,一场大战之后,很多英雄都被“黑暗笼罩了眼睛”,“灵魂离开骨骼”,去到“那阴暗的哈得斯”——“那可怕的、死气沉沉、神明都憎恶的去处”(20. 65)。

除了人与人、神与神之间的战争,《伊利亚特》还描写了另外一类战争:人与神的战争。这类战争既不像悲剧,也不像喜剧,简直是个谜。人与神的战争最突出的例子就是第21卷阿喀琉斯力战河神克珊托斯。如果不是赫拉的“光辉的儿子”、火神赫菲斯托斯介入,以火克水,击退河神,阿喀琉斯就毙命了。人神争战的另外一个例子就是第5卷希腊将军、提丢斯的儿子、狄奥墨得斯追杀战神阿瑞斯。在此之前,他已经刺伤试图搭救自己的儿子埃涅阿斯的爱神阿佛罗狄忒(5. 311—362)。之后,在雅典娜的怂恿下,狄奥墨得斯竟然向战神阿瑞斯挑战,甚至将之刺伤(5. 846—863)!狄奥墨得斯刺伤阿瑞斯实在是震古烁今之大事情,用阿佛罗狄忒的话就是:“那可怕的战争已经不是特洛伊人和阿开奥斯人之间的事情,达那奥斯人甚至向天神挑战”(5. 379—380,比较 5. 872)。凡人怎么可能刺伤天神,而且据说是主管战争法则的战神(5. 426—430)!

解答上面的问题,需要搞清楚战神阿瑞斯的自然本性,也就是战争最根本的法则。特洛伊人与阿开奥斯人的战争的主要谋划者是主神宙斯(2. 1—15)。宙斯的意图在诗歌开篇的一个地方被明确揭示:“这位天神要在顽强的战斗中同样给特洛亚人和达那奥斯人带来苦难和呻吟”(2:39—40)。苦难和呻吟必须要由特洛伊人和阿凯奥斯人共当。作为战争的直接后果,苦难和呻吟与战争本身形影难离,它们“用黑暗笼罩凡人的眼睛”,并把他们“送往阴暗的哈得斯”。现在,战争降临到特洛伊和阿开奥斯人中间,他们必须担负共同的结果。在战争中,战胜者与战败者没有绝对的区别。杀人永远与被杀一起出现,参战双方必须共同尝受一样的苦难和呻吟。这就是战争的基本法则,它表现在战神阿瑞斯的性格中:“两边倒的东西”(5:831, 889;比较 17.227—228)。在特洛伊人和阿开奥斯人的战争中,阿瑞斯本该不偏不倚地存在着,不袒护任何一方,因为战争就像命运,在它的本质中,没有偏爱或青睐。战争界定着杀人和被杀,同时也在杀人和被杀中获得界定。然而,阿瑞斯偏袒特洛伊人,结果被希腊主将狄奥墨得斯刺伤,败回奥林波斯山。这就是说,当阿瑞斯偏袒一方凡人的时候,他就冒犯了自己的自然本性(nature),战争的神圣法则也就被破坏了,这意味着,他把自己从一位司掌战争法则的神明降格为一个可以被战争法则惩罚的凡人,也就是说,他可以被任何凡人诛杀——这就是狄奥墨得斯,一个凡人,敢于挑战并刺伤阿瑞斯的原因。

吃一堑长一智,有了这次教训,阿瑞斯恢复了本性。在第 18 卷重返战场的时候,他心性大变,这一次,他是作为主宰整个战争的真正神明出场的,不偏不倚,所向披靡,诛杀任何一方的杀人者:“战神对谁都一样,他也杀杀人的人”(18:309)。从此以后,阿瑞斯恢复了自己的自然本性,重新司掌严酷的战争法,再没有凡人能够伤得了他。在野蛮的英雄时代,战神阿瑞斯粗朴、严峻的法则压倒性地主宰了所有战争,直到很久以后,在宽和、文雅的人道时代,他的战争法遭到多方势力的挑战,而最终被修改。

民主派的史诗原型:特尔西特斯

《伊利亚特》是一部英雄史诗,英雄出场的时候,名字前面都带着长长的一大堆复杂称谓,标明他们显赫的家世、历史悠久得可以追溯到神明的部族来源、突出的德性、甚至夸大的身体特征与动作习惯,读起来拗口,但有霸气。比如,佩琉斯的儿子、神的后裔、腿脚敏捷的阿喀琉斯,阿特柔斯之子、人民的国王阿伽门农,普里阿摩斯之子、神一样的阿勒珊德罗斯,士兵的牧者赫克托尔,等等。

在《伊利亚特》人头攒动的英雄世界里,荷马用了足足67行的篇幅,栩栩如生地刻画了一个不起眼的普通人,叫特尔西特斯(2.211—277)。此人光秃秃的名字前没有任何头衔,我们不知道他是谁的儿子,也不知道他的家世。他最突出的特征只有三个:身形丑陋、巧舌如簧、喜欢辱骂国王。《伊利亚特》的原话是这样的:

> 特尔西特斯,舌头不羁的人,还在吵闹,他心里有许多混乱的词汇,拿来同国王们争吵,鲁莽、杂乱,只要可以引起阿尔戈斯人发笑。他在所有来到伊利昂的阿尔戈斯人中最可耻不过:腿向外弯曲,一只脚跛瘸,两边肩膀是驼的,在胸前向下弯曲,肩上的脑袋是尖的,长着稀疏的软头发。他最为阿喀琉斯和奥德修斯所憎恨,因为他总是同他们争吵,他当时再次用尖锐的话语辱骂神一样的阿伽门农。(2.212—222)

18世纪意大利思想家维柯和他的精神先驱弗朗西斯·培根拥有一个共同的爱好,就是极尽奇思妙想地重新解释古希腊神话,但是,两人的旨趣略有差别:培根试图在古代神话中发掘古人关于“自然”的智慧,可谓是对古代神话进行哲学的解释,而维柯的目的是政治性的,他在古代神话中发现了政治史的最初表达。维柯的发现之一就是贵族的傲慢与平民的反叛。维柯举出了很多神话例子,并给予天才的解释,发掘出隐藏其中的精妙含义。比如,他认为赫拉克勒斯与涅索思的争端就是一个经典表述:丑陋的马人涅索思驮着赫拉克勒斯的妻子过河,中途欲行不轨,被大英雄赫拉克勒斯一箭射中胸脯。维柯认为,赫拉克勒斯就是贵族的代表,涅索思则代表平民,涅索思对英雄的妻子欲行不轨,其实就是平民向贵族争取“婚权”。古代贵族时代,平民只是寄居在部落贵族头领的庇护下的“外人来”(clients),没有公民权,没有正式的婚权,他们的后代因此都是没有公民权的私生子。深谙古代社会发展史的维柯看到,争取婚权,乃是争取公民权的重要步骤。平民们首先争取的是平民与平民之间的婚权,后来进而争取平民与贵族的婚权,这就是涅索思对赫勒克勒斯的妻子欲行不轨的政治含义。维柯观察到,记载古代神话的文献(比如荷马的两部史诗)基本上都是以贵族的视角撰写的,所以平民的形象往往被塑造得很是丑怪,正如马人涅索思一样。

无疑,《伊利亚特》中的这个特尔西特斯正是维柯所说的平民派。他没有显赫家世,部族归属含混不清,用我们的话说,就是家庭出身不清楚,政治面貌不清白,很可能是男女奴隶的杂种,这无疑与贵族体制的两大支柱格格不入:血缘和等级。另外,特尔西特斯相貌丑陋,令人厌恶。最关键的一点是,“他心里有许多混乱的词汇,拿来同国王们争吵”(2.213—214)。熟悉古代政治史的人都知道,在古代城邦中,民主派赖以起家的手段除了赤裸的武力之外,还有一件法宝就是雄辩的政治修辞。《伊利亚特》中的特尔西特斯很可能是最早的民主派之一。遗憾的是,他的时代仍然是诸多王国林立的贵族黄金时代,在那种时代里,他的民主思想与言辞必然被刻画得丑陋不堪入目,就像他的身形相貌一样;他的民主修辞也没有经过精雕细刻，而只是一堆“混乱的词汇”，被贵族们看作鲁莽、杂乱的“诽谤”。总之，他以及他所可能代表的一切“最为阿喀琉斯和奥德修斯所憎恨”，后者就是两个著名的贵族头领(2:220)。

总之，我们可以说，在《伊利亚特》的贵族世界里，卑微的特尔西特斯的言辞还不够雄辩，雄辩的典范乃是老贵族涅斯托尔和奥德修斯。特尔西特斯最终被奥德修斯用权杖——而不是言辞——驱退：

> (奥德修斯)拿权杖打他的后背和肩膀，特尔西特斯弯下身，大颗眼泪往下滴，血痕在金杖的打击下从他的肩上露出来，他坐下去，感到疼痛，吓得厉害，迷惘地望望，把眼泪揩得干干净净。(奥德修斯)已经使这个鲁莽的诽谤者停止发言，这个癫狂的心灵一定不会再次使用责骂的语言同国王拌嘴争吵。(2.265—269,275—277)

在英雄时代里，特尔西特斯注定是弯腰驼背、面目丑陋的，他的民主修辞也注定是一堆引人发笑的混乱语词而被英雄们憎恨与蔑视。一定要等到伯里克利时代，更准确地说，一定要等到特弥斯克里斯的时代、克里昂的时代、亚西比德的时代，特尔西特斯的民主修辞才会大展伟力；而且，在那个时代，特尔西特斯的驼背将会直起来，两眼放光，得意洋洋。

特尔西特斯可谓是民主派的始祖和原型。荷马史诗之后，漫长的西洋文学史中，没有人再正面提及这个可怜虫，一直到近代中期，他在莎士比亚的《特洛伊罗斯与克瑞西达》中复活了，不幸的是，这次他仍然以丑角出场，但是，幸运的是，莎翁赋予这个丑角的含义与荷马时代大为不同了，他成了莎翁的代言人、莎翁的面具。他承载着，同时也掩盖着，莎翁的民主声音，这就是莎士比亚笔下所有丑角的共同含义。我们知道，马克思在他与反民主的“反动派们”的论战中已经开始公开采用特尔西特斯的口吻了，《共产党宣言》最后一段是令人难忘的,同时更加值得深思:共产党人不屑于隐瞒自己的观点和意图,他们将公开宣布他们的目的。而法国大思想家泰纳也精当地捕捉到了这一点:

> 他们总是充满了激情,他们深刻地体会到自己的善良与邪恶;他们由于有着一种不由自主的好奇心而把自己的灵魂扩张到广袤的领域。他们以可厌的丑行尽量地贬低自己以后,就高高地昂扬起来,形成一种姿态惊人的升华,由于感到了骄傲与喜悦而浑身颤栗。
>
> (《英国文学史》,转引自歌德:《读莎士比亚》,张可、元化译,上海书店2008年版,第15—16页)

在西洋古典文学史中,布满了像特尔西特斯这样的丑怪典型,他们像卡列班那样卑贱粗俗,但往往语出惊人,嬉笑怒骂之中道出震撼全世界的真理。维柯认为这是潜伏在前现代英雄贵族社会中的平民典型,这些怪物往往都是底层人的喉舌,其乖逆的言论都是针对贵族社会的主旋律而发出的嬉笑怒骂,他们不被主流认可,在文学文本中只好以丑怪形象出场,这是符合权贵的艺术与政治判断口味的,因为在他们看来,平民派丑陋不堪、没有教养、血统杂乱、家世卑贱。这些怪人的民主言论可谓是古代贵族社会中真正的"隐秘教诲"。说到这里,笔者始终不明白的一个问题是,为什么20世纪大政治哲学家施特劳斯把古代哲人的隐秘教诲理解成反民主的?反民主言论是古代社会的官方意见,没必要隐藏;凡是需要隐藏的,必定与民主精神有着隐秘的亲缘——哲人苏格拉底苦心隐藏的也许是是地地道道的民主教诲。为什么不是呢?衣不蔽体、荡荡街头的苏格拉底和特尔西特斯倒是有几分神似呢!

阿伽门农的权杖

希腊人兵临特洛伊城下,《伊利亚特》第二卷用了一半篇幅(476行)描述了希腊联军的战舰规模,并且逐一罗列了每一组战舰的将领及其背景(2.484—759),这一段文字被学界约定俗成地命名为"战舰名录"(Catalogue of the Ships)。这份可怕的"名录"一共记载了二十九位希腊国王,他们各自统领自己的舰队,奉阿伽门农为帅,漂洋过海,来到亚洲。二十九位将领中,奥德修斯统帅的舰队位列第十五位,也就是正中间,往前数六位,是名列第九位的联军统帅阿伽门农,往后数六位则是名列第二十一位的阿喀琉斯。这两个人的中间位置刚好又是奥德修斯。学界对这个排序多有关注,它似乎要给我们传达一个印象:稳坐中军大营的领袖既不是希腊第一勇士阿喀琉斯,也不是联军统帅阿伽门农,而是奥德修斯。这似乎正是荷马的本意。

奥德修斯位居中央,阿伽门农和阿喀琉斯分列两极,呈拱卫态势。这也许是在提醒我们可以通过认识两个极端而去认识中间,换言之,那居于中间的是通过两个端头来得到界定的。这其实正是亚里士多德研究美德的方法:通过有缺陷的两个极端达到完美的中庸。亚里士多德并不是在美德与邪恶的简单二元对立的格式中理解美德的,美德有两个对立面,即美德的过度和美德的不足,两个对立面都起于美德本身,是美德的有缺陷的形式,一个是太过,一个是不足,这是亚里士多德美德学说的特质。比如勇敢是一种美德,它的对立面不仅有懦弱,也有鲁莽,前者是勇敢的匮乏,后者则是勇敢的过度。在亚里士多德的体系中,美德与恶并没有黑白分明的尖锐对立,相反,美德与居于两端的两种恶其实是三位一体,密不可分。由于这个缘故,人们往往很难辨别美德究竟在什么程度上会变成恶,二者的分界线非常模糊晦涩,需要极端审慎的考量才能辨认出来。在亚里士多德罗列的美德名单上,有很多美德是不具名的,因为连亚里士多德自己也很难清楚地界定它们的边界,其原因就在于美德及其两端的恶这三者呈现出你中有我、我中有你的复杂情势。亚里士多德提醒我们,辨别美德与恶是一件极度困难的事情,此不赘言。

荷马很可能在无意中也使用了这种格式,奥德修斯居于阿伽门农与阿喀琉斯的中间位置,似乎在揭示一种亚里士多德式的理解模式:通过理解阿伽门农和阿喀琉斯,对居于中间位置的奥德修斯就可以获得比较清晰的认识。毕竟,在《伊利亚特》中,奥德修斯深藏不露,是个胸怀城府的人物。与其他将领相比,他的自我表达少之又少,他的第一次出场都是间接的,也就是通过特洛伊老国王普里阿摩斯王对他的惊讶、海伦的赞扬以及特洛伊王子安提诺尔的仰慕,我们才记住了这个角色(3.191—224),甚至他最拿手的一场好戏(夜探特洛伊)也是在夜幕的掩映下完成的。

亚里士多德的美德格式有一个很有意思的提示:中间与两端之间的冲突要小于两个端头之间的冲突。勇敢和鲁莽之间很难发生激烈的争执,勇敢和懦弱之间也不大可能,倒是鲁莽和懦弱之间常常发生激烈的冲撞。在《伊利亚特》开篇的地方,阿伽门农和阿喀琉斯的冲突正是这样一种冲突,场面很激烈。勇武傲慢的阿喀琉斯拿着阿伽门农的权杖发下了重誓(1.238—244),之后,他“立刻就把那根嵌着金钉的权杖扔在地上”(1.245—246)。在阿喀琉斯眼里,阿伽门农的权杖与一块普通木头没有什么两样。他这样说:“这权杖最初从山上脱离树干以来,不长枝叶,也不会再出现新绿,因为铜刀已经削去了它的叶子和树皮”(1.234—237)。但是,在阿伽门农眼

里,这根光秃秃的、没有皮的树干可是非同小可,它有着神圣的来源:

> 那是赫菲斯托斯为他精心制造,匠神把他送给克罗诺斯之子、大神宙斯,宙斯送给杀死牧人阿尔戈斯的天神(赫尔墨斯),赫尔墨斯王送给策马的佩洛普斯,佩洛普斯送给人民的牧者阿特柔斯,阿特柔斯临死前传给多绵羊的提埃斯特斯,提埃斯特斯又交给阿伽门农,使他成为许多岛屿和整个阿尔戈斯的国王。(2.101—109)

《伊利亚特》里的英雄们都有一些习惯性的动作,比如,阿喀琉斯对特洛伊人喊话的时候总是"靠着他的长枪"(8.496),而阿伽门农对着阿尔戈斯人演讲的时候总是"拄着他的权杖"(2.46—47,109)。可以看到,阿伽门农所依靠的那杆"祖传的永不损朽的"(2.46)权杖,在阿喀琉斯眼里得不到丝毫敬重,相反,阿喀琉斯倚重的是他的铜枪,亦即他的自然暴力和禀赋。阿伽门农和阿喀琉斯的冲突显然是一场国王与将军的冲突、一场超自然权威与自然武力的冲突、一场祖传遗产与天然禀赋的冲突。

再来看奥德修斯。奥德修斯也摸过阿伽门农的宝贝权杖,但是他对这杆权杖的态度和使用既有别于阿伽门农,也有别于阿喀琉斯。位居中间位置的奥德修斯深知如何通过融合或者驯化两个极端,最终达到审慎地使用权力。当阿伽门农拄着权杖结束那篇涣散军心的演讲之后(2.109—141),希腊军队群情耸动,大家都想放弃战争,离开特洛伊,早点回老家,奥德修斯却兀自屹立不动,看着无组织无纪律的希腊军队,"痛苦钻进了他的心灵"(2.171),他迅速跑向阿伽门农,"抢过那杆权杖"(2.186),走进乱军当中。当他遇到一个"国王或者一个显赫的人物"时,他就用"温和的话语"阻止他:

> 我的好人,我不该把你当懦夫吓唬你,你还不知道阿特柔

> 斯之子心里的意思,他是在试探,很快会惩罚阿开奥斯的儿子们……宙斯养育的国王的心灵暴烈异常,荣誉来自宙斯,智慧神宙斯喜爱他们。(2.92—93, 96—97)

这个时候,奥德修斯诉诸“权杖”(即阿伽门农的王权)的神圣起源,以神的复仇来震慑高级将领,他的权威来自权力。但是,当面对普通士兵的时候,奥德修斯不再使用“温和的话语”,而是“拿凶恶的话语责骂”,甚至用阿伽门农的权杖击打(2.198—199)。权杖这时变成了手中的武器,修辞也跟着发生变化:

> 我的好人,你安静地坐下,听那些比你强大的人说话;你没有战斗精神,没有力量,战斗和议事你都没有分量。我们阿开奥斯人不能人人作国王;多头制不是好制度,应当让一个人称君主、当国王,是狡诈的天神克罗诺斯的儿子授予他王杖和特权,使他统治人民。(2.200—206)

这个时候,权力来自权威。奥德修斯就是这样在“权威”与“权力”之间游刃有余地变幻着修辞,成功地约束住了全军上下。他的成功,得益于一种善于在政治体中区分少数精英(hoi oligoi)与多数民众(hoi poloi),并分别对待的本领,用权力遏制前者,用权威震慑后者。可以看到,奥德修斯拥有深湛的区分技艺,这种技艺阿伽门农不会运用,阿喀琉斯则不屑运用。古人说,区分的技艺就是“辩证法”的精髓,它是爱智的人们借以寻求智慧的独门技艺。

需要补充的是,礼法祖制(nomos)与自然禀赋(physis)的冲突显著地体现在阿伽门农和阿喀琉斯的故事中,但是,随着剧情的发展,这两个人的心性也发生了巨大变化,尤其是阿喀琉斯,在最后一卷,普里阿摩斯来赎儿子尸体的时候,阿喀琉斯的表现极度“人性化”和“虔敬畏神”,竟然和普里阿摩斯抱头痛哭,血性(thymos)尽丧。阿喀琉斯的变化当然和一个关键暗示有很大关系,那就是随着战争越来越接近尾声，阿喀琉斯也越来越感觉到了命运女神来向他索命的可怕脚步，因为，他的母亲忒提斯在战前就预言，他必死于特洛伊。所以，在整个战争过程，阿喀琉斯都处于“向死而生”的状态。他对自己的死亡的感知支配着他对自己的血性的节制和管理。从血性沸腾到血气尽失，这是阿喀琉斯的最大变化，也是《伊利亚特》这部史诗的主框架，也只有在这个框架下，赫克托尔的葬礼才成为这部史诗的点睛之笔——阿喀琉斯与赫克托尔的恩怨以及两人的死亡意在揭示英雄的虚幻理想：英雄并非神的后裔，他们是会死的凡人。《伊利亚特》描写英雄，但却有一个隐含的意图：去英雄化。

“去英雄化”时代，或者说，“后英雄时代”，是一个伪英雄的血性被真实人类的计谋所取代的时代。在这种时代，奥德修斯将脱颖而出，成为命运指派的主角，他不再掩藏在夜色中，也远离了喧嚣嘈杂的人群，并担当荷马另一部史诗《奥德赛》的主人公。笔者在整理荷马史诗的“灵魂论”的文本材料的时候，发觉在《奥德赛》里，灵魂血气的震荡感远远低于《伊利亚特》。也许，当“见识过很多种族的城邦和他们的思想”之后，哲人的灵魂真的很难再被激荡起来了，忒拜的先知特瑞西阿斯的亡魂这样预言奥德修斯的命途：

> 死亡将会从海上
> 平静地降临于你，让你在安宁之中
> 享受高龄，了却残年。
>
> （《奥德赛》11.134—136）

世人的肮脏与黑铁时代的立法

赫西俄德曾经创作过两首长诗，一首写神，一首写人，写人的叫做《劳作与时日》。其中，诗人以"黑铁时代"命名人类的世代。在那个时代，世人蔑视神灵，不报答父母的养育之恩，不知道世间存在着"羞耻"(aidos)和"敬畏"(nemesis)这两个紧随正义女神(Dike)的侍女，于是，"羞耻"和"敬畏"两位女神就用白色长袍裹着绰约多姿的身体，和她们的女主人一道离开罪恶的大地，抛弃人类，回到神圣的奥林波斯山，加入永生神灵的行列。从此，人类就陷入了深重的悲哀中之，面对罪恶而无处求助：

> 现在的确是一个黑铁种族：人们白天没完没了地劳累烦恼，夜晚不断地死去。诸神加给了他们严重的麻烦。尽管如此，还有善与恶搅和在一起。如果初生婴儿鬓发花白，宙斯也将毁灭这一种族的人类。父亲和子女、子女和父亲关系不能融洽，主客之间不能相待以礼，朋友之间、兄弟之间也将不能如以前那样亲密友善。子女不尊敬瞬即年迈的父母，且常常恶语伤之，这些罪恶遍身的人根本不知道畏惧神灵。这些人不报答年迈父母的养育之恩，他信奉力量就是正义；有了它，这个人可以据有那个人的城市。他们不爱信守誓言者、主持正义者和行善者，而是赞美和崇拜作恶者以及他的蛮横行为。在他们看来，力量就是正义，虔诚不是美德。恶人用恶语中伤和谎言欺骗高尚者。忌妒、粗鲁和乐于作恶，加上一副令人讨厌的面孔，将一直跟随着所有罪恶的人们。羞耻和敬畏两女神以白色长袍裹

着绰约多姿的体形，将离开道路宽广的大地去奥林波斯山，抛弃人类加入永生神灵的行列。人类将陷入深重的悲哀之中，面对罪恶而无处求助。

《劳作与时日》这首希腊古诗文寄托了诗人立法的意图，堪称典型的“立法诗”。作为“诗人王”的赫西俄德与其身后的“哲人王”柏拉图对正义怀有同样的关切。在诗人看来，以“羞耻”与“敬畏”为装备的“正义”是黑铁时代的人世秩序的保卫者。

有意思的是，在“正义”之外，诗人将很大希望寄托在“虔敬”之上。在解说完“正义”之后，赫西俄德用很大的篇幅解说了神圣的宗教仪式与戒律。诗人认为，宗教戒律的意图并不在于保证世人获得好的或者高尚的东西，而在于确保世人避免那些坏的或者卑贱的东西。比如，戒律中有这样一则：“不要从不洁净的器皿中拿东西吃或者取水洗手洗脸，因为这类器皿里藏有灾祸”。也就是说，遵行这则戒律仅仅能够保证避免灾祸，而不能得到任何积极意义上的好处——它着眼于较低的利益，而不理会较高的美德。从这个意义上讲，宗教戒律和刑法具有同样的使命，二者都为世人的生活划定最低的界限。这意味着，比这条界线更低的区域不再属于人世。令人惊奇的是，赫西俄德对世人生活的最低界限的刻画竟然是通过宗教戒律来完成的，换言之，他对那最低的东西的限定竟然是以那最高的东西——神世——为参照的。

世人遵从宗教戒律并不是出于对神的爱，而是出于对惩罚的恐惧，换言之，是出于世人的自爱。因此可以说，恐惧造就了虔敬。做一个虔敬的人首先意味着对较低的——如果不是最低的——人性状况的感知，这就是人与神的深刻分离。赫西俄德在他的诗行中让我们看到，人与神的分离状况尖锐地表现在“人的肮脏”与“神的洁净”的尖锐对比中。肮脏是人的低贱品质的标记，是黑铁时代的特有印记。因此，他们在神面前——亦即在宗教仪式上——必须掩藏他们的肮脏。掩藏世人的肮脏，构成了宗教性戒律中的大部分指

令。甚至可以说,宗教戒律的主旨和意图正在于掩藏世人的肮脏:

> 不要在黎明后不洗手便给宙斯浇奠芳冽的美酒。……不要面对太阳笔直地站着解小便。……不要在参加不详的葬礼返回后生育子女。……你得眼睛看着美好的河水作过祷告,又在此清澈可爱的水中把手洗净之后,才能趟涉这条常流不息的潺潺的流水。……无论是谁过河,倘若带着一双没有洗净邪恶的手,诸神都会对他生气,并在以后给他增添麻烦。……不要在欢乐的祭神节日里用烧红的剪刀修剪五个指头上的指甲。……不要从不洁静的器皿里拿东西吃或取水洗手洗脸,因为这类器皿里藏有灾祸。……不要在河流入海处小便,也不要往喷泉里小便。……同样,要提防谣言。谣言是邪恶,容易滋生传播,但受害者却苦不堪言,消除它困难重重,传播的人多了,谣言永远不会干净全部地消失,甚至在某种情况下成为真理。

在这段诗文中,赫西俄德有意识让人们闻到人体散发的令人窒息的恶臭,那令人窒息的感觉难以让人们对人性抱有美好的印象。接下来,诗人给匍匐在这黑铁时代中的凡人立下严律酷法,用生硬的文字织成的法网把他们从神世隔离开来,也就是非常自然的了。这也许是西洋文学史中对世人最深刻的蔑视和侮辱的一段诗文。柏拉图在《法律篇》第九卷里曾经借一个雅典人表达了哲学对人性的蔑视,但是,与赫西俄德相比,那要温和多了。赫西俄德似乎必须这么做。一个审慎的立法者深知,为了不使法律成为一纸空文,必须从人性最低的状况开始,他必须对人性的最低状况拥有充分的知识和洞察,换言之,他必须从对人性的蔑视乃至侮辱开始,他必须冒犯整个人类。

> 我但愿不是生活在属于第五代种族的人类中间,但愿或者在这之前已经死去,或者在这之后再降生。因为现在的确是一个黑铁时代:人们白天没完没了地劳累烦恼,夜晚不断地死去。

诸神加给了他们严重的麻烦，还有与恶搅和在一起。

对人性的蔑视和耻辱感，这或许是隐藏在所有立法者心中的一种最秘密的激情。《法律篇》第九卷开始讨论刑法的时候，柏拉图透露的正是这个意思：

在立法行动中弥漫着耻辱感，而我们正是要怀着这种感觉干下去。

立法者必须探究人性的最低状况，他编订的律法条文必须从那个状况开始，至于能否达到世人的最高和最完美的状况，那只取决于一个问题，即立法者能否对那个状况拥有足够的知识。在《劳作与时日》里，赫西俄德没有为我们提供这种知识，这似乎暗示我们，关于世人如何达到最完美的状态，不属于立法者的事情。

赫西俄德撰就的宗教戒律命令世人必须掩藏自己的肮脏，不让神看见；同样，在对神的描述中，赫西俄德小心翼翼地提到：诸神也往往把自己裹在缥缈的云雾中，他们在夜间出没，不对世人展示自己的尊容。“黑夜属于快乐的神灵”。“她们夜间从这里出来，身披浓雾”。这暗示着世人不可能对神的旨意拥有完整的知识。这与其说是因为诸神的自我掩藏，不如说是因为世人所在的晦暗蒙昧的处境。赫西俄德以此进一步证明了人与神二者之间的深刻隔离。

荷马用赫克托尔的“葬礼”一词结束他的英雄史诗《伊利亚特》，以此暗示的人的必死性，继而证明神与人的绝对隔离。同样，赫西俄德用以终结他的《劳作与时日》的最后场景也是神与人的分离。不同的是，荷马最后留给世人的讯息是赫克托尔的死亡和葬礼，而赫西俄德最后留给世人的则是一套旨在清洁身体的戒律。葬礼暗示了死亡，而戒律暗示的则是肮脏。这意味着，那致使人与神绝对分离的东西，在荷马看来，是人的死亡，在赫西俄德看来，则是人的肮脏。

恐惧与立法

霍布斯撰写《利维坦》，遂成为现代政治哲学的奠基人之一。“利维坦”是圣经《约伯记》里提到的一头海洋猛兽，被上帝赋予无与伦比的暴力，是众水族的最高统治者。《约伯记》的诗文这样写道：

> 你能用鱼钩钓上利维坦吗？能用绳子压下它的舌头吗？你能用绳索穿它的鼻子吗？能用钩穿它的鳃骨吗？他岂向你连连恳求，说柔和的话吗？岂肯与你立约，使你永远拿它做奴仆吗？你岂可拿它当雀鸟玩耍吗？岂可为你的幼女将它拴住吗？搭伙的渔夫，岂可拿它当货物吗？能把它分给商人吗？你能用倒钩枪扎满它的皮，能用鱼叉叉满它的头吗？你按手在他身上，想与它争战，就不再这样行吧！人指望捉拿它，使徒然的；一见它，岂不丧胆吗？没有那么凶猛的人敢惹它。这样，谁能在我面前站立得住呢？谁先给我什么，使我偿还呢？天下万物都是我的。论到利维坦的肢体和其大力，并美好的骨骼，我不能缄默不言。谁能剥它的外衣？谁能进它上下牙骨之间呢？谁能开它的腮颊？它牙齿四围是可畏的。它以坚固的鳞甲为可夸，紧紧合闭，封得严密。这鳞甲一一相连，甚至气不得透入其间，都是互相联络，胶结，不能分离。它打喷嚏就发出光来。它眼睛好像早晨的光线。它口中发出烧着的火把，与飞迸的火星。从它鼻孔冒出烟来，如烧开的锅和点着的芦苇。它的气点着煤炭，有火焰从它口中发出。它颈项中存着劲力。在它面前

> 的都恐吓蹦跳。它的肉块互相联络，紧贴其身，不能摇。它的心结实如石头，如下磨石那样结实。它一起来，勇士都惊恐，心里慌乱，便都昏迷。人若用刀，用枪，用标枪，用尖枪扎它，都是无用。它以铁为干草，以铜为烂木。箭不能恐吓它使它逃避。弹石在它看为碎秸。棍棒算为禾秸。它嗤笑短枪飕的响声。它肚腹下如尖瓦片，它如钉耙经过淤泥。它使深渊开滚如锅，使洋海如锅中的膏油。它行的路随后发光，令人想深渊如同白发。在地上没有像它造的那样，无所惧怕。凡高大的，它无不藐视。它在骄傲的水族上作王。

这段古诗文给人至深印象的地方在于利维坦令人恐惧的强力。霍布斯或许从其中洞察到了人类政治秩序的秘密，竟然以其比喻他打算创建的国家。《利维坦》的写作规划很简单：首先确立"自然状态"（第1—2卷），然后摧毁"黑暗王国"（最后两卷）。换言之，第1—2卷的主题是"恐惧"，首先是对"自然状态"的恐惧，继而被置换为对主权者（利维坦）的恐惧，最后两卷的主题则是摧毁基督教教士与异教神灵的政治与精神统治。霍布斯的意图和规划可以和古罗马诗人卢克莱修做一番比较。很多人都认为前者继承了后者的"伊壁鸠鲁主义"的思想遗产，但笔者认为这种观点可能仅得其皮毛。表面看来，卢克莱修的哲学长诗《物性论》的意图似乎和霍布斯一样，即摧毁宗教对人心的控制，但他采纳的方案却和霍布斯的途径恰恰相反：他致力于消除人类心灵中的恐惧激情本身。这是因为，在卢克莱修看来，恐惧乃是宗教的基础，所以，消除了恐惧，那么宗教势必烟消云散。与卢克莱修的不同，霍布斯固然要摧毁宗教，但却不打算消除深埋在人类灵魂中的恐惧激情。霍布斯与卢克莱修的两种方案因此存在本质差异，原因在于两者的政治意向是根本不同的：霍布斯是政治性的，依赖恐惧的震慑力把人从宗教的靠不住的庇护下驱逐到强大的政治体（利维坦）的庇护下。这意味着，宗教被消除了，但恐惧仍然保留在人的灵魂里；而卢克莱修不但要消除宗教，而且更要从灵魂中根除恐惧，从而把人一劳永逸地安置在心灵的安宁与和平之中。

卢克莱修路线的荒诞之处在于，他消除了恐惧，也就是消除了政治体（利维坦）存在的根基——以卢克莱修为代表的伊壁鸠鲁主义的“非政治性”的终极秘密就隐藏在这个地方。和荒岛上的鲁滨逊嫉恶食人生番一样，卢克莱修对宗教性的野蛮粗暴也厌恶之至。《物性论》第一卷，他言辞激愤地指控由宗教的恐惧导致的希腊联军领袖阿伽门农牲杀爱女的残暴：“一个无罪的女子被罪恶地杀害，一个父亲在她新婚的日子把她砍倒，把亲生女儿作为牺牲，来给远征特洛伊的舰队祷求顺风；宗教所能招致的罪恶就是这样。”对此，发现了英雄时代的残酷的自然法的维柯在《新科学》第191节中不客气地驳斥道：

> 当时卢克莱修对伊斐琪尼娅（阿伽门农之女）的惨死就很不虔敬地叫喊说：“宗教所造成的罪恶竟然如此严重！”但是为着驯化古代巨人们的野蛮子孙们，这一切牺牲曾经是必要的，因为这样才可以使得巨人们的子孙归依到阿里斯太德（雅典将军，性正直、大度）、苏格拉底、莱利乌斯（罗马将军，在西赛罗《国家篇》第三卷中为正义辩护）和非洲征服者西比阿等人所要求的那种人道。

从某种意义上看，维柯对卢克莱修的指责似乎有失公允，他似乎有意无意地忽略了一个事实，即卢克莱修所吁求的东西恰恰也是一种人道，而且比阿里斯太德、苏格拉底、莱利乌斯和西比阿等人所要求的那种人道似乎更具有人情味。维柯自己就说过：“万民的本性最初是粗鲁的，以后就从严峻、宽和、文雅的顺序一直沿革下去，最后变成淫逸”。如果说古代英雄时代的“巨人”的人道是“粗鲁的”，那么阿里斯太德、苏格拉底、莱利乌斯和西比阿要求的人道就是“严峻”的，而卢克莱修的人道则是“文雅”，它离“淫逸”仅仅一步之遥。从这里可以看出，卢克莱修比阿里斯太德、苏格拉底、莱利乌斯和西比阿要“现代”得多。17 世纪以来一再提起的“古代与现代的争吵”就是上述两种人道的争吵，争吵的问题就是，政治秩序的根基应该奠定在“严峻”的人道上面，还是“文雅”甚至“淫逸”的人道上面？在这场两种人道的古今大战中，霍布斯以恐惧建国，堪称卓然不群。

维吉尔的帝国诗文

维吉尔有一段诗文，似乎说明了民族与民族之间或者人与人之间的自然差异：

> Excudent alii spirantia mollius aera, credo equidem, vivos ducent de marmore voltus, orabunt causas melius, caelique meatus describent radio, et surgentia sidera dicent: tu regere imperio populos, Romane, memento; hae tibi erunt artes; pacisque imponere morem, parcere subiectis, et debellare superbos.

这段话的大意是：有的民族能够把一块青铜塑造成某种漂亮的样子，有的民族可以把大理石雕成一个大活人，有的民族口若悬河，擅长官司诉讼，有的民族则精通星相，手持魔杖，足可呼风唤雨。但是罗马人的技艺却是把万民统治在永久和平之中，宽待臣服的人，打击骄横者（维吉尔：《埃涅阿斯纪》6. 847—853）。这段话与荷马诗史中的一段诗文在精神上十分相似。《伊利亚特》里这样说：

> 赫克托尔，你一向难于接受别人的劝告/ 只因神明使你作战非凡超群/ 你因此也以为自己的思虑比别人深远/ 可是你怎么也不可能做到事事躬亲/ 神明让这个人精于战事，让另一个人精于舞蹈/ 让第三个人谙于竖琴和唱歌/ 鸣雷的宙斯又把高尚的智慧置于/ 第四个人的胸中，使他见事最精明/ 他能给很多人帮助，也最明自身的价值。（《伊利亚特》13. 726—734）

又比如，在《奥德赛》里，

> 神明并不把各种美质赐给每个人/ 或不赐身材，或不赐智慧，或不赐辞令/ 从而有的人看起来形容较他人丑陋/ 但神明却使他言辞优美，富有力量/ 人们满怀欣悦地凝望他，他演说动人/ 为人虚心严谨，超越汇集的人们/ 当他在城里走过，人们敬他如神明/ 另有人容貌如同不死的神明一般/ 但神明没有充分地赐给他优美的谈吐/ 就像你外表华丽，天神甚至不可能/ 使你更完美无缺，但你却思想糊涂。(《奥德赛》7. 167—177)

概观之，荷马与维吉尔的诗文秉有相似的精神，都是在说人与人之间或者族与族之间的自然差异；但是，细细审阅之下，则可发现两者的巨大差异。荷马说的是，一个人或者一个民族不可能占尽所有的良才美质，良才美质皆由神明所赐。这暗示了，占尽所有良才美质的，唯有神明；一个凡人占尽所有良才美质乃是违反神法的。这个思想呼应着荷马诗史的"去英雄化"的根本旨意，即袪除上古英雄们似是而非的神圣性，让他们回归凡人必死的、有限的匮乏境地，荷马的《伊利亚特》最后以"葬礼"一词煞尾，大概就是这个意图。强调凡人共同的有限性，这就是荷马的本意。再看维吉尔，在这位罗马诗人前引的诗文中，神明是不存在的，这意味着，神与人的差异与紧张这一荷马式的主题在维吉尔这里缺席了，继而，凡人在其本体论意义上的有限性也就不是维吉尔关心的问题。维吉尔意在呈现的乃是另外一种全新的差异与紧张，那就是征服者与其臣民之间的差异与紧张。尽管维吉尔承认各民族拥有不同的良才与技艺，但是，它们之间不再具有源于神明所赐而秉赋的平等质地了，作为罗马人的专属技艺的"政治技艺"居于所有技艺的统治地位，罗马人正是凭借这份技艺而统治万民，它是主人的技艺，在人类所能掌握的诸种技艺中，唯独它鹤立鸡群。在荷马那里，原本是神的才质与人的才质的差异与紧张，在维吉尔这里，则被置换成主人的技艺与臣民乃至奴隶的技艺的差异与紧张，这是一种全然世俗化的紧张关系。据说，正是这种主子与奴隶之间的紧张关系，成就了世界历史隆隆不休的伟大进程（比较新约《罗马书》12.3—8）。

无疑，罗马人凭借着“主子的技艺”，开启了“世界历史”的进程。这项技艺既由于其荣耀，而遭万民嫉妒，也由于其傲慢，而遭万民怨恼。维吉尔这段诗文精辟地概括了罗马的帝国精义，笔者愿意命名为“帝国诗文”，它几乎成为西洋文学史与政治史上最具争议性的诗文。以罗马人为不共戴天的死敌的基督教教父奥古斯丁就对这段傲慢的“帝国诗文”耿耿于怀，以至于在其《上帝之城》的导言中，倡导“上帝国”应该以“谦卑”立国。《上帝之城》的导言简短精练，其全部关注只在于提出一种与维吉尔的“帝国诗文”截然相反的统治法则：

> 谦卑把我们提升到大地的至高所在，超越那蔓延在尘世中的偶然与无常，然而，这不是靠人高傲的僭越，而是靠神恩的赐予。上帝之城的君王和创建者，在他的选民的圣书上用下面的词句展现了神圣的律法：神阻挡骄傲的人，赐恩给谦卑者。这说的本是关于神的话，但是灵魂高傲的人受膨胀的血气的左右，竟也喜欢听到自己受到这同样的赞美：“宽待臣服的人，打击骄横者。”这就是地上的国度，虽然她追求统治，让万民做她的奴仆，但她自己却也被统治的欲望所统治着。

《上帝之城》一共二十二卷，其根本主旨其实只有一个，就是抵制维吉尔的“帝国诗文”、抵制“罗马人”、抵制“世界历史”，依据圣经诗文，创制一套全新的主人技艺与国家统治理念，开启所谓“救恩历史”，它一方面有别于“世界历史”，但在另一方面又依托“世界历史”，并以高度含混的“基督教选民帝国”为现实的权力执行机构。对“世界历史”与“救恩历史”的平行描述与比较构成了《上帝之城》的核心内容，其中第十八卷，也就是全书篇幅最长的一卷，尤其显著地讨论了这个问题,这一卷堪称奥古斯丁的“历史哲学”研究,它最终为第十九卷的“政治哲学”议题做了气势恢宏的铺垫。

如果说荷马着眼于“凡人”,那么我们可以说维吉尔着眼于“罗马人”,而奥古斯丁则着眼于“选民”。这样看来,唯有荷马这位希腊的盲眼诗人才真正怀有一颗悲天悯人的神明之心,在他看来,凡人操持着残缺不全的技艺,无非只是为了匍匐在大地上艰难谋食罢了,人类在本体论意义上就是这样的微不足道,与荷马同时代的诗人赫西俄德的《劳作与时日》更加鲜明地表述了这一思想。然而,原本卑微的技艺在维吉尔和奥古斯丁那里却被寄托了非凡的期许:罗马人指望靠着某种技艺做万民的主人,而基督徒则是靠着某种技艺上天国。高傲与骄横的血气不仅弥漫在《埃涅阿斯纪》的诗文中,也同样弥漫在《上帝之城》的字里行间。

在荷马等上古诗人展现的古希腊神话世界中,技艺表征着凡人的有限性,而且其自身也秉有凡人特有的缺陷,后者又反过来节制着技艺,因此,凡人不会因为身怀雕虫小技而傲视神明,因技艺而傲慢者往往会遭受严厉的神罚,这类例子比比皆是。同样,一个民族也不会因为拥有某种特殊技艺而鄙视异族,所有凡人皆敬畏冥冥中的神明所赠赐的尘土般的命运,它们固然殊途,但终将结束于同一处归宿,一如赫拉克利特的古谚:“所有爬行的众生,统都顺应着神的驱策,啮食于宇宙的草原。”这种平等与节制的原始乌托邦的神学诉求在柏拉图对“理想国”的界定中获得了充沛的政治性表达:“自己走自己的路”乃是正义的根本含义。遗憾的是,这层含义在对自己身旁的“邻人”特别地感兴趣的罗马人和基督徒那里却荡然无存了。罗马人与基督徒堪称天生的帝国胚子,他们在技艺中看到了人类不平等的起源与基础,他们尤其发现“政治技艺”实在是统御所有技艺的“主人技艺”,从中他们更看到了使自身变得伟大的秘密和契机。《埃涅阿斯纪》与《上帝之城》均致力于深究借以统治万民的“政治技艺”,它们分别开启并守护着“世界历史”与“救恩历史”

的宏大路径，堪称西洋早期文学史上最具政治品性的两部经典著作。

伴随着技艺的主奴分野而来的，是凡人之间的主奴分野：在维吉尔那里，就是“罗马公民”与“非罗马公民”之间的分野；在奥古斯丁那里，则是“基督徒选民”与“异教徒”的分野——政治统治的技艺与资格乃是人类分野的最根本的标准，与之相较，其他诸如种族、血缘、地域、语言、文化等都是原始的、次要的、模棱两可的，甚至是可以忽略的。19 世纪法国大学者勒南正是在政治技艺所造成的人类分野的意义上写出下面这段文字的：

> 大自然创造了一个工匠的种族，那就是亚洲的中国人，他们拥有精巧的手工能力，但却几乎不知廉耻……大自然还创造了一个耕种土地的种族，即非洲的黑鬼，仁慈地对待他们，他们就变得服服帖帖。大自然还创造了主人和军人的种族，那就是欧罗巴人，如果像对待中国人和黑人那样将这个高贵的种族关进奴隶劳动营里，他们可是会反叛的……促使我们的工匠去反叛的生活对于中国人和阿拉伯农民而言已然是一种幸福的生活了，因为他们是一群毫无血性的东西。就让这些种族如其所是地生活与劳作吧，那样的话，大家各得其所，而天下也就太平了。
>
> (Ernst Renan, *La Reforme intellectuelle et morale*, Paris: Calmann-Levy, 1929)

促使勒南如此傲慢的，并不是他所谓的欧罗巴人身体里的“血气”，而是他们手中握有的政治技艺。他本不该迷醉于原始的、粗陋的血缘种族理论，而是应该去感谢命运把他分配到一个欧罗巴压倒亚细亚的幸运世代里。勒南沾沾自喜的基于技艺的平等分配而出现的“天下太平”几乎是一种荷马式的古老理想，它是不可能实现的，因为自从人们发现了竟然还有作为“主人技艺”的“政治技艺”

以后,天下就永远不可能太平了。世上有哪个奴隶不想着有朝一日做起主人呢?正是对政治技艺的向往,主子们和奴隶们才变得血气勃勃,而“世界史”也好,“救恩史”也好,无非都是对政治技艺的争夺史罢了。

其实,早在罗马人与基督徒之前,哲学家亚里士多德就隐约指出了人类渴求政治技艺的秘密及其原因。在亚氏看来,和自然宇宙一样,人类自成一个整全,并渴求把握这个整全,可是,纷纭众多的技艺却把整全世界分割成琐屑不堪的零星部分,不过,仍然有一种技艺可以帮助人们重拾整全生活的主权,那就是政治的技艺,政治技艺最终指向被称作“城邦”的政治共同体,后者正是人类无力企及的宇宙整全在凡世中的最高摹本,拥有了这一尘世中的整全摹本,就意味着获得了人之为人的整全生活,这就是最高的善,而“政治技艺”将是成就这一大业的唯一技艺,政治技艺因而是凌驾于其他所有技艺之上的“主人技艺”(architectonic art),由于它的目标并非指向人类生活的琐屑部分,而是整个生活秩序本身,它满足的也就不是人类的部分欲望,而是人之为人的整体欲望(《尼各马可伦理学》1094a27—b6)。正如古代基督教圣徒作家克里索斯托姆(St. Chrysostom)在论到摩西的时候说,在逃离埃及之前,摩西就已经凭借着自己的良才美质而成为希伯来人的领袖,因此,那些质问摩西的领袖地位的人是愚蠢的,这就好比是一个病入膏肓的人自不量力地质问一个医术精良的医师:你凭什么是医师?又是谁推举你来医治我?医师又能怎么回答呢?——凭什么?凭着我的技艺和你的疾病!“摩西就是处于同样的情形,他的见识和能力使他成为领袖,因为政治不仅仅是一种荣耀,还是一种技艺,不,一种最崇高的技艺。”由于这个原因,政治的技艺必然成为所有人的欲求物,不管是希腊的工匠、阿拉伯和中国的农民、抑或是欧罗巴的武士。换言之,政治技艺将是被万民所向往的技艺。可能正是在这个意义上,亚里士多德说,人是政治的动物(亚里士多德:《政治学》1282b14—16),或如奥古斯丁所说，"这就是地上的国度，虽然她追求统治，让万民做她的奴仆，但她自己却也被统治的欲望所统治着"(《上帝之城》第1卷，"导言"，比较卢克莱修《物性论》第5卷第151—164行)。鼓荡着万民的政治血气的"主奴辩证法"，其大意可能也就如此吧(黑格尔:《精神现象学》，IV. I)。

美墨绪尼:泰坦女神的技艺

人类的脆弱与正义之母

对人民拥有生杀大权的人就是僭主(tyranni),但是他们更愿意被称作王(reges)。有些人凭借财富、出身或者其他优势组成党派和集团掌控国家权力,他们被称为权贵(optimates)。如果人民拥有主权,所有事务都取决于他们的意志(arbitrio),这就叫做自由(libertas),其实是放纵(licentia)。当人与人之间,或者阶层与阶层之间,互相恐惧的时候,任何人对自己的力量都将失去自信,那么在民众与权贵之间就会出现类似契约(pactio)的东西,这就是罗马政治家、军事家西比阿曾经大加赞誉的混合政体(coniunctum civitatis genus)的结果。因此,正义之母既不是自然,也不是(人或神的)意志,而是人类的脆弱(etenim iustitiae non natura nec voluntas, sed imbecillitas mater est)。因为人类只能在下面三种生活中选择一种:(1)行不义,而不受不义之害;(2)既行不义,亦受不义之害;(3)既不行不义,亦不受不义之害。三种生活,最佳者似乎是第一种,既行不义,又不受其害,但这需要特别的能力,能消受得起这种生活的人,世间罕有。次佳者是第三种生活,我不害人,人也不害我。三种生活中最差的是第二种,我既害得了人,人也害得了我,从而在害人与被害的永恒轮回中沉陷下去,这是人世间最悲惨的命运。

以上是西塞罗借他的对话作品中的一个人物之口对四种政体的界定(《论共和国》III.13)。正义自古以来的两大基础——自然与意志——被西塞罗废弃了,取而代之的竟然是人类的脆弱以及随之而来的人与人、阶级与阶级、族群与族群、国家与国家之间的恐惧。从脆弱生出恐惧,从恐惧生出契约,从契约生出妥协,最后因为妥协而出现混合政体。在混合政体之下,据说可以人不害我,我不害人,大家万事大吉,安享太平了。这可以说是西塞罗的美梦,可惜从未成真。更加令人扼腕的是,西塞罗以人类的脆弱性作为正义的基础的犀利洞见也被慢慢后人遗忘,直到很久以后,霍布斯才重提这个议题,并沿着其中强大的逻辑进路,揭示了西塞罗的美梦不曾成真的理由。和西塞罗一样,霍布斯也感受到了人类(不管是国王还是乞丐)平等地共享着一种基本的脆弱性,但是,随之而产生的人与人之间恐惧激情不但没有催生出和平共处的契约,相反,却置人类于"一切人针对一切人的战争状态",也就是被西塞罗诅咒为"害人与被害的永恒轮回"(miserrimum digladiari semper tum faciendis tum accipiendis iniuriis)。霍布斯与西塞罗的共同点在于二者都将"正义"重新奠基在人类最强大的激情之上,即恐惧,其中,霍布斯更加强调人们对"暴死"(violent death)的恐惧,所谓"暴死"也就是非正常死亡,即被他人杀死(《利维坦》第13章)——

> 自然使人在身心两方面的能力都十分相等,以致有时某人的体力虽则显然比另一人强,或是脑力比另一人敏捷;但这一切总加在一起,也不会使人与人之间的差别大到使这人能要求获得人家不能像他一样要求的任何利益,因为就体力而论,最弱的人运用密谋或者与其他处在同一种危险下的人联合起来,就能具有足够的力量来杀死最强人。

黑格尔对此有着精准的总结:

> 尽管人人强力极不平等,但都具有一种自然的平等。(霍布斯)用一种特殊的理由来证明这点,他说因为"每一个人都能够杀死他人",这就是说,每一个人都拥有制服他人的最后权力。

> “每一个人都是至高无上者。”所以他们的平等不是出于最大的强力，也不是……奠基在精神的自由、同等的尊严、独立自主上面，而是奠基在人人同等软弱上面；每一个人对于另一个人来说都是一个弱者。“在自然状态中，所有的人都有伤害他人的意志”；都有对他人施暴的意志；因此每一个人都畏惧别的人。
>
> （黑格尔：《哲学史讲演录》，贺麟等译，第四卷，商务印书馆，1978，第158页）

恐惧，或者说对“暴死”的恐惧是霍布斯与西塞罗的共享前提，在此之后，霍布斯就与西塞罗分道扬镳了，西塞罗寄希望于“混合政体”，霍布斯则走向“利维坦”。这是霍布斯与罗马共和派的根本差异所在。

“混合政体”与“利维坦”一样，都旨在挑战和取代三种传统政体的腐败形式——暴君制、权贵寡头制和乱民制——及其相互间无耻的永恒轮回以及对一代又一代世人的可怕吞噬，以图在国家共同体中达到西塞罗所说的第三种生活方式，即我不害人，也没人害我，从而把人类从害人与被害的无休止的冤仇相报的困境中解救出来。共和罗马晚期的历史与霍布斯的心理学研究分别从历史与理论层面证明了西塞罗的失败。霍布斯又看到，对自身脆弱性的苦恼意识以及对“暴死”的恐惧虽然驱使人趋于平等，但是人类固有的荣誉心、竞争心却驱使人突破平等的脆弱底线，最终走向自以为可以过上西塞罗所说的第一种生活。这意味着，如果没有一个“凡高大的，它无不藐视，它在骄傲的水族上作王”的利维坦(《旧约·约伯记》41.34)，那么，游荡在人世间的，就仍然是形形色色的暴君、权贵和放荡的乱民，他们由于恐惧而在彼此之间结成的“混合政体”式的契约只是暂时的、脆弱不堪的，无力约束他们去幻想过上既行不义又不受其害的好日子，以至于最终堕入既行不义又深受其害的惨境中去，“混合政体”只不过是这种惨况的另一面。正义的基础既不是自然,也不是意志,甚至也不是西塞罗所谓的人类的脆弱,而是"利维坦"的强力。或者,换用亚里士多德的语言,我们可以说,脆弱只是正义的"动力因",而利维坦的强力才是正义的"形式因"。人们由于脆弱而生恐惧,恐惧则驱赶他们到利维坦的强力羽翼下寻找免于恐惧的正义。和西塞罗的"混合政体"相比,"利维坦"为人类应许的前景是暗淡的,但为了离开"一切人反对一切人"的"自然状态",这又是必须的,正如黑格尔看到的:

> 人必须超出自然状态。这是正确的。自然状态并不是应然的状态;它必须被抛弃掉。于是霍布斯进而讨论足以保持和平的理性规律。这个规律要使私人意志从属于普遍意志;自然的、特殊的意志必须从属于普遍意志、理性规律。但是这种普遍意志并不是所有的个人的意志,而乃是统治者的意志,因此统治者的意志并不对个人负责,而毋宁是反对这种个人意志;一切个人必须服从它……于是,从这样一个正确观点,即普遍意志必须安置在唯一的、君主的意志之内的观点出发,就出现了一个绝对统治、绝对专政的状态。但是,这种法律的状态并不是某种别的东西,而只是一个绝对法律的意志;因而这种普遍意志并不是独裁,而乃是理性的意志,是用法律形式宣告出来并且系统地规定了的意志……在霍布斯看来,法律不是别的,只是通过铁的纪律从人类的原始恶性里强迫压制出来的和平的条件——也就是在"一切人反对一切人的战争里"寻求和平的条件。
>
> (黑格尔:《哲学史讲演录》第四卷,第159—160页)

正义之母既不是自然,也不是人或神的意志,而是人类本性的脆弱。这个貌似十分现代的政治命题其实闪烁着柏拉图精神的不朽光芒。在《理想国》第二卷,柏拉图化身年轻气盛的格劳孔提出了这个命题(《理想国》358a—362c),并且使苏格拉底陷入沉思(《理想国》362d1—2)。苏格拉底在后来的八卷漫长的篇幅中,动用了辩证法与诗歌的强大技艺试图辨析并扬弃这个“伪命题”,但收效甚微。面对这一古典命题的力量,西塞罗保持敬畏,他没有像苏格拉底那样试图颠覆之,而是在政治学领域中将其“论题化”、“经典化”,或许正是经由西塞罗的正名努力,这一命题才在马基雅维里、霍布斯与洛克开启的近代政治学传统中获得了“公理化”的地位。在古典与现代的政治思想变迁中,西塞罗居于至关重要的过渡位置,最深远的标志就是古典哲人念兹在兹的“最佳政体”在他那里渐渐丧失了论题意义,取而代之的是“混合政体”的理念。

《论〈矛盾论〉的矛盾》简论

阿维罗伊的同时代人、伊斯兰神学权威伽扎里(Ghazzali,1058—1111)以伊斯兰律法与启示神学的立场针对哲学家撰写过一部批判名著《论哲学家的矛盾》(*Tahāfut al-falāsifah*),此书以《矛盾论》(*Tahāfut*)为简称广为传诵。为了反击伽扎里的片面与狭隘,阿维罗伊撰写了巨著《论〈矛盾论〉的矛盾》(*Tahafut al-Tahafut*),深入辨析哲学与神学、理性与启示、智慧与风习等中世纪哲学核心命题。

在这部书中,我发现一段非常耐人寻味的话,可以与阿维罗伊针对柏拉图《理想国》407d—e 的评注(参《阿维罗伊论〈王制〉》,刘舒译,华夏出版社,2008,第45—46页)加以对照:

> (有学问的人)负有义务去选择在他的时代中最好的宗教信仰……而且,他必须时时刻刻将一条真理谨记在心并诚恳地相信它,这条真理就是——所谓"最好的"终究会被未来"更好的"所否弃和代替。正是由于秉信这条真理,当伊斯兰文明进入这个世界的时候,当年在亚历山大里亚设帐授徒的学问家们就纷纷皈依了穆罕默德;同样道理,当耶稣的宗教被宣讲的时候,罗马帝国的学问家们则又纷纷皈依基督教。

阿维罗伊这段论说在某个层面上暗示了存在于哲学家的知识与民众的宗教(习俗)之间的深刻差异:前者是恒定不变的,因为它起源于恒定不变的自然,而后者则是人为的,所以变动不居,因为它的起源是立法者。所谓哲学,世间只有一种,所谓宗教(或习俗),则可有百态。因此,哲学无所谓优劣之分,但是,宗教(习俗)却一定要分出个优劣,并且服膺严酷的、绝不滥情的优胜劣汰的万民法则。当世所谓"文化多元主义"是一种彻头彻尾的伪命题,是战败者的虚弱无力的一厢情愿,是换了衣装的多神之争。既然是多元,总要为了孰优孰劣而争个头破血流的,这是知识、学说、教义与意识形态的本性,换言之,是民族文明的本性。当一种宗教(习俗)赢得了世人的大多数,那么它就是优胜的,反之,当世间的大多数人不再偏爱一种宗教(习俗)的时候,那么它就是劣质的糟粕,注定要退出历史舞台。阿维罗伊认为,辩明自己时代的宗教(习俗)是优胜的还是劣质的,这是每个时代的学问家的政治义务。

可以看到,对于教派和教义的近乎神秘的知识,阿维罗伊保持了政治意义上的冷淡,这一点酷似近代的博丹,这种态度通过中世纪犹太哲学传统(迈蒙尼德)深刻地支配着近代犹太裔哲学家斯宾诺莎。斯宾诺莎的论敌凡尔底桑(Lambert van Velthuysen,1662—1685)曾经精简地概括了这种态度,这份文献收录在《斯宾诺莎书信集》中(第42封)。凡尔底桑说,斯宾诺莎认为培育德行乃是所有宗教的主旨,由于德行及其培育与所有形态的神秘知识不存在本质的联系,所以,对于所有宗教来说,那些往往以神秘知识的形态出现的、因而必然走向排外与不宽容的教义,其实是可有可无的,对于这些教义的解释也是可以根据时代的要求而有所变通的,哪怕出现此一时彼一时的冲突和矛盾也不是什么了不起的事情,只要能够使人们更加热切地献身于德行。

> 上帝把(教义)论据的选择权留给了先知,因而先知可以采用那些适合于时代、适合于个人思想的论据,以及那些按照他们的理智认为是善的有效的论据……不同的圣徒可以采用不同的而且常常是相互冲突的论点。保罗教导说,人们按照事功是不能得以释罪的,而雅各却教授相反的观点,因为……雅各

> 看到了基督徒正误解因信释罪的学说,所以他在许多地方指出,人是按照信仰和事功两方面得以释罪的。因为他认识到,像保罗那样,教授和发表关于信仰的学说,对于他那个时代的基督徒并没有用处,因为人们正仰仗着这种学说躺在神恩上心安理得地睡大觉,几乎一点也想不到要行善事。而保罗当时却是和那些错误地用律法事功来为自己释罪的犹太人打交道,特别是和那些由摩西引渡的、认为他们处于所有别的民族之上、上帝单独为他们准备一条通向幸福之路的犹太人打交道,这些人反对用信仰来达到拯救的方法,他们认为这种办法使他们降到了与别的民族同等的地位,剥夺了他们所有的特权。因此,既然上述两种观点,即保罗的观点与雅各的观点,对于不同的时代和不同的个人,以及相联系的不同的具体情况,各自都非常有助于人们走向虔诚和德行,所以,斯宾诺莎认为,时而采用一种观点,时而采用另一种观点,这乃是使徒与先知的智慧。

阿维罗伊不仅支配了身后的阿拉伯与犹太哲学传统,而且更以"拉丁阿维罗伊主义"的思想形态影响了基督教思想传统。托马斯·阿奎那曾经固执地认为世间只有一位哲学家,那就是亚里士多德,他以大写的 Philosopher 称之;他同样固执地认为,针对这位 Philosopher,世间只有一位评注家,那就是阿维罗伊,他以大写的 Commentator 称之。重新体会阿维罗伊上面这段话,不能不承认,当面对文明与文明之间巨大而惨烈的冲撞、教义与教义之间精深曲折地辩难之际,没有人比这位遍览群经的"评注家"更加镇定、大度、严峻与爱人类。和他相比,在面对"千年未有之大变局"的时候,罗马将军西比阿略显伤感,拉丁教父拉克坦修太过激烈,北非圣人奥古斯丁幸灾乐祸,拜占庭异教史家普罗柯比则阴损得露骨,而爱德华·吉本和雅各·布克哈特却又怀有太多的浪漫与哀婉。近代大哲人布鲁诺尝言:

正像你喜欢别的形式让位给现有的形式那样，让现有的形式让位给别的形式，这也正是那支配宇宙的大自然的意志。（布鲁诺：《论原因、本原与太一》第四卷，汤侠声译，商务印书馆，1984）

迈内克的《马基雅维里主义》

这部著作的英译本以“马基雅维里主义”为主标题，其编选者W. Stark在1957年撰写的导言娓娓道来，鞭辟入里，不乏民族性的傲慢与偏见，其实尽显英国人的智慧，而且在卡尔·施米特（Carl Schmitt）1926年为《社会学与社会政策文库》提交的书评中竟然能够找到惊人的共鸣。

> 任何（针对“国家理由”所施加的）概念上的规定都被小心翼翼地避开了……进而也放弃了真正意义上的结构。思想史的表述只能通过概念获得其结构。以概念模式工作，这也许正是“理性主义”，而避免一切概念性，则是一种停留在同一水平上的非理性主义。对概念的放弃不仅包含着对辩证法发展的任何紧张关系（Spannung）的放弃，正是这种紧张关系使黑格尔及其较为重要的追随者得以完成一种往往十分巨大的结构，而且也包含着对一个严谨的建筑结构本身的放弃。结果是，作品的结构松散，最后以一系列的短文和肖像画描述了从16世纪到19世纪曾以某些变化形式讨论国家理由和权力政治这个主题的一系列作家。[1]

那么，迈内克在这部厚重的著述背后究竟隐藏了什么样的非理

---

〔1〕 卡尔·施米特：《评梅内克的〈国家理由观念〉》，载《论断与概念：在与魏玛、日内瓦、凡尔赛的斗争中［1923—1939］》，朱雁冰译，上海人民出版社2006年版。

性的或者说混沌难辨的激情呢？迈内克以狄尔泰的精神哲学笔调自撰《导言》，冗长乏味。从中可以看到一个政治史家向德国二元论哲学巅峰艰难迈进的尝试，这也许是不必要的尝试，也可能是失败的尝试。失败的原因不仅仅是施米特暗示的作者拒绝概念化的非理性激情，它常常以强大的道德激情的面孔出现，正如英译者看到的，他所服膺的德国哲学传统没有给他提供一种有效的借以辨析人类世界之真相的理论。他对什么是邪恶以及邪恶在政治和历史中的作用从来没有清楚的认识。对他来说，1918 年以前，邪恶是通向美善的一个步骤，一项能够带来丰厚利润的成本；1918—1933 年间，邪恶被看做自然的事实，犹如变幻的星空和起落不居的海潮，要阻止它是徒劳的；最后，1933 年后，迈内克在对邪恶报以哀叹的同时，索性把它永远推出自己的视野。迈内克的确是一位“民族性的”历史学家，他和他的民族不是在一起思考，而是在失败的岁月里一起悲、在亢奋的岁月里一起喜。这一点在他晚年著述《德意志的灾变》(*Die deutsche Katastrophe*, 1946)中得到更加恣肆的流露。同样是立足于德意志民族，《决定时刻：德国与世界历史的演变》(1933)的作者斯宾格勒无疑拥有更加深远的视野，而 17 世纪晚期普芬多夫的一部基要文献《论日耳曼帝国现状》(*De statu imperii Germanici*, 1667)则饱含丰富的学识、精微的论证与伟大思想的魅力。相比之下，迈内克的作品布满了悲喜交加的岁月的斑驳印痕，但是却鲜有思想本身所要求的公正和独立，用施米特的话说，就是“概念的紧张”。“在他整个生涯里，他从未懂得柏克经典地表述的那个道理：‘历史的大部分由悲惨和苦难构成，而这悲惨和苦难是由骄傲、野心、贪婪、复仇心、淫欲、叛乱、虚伪、无节制的热情和所有一连串的混乱的欲望带给世界的。’”迈内克太专注于德意志民族赐予他的“精神哲学”和“历史哲学”的学统，以至于他没有能力去辨析乃至重述“历史”真相，因为他的学统缺乏一种借以认识历史真相的“人性论”，一种朴素如塔西陀与利普休斯、精密如休谟与霍布斯的“人性论”——一点都不奇怪,为什么施米特会发出那么含蓄但一针见血的批判:迈内克继承的哲学教条不适合研究政治史。

《马基雅维里主义》中译本长达600余页篇幅,取思想史的体裁,以“国家理由”为主题贯通前后,这无疑可以化解全书杂乱无章的表面印象。迈内克无疑是博学的,但是他对那种传统的、来自意大利文艺复兴时代的博学家式的写作方式充满蔑视。迈内克之所以蔑视博学,是因为他有着急切的理论关怀,一种施米特认为不适合研究政治史的理论。这种“不适合性”在开篇第一章“马基雅维里”中就表露无遗。迈内克对这个佛罗伦萨人的迫不及待的道德批判充分展示了他所继承的民族哲学学统的品质:模棱两可的关于高贵的思想、悲剧英雄式的紧张和粗陋,这种粗陋——它常常呈现为不稳定的道德感——使它丧失了辨析纷繁复杂的历史与人心的耐心和力量。与后世政治哲学家施特劳斯的《思考马基雅维里》相比,迈内克呈现给读者的马基雅维里是潦草的、肤浅的、无足轻重的。这就是迈内克的起点。

这肯定是个糟糕的起点。由此开始的跋涉并不愉快。对博丹的考察根本没有深入其“主权者”理论的核心;对康帕内拉的考察是狭隘甚至心怀叵测的,他没有理会康帕内拉在构建其《太阳城》(*Urbs Heliaca*)时的宏大用心;在讨论黎塞留的章节里,黎塞留本人精致繁复的治国方案被避而不谈,近代政治史本该是最具华彩的篇章在迈内克的理论框架中似乎失去了位置。迈内克理论的失败在中心章节第八章“略论格劳秀斯、霍布斯和斯宾诺莎”中达到了令人难以忍受的地步。以欧陆老旧的“国家理由”为角度,尤其是以德国精神哲学传统淘洗过的“国家理由”为角度,去考察格劳秀斯、霍布斯与斯宾诺莎这三位站在新世界门槛上的巨人,显然是一种“反动”。这类例子在德国人那里并不少见。

圭恰迪尼的民主大课

正像不朽的《意大利史》在精神上继承了《佛罗伦萨史》一样，圭恰迪尼的《政治箴言集》(*Ricordi*)也致力于追随他的友人马基雅维里在《君主论》(*Il Principe*)中树立的事业，那就是讲民主大课。《箴言集》第3系列第155节：

> 据说，如果不知道所有细节，就不可能做出良好判断。不过，我经常看到判断力匮乏的人在被告知细节的时候往往晕头转向，但是当他们只知道一些大概的表象的时候，往往能够做出健全的判断。这是因为，凡事在大概的、表相的层面，健全的结论自然而然就会浮现出来，可是当人们知道了所有的细节后，往往就晕头转向了。

毋庸置疑，圭恰迪尼这段话意在为民主辩护，为人民的常识感与判断力辩护。要想得到健全的结论，不需要艰深的思考，自然的欲望本身就可引领人们抵达正确的洞见。关于善恶德性的教诲似乎都是多余的，一个人所欲求的就是善的。遗憾的是，善的真相长时间被政治家、哲人、祭司、教士用晦涩的言辞编织成的蛛网所掩盖。圭恰迪尼和马基雅维里一样，致力于清除这些支离破碎的言辞蛛网，恢复普通人对善恶的自然感知力和常识判断力。在这一点上，他们预示了霍布斯的思考，后者将"自然权利"确立为善的唯一来源，它向整个世界开放，平等地向万民袒露自己的真相，并邀请所有脆弱的个体来享用。霍布斯之后的洛克接着说，自然权利本身并不是少数聪明人的秘密,它天然地与所有人贴身而在,要想得到它,并不需要艰深的哲学思考或者是蜿蜒曲折的政治智慧,只需要一点点勇气和力量,大声说出来就足够了。洛克的革命教诲无疑让我们回想起马基雅维里的关于 virtu(力量)的教诲。在马基雅维里开启的这个传统中,善似乎是个难以琢磨的女子,思虑繁复的聪明人追而不得,欲望简单的莽夫每天都会碰到。这个女子酷似马基雅维里《君主论》末尾出现的命运神女。

古代政体的精神都是贵族式的,这一点毋庸置疑。贵族们有着精致的头脑、善感的心灵,强大的武力、丰厚的家产、变幻多端的欲望、叵测难寻的思虑。这一切都为他们和他们的政体塑造了一个致命的性格:多疑。遗憾的是,多疑也正是哲学的性格,这正是柏拉图用问答文体来表述哲学的苦心所在。哲学家与贵族在精神上拥有某种剪不断理还乱的亲缘关系。在这种性格的支配下,贵族与哲学家找到了自己共同的政治天敌:人民大众。不事智力活动的民众既没有深湛的判断力去思考真理,也没有足够的德性去参与所谓高等的政治生活。哲学真理也好,高等政治也罢,都与民众无缘,而真理可被哲学家们涂成绚烂的花脸,政治则可被贵族们玩成深沉的阴谋。政治生活和真理探求,换言之,阴谋和花脸,一再被教导说是一种高深的技艺,并且需要匹配以一串复杂的实践德性和理智技艺,其中,“审慎”被视为德性的德性。从多疑,再到审慎,咫尺之遥而已。

在古代哲学家与贵族们共同营造的政治生活情境中,天与地仿佛被蒙上了一层沉重的阴霾,它使一切都变得含混晦涩,敌友不辨,是非难分,并且压得人们透不过气来,只能三三两两地躲进密室,结党立派,审慎而又阴险地谋划着各自的政治阴谋与哲学帮派,整个国家似乎变成了提比略阴沉诡秘的宫廷,个个多疑,人人自危,个个以审慎为德性,人人据明哲而保身。与此同时,美善——那个所有人都心向往之的女子却被涂抹得面目全非,像莎士比亚诅咒的娼妓,朝着前来光顾的贵人们送上用油彩堆出来的媚笑。与此不同,马基雅维里笔下的那个宛如神女一般的女子俨然是新时代的新生儿,她不施粉黛,纯净自然,对于精致优雅、虚弱伪善的贵人们,她不屑一顾,她只青睐那些跟着自然欲望走的民众。民众得到了快乐的欲爱,而愚蠢的贵族得到的只是甜腻的油彩。

记住圭恰迪尼这句话:“凡事在表象的层面,健全的结论自然就会浮现出来。”那些蔑视表象的人注定由于回不到表象而丧失真相,因为真相就在表象之中。认清你的欲望,并且尊重她,这不但是解读马基雅维里《曼陀罗花》的钥匙,也是现代民主大课的大纲。

古代学问与格劳秀斯的“共和教案”

本文题目中的“古代学问”指的是文艺复兴历史与思想语境中的 Studia humanitatis，它也是人文研究、人文教养的意思：文艺复兴时期的人文教养与古代学问息息相关。近代国际法的奠基人格劳秀斯在写给一位外交官朋友的私人信件中讨论了外交官教养与古代学问这个问题，这封信似乎是作者偶然为之，没有花费太多心思，篇幅也非常简短，但是，仔细追究起来，却也耐人寻味。[1]

欧洲文艺复兴，古代学问被重新发现，随之出现了一个新问题：如何讲授和学习这堆绚丽庞杂的学问。围绕这个问题，出现了很多专著和论文，其中不乏持论精到者。针对这一问题的写作和讨论持续了好几个世纪，其本身又逐渐融汇成了一种学问传统。比如：彼特拉克的再传弟子、曾经担任过教皇英诺森七世的使徒秘书、后来出任佛罗伦萨公国的国史编修、外交总长、十人战争议事会委员、撰有《佛罗伦萨民族史》的布鲁尼（Leonardo Bruni de Arezzo）就曾写过《论文艺研究》（1405），精心讨论古代文史遗产的接纳问题。布鲁尼在 1444 年去世后荣享国葬待遇，他供职的“十人战争议事会”名义上是佛罗伦萨元老院下设机构，事实上是国家最高执政机关。布鲁尼达到的权力高位，是后来的马基雅维里梦寐以求的。文艺复兴早期著名学者、维也纳宫廷“桂冠诗人”皮克洛米尼（Aeneas Sylvius Piccolomini）写过《论儿童教育》（1450）和《论正确的君主教育》（1445），他后

---

〔1〕 该信件的中译文以“格劳秀斯论外交官的教养”为题刊发在《古希腊的傲慢与偏见》，上海人民出版社 2011 年版，第 8—15 页。

来做了教皇，就是著名的庇护二世（Pius II）；西班牙古典学术权威维弗斯（Juan Luis Vives）写过《基督教女子的教育》（1524）；马基雅维里的《君主论》（1515）不仅仅是一份近代早期君主教育大纲，而且更被卢梭一针见血地誉为面向现代公民的民主大课；荷兰大学者伊拉斯谟我们并不陌生，在他的等身著作中有一本《论基督教君主的教育》（1516）引人侧目，它从苏格拉底的学生色诺芬的小说《居鲁士国王的教育》中得到很多灵感，并力图将后者的异教思想“现代化”，也就是“基督教化”；卡斯蒂利昂尼（Baldassare Castiglione）的《论朝中大臣》（1528）可能是一本最有趣味的教育专著，它不仅讨论了宫廷秘密政治和操作技巧，还讨论了侍卫、宫女等一堆古旧琐碎的宫廷趣事，更为重要的是，他提出，一个理想的朝中大臣应该类似柏拉图和亚里士多德所刻画的理想的政治家，不仅深谙治国之道，而且精通哲学，还要胸怀优良德性，这可以说是古代“哲人王”理想在文艺复兴时期最具文学表现力的复活。在这项名单上，我们还可以添加上很多人的名字，比如政治哲学家博丹（Jean Bodin），他在 1559 年撰写了《致图卢兹人民与元老院：国民青年的教育讲论》（*Oratio de instituenda in publica in juventute ad Senatum Populumque Tolosatem*）；又比如笔者非常心仪的菲利普·梅兰希顿（Philip Melanchthon），他是一位博学的希腊语学家和深刻的圣经解释学者、萨克森选帝侯的外交大使，更是马丁·路德的忠实战友，他指导路德以“因信称义”为纲领重新解释圣经文本，并撰写了欧洲第一份宗教改革宣言，他改革了大学文科课程，亲笔翻译、注疏、讲授古代典籍，在德意志境内大兴古典学问教育，被后人尊为“德意志导师”（Praeceptor Germaniae）。18 世纪意大利思想家维柯有着与梅兰希顿相同的雄心，他的“大学开学典礼系列演讲词”和梅兰希顿的在不同场合关于文科教育的《演讲辞》有着令人兴奋的一致，二者的差别仅仅在于，梅兰希顿位高权重，可以轻而易举地使自己的教育理想迅速执行，而维柯人微言轻，无法将自己的教育理想安顿在现实当中，这是他一生最大的遗憾和失败。在这个传统中,来自英国的贡献展露出焕然一新的气息,他们对古代学问的理解与接受有着朴素务实的风格以及鲜明的政治与道德意图:大法官培根的《论学术的进展》(1605)、共和派政治思想重镇弥尔顿的短篇《论教育》(1644)、洛克的《教育漫话》(1693),乃至霍布斯的《利维坦》针对君主与臣民的责任与义务的法律教导,都是我们耳熟能详的佳作了。甚至卢梭也属于这个在18世纪看起来已经透着古旧气息的传统,他的"爱弥儿"虽然是在森林中嬉戏成长,但是终有一天也还是要去阅读普鲁塔克的《古代希腊罗马名人传》的。

值得注意的是,这个传统远远不是我们当今所谓"教育学"这个词所能涵盖的,这一点从其主要参与者的身份可以看出:他们并非一般意义上的教授、讲师或博士,而是重量级的思想家和政治家,在西洋近代思想史和政治史上大都占有一席之地。他们的教育对象有儿童、妇女,也有民众、政治家甚至君王,表面上杂乱,但实际上形散神不散,因为在古代学问之光的笼罩下,所有人都聚在一起,形成了一个微妙的共同体,共同分享着理性、文雅与神秘的教养。这就是文艺复兴时期的人文主义教育传统(studia humanitatis)。"人文主义者"(humanista)这个词出现在15世纪末,被用来指称那些讲授古代文学(studia litterarum)、人文学科/技艺(humanae artes)或自由学科/技艺(artes liberales)的学者。Artes liberalis 也就是通常所谓的 liberal arts,现在一般译为文科、人文学科,之所以称作"自由学术",是因为它指的是一种针对自由公民的教育,或者更确切地说,一种让人成为一个自由人的教育。其原始意图是针对贵族子弟的教育,因为只有贵族才具有自由人的身份。维柯的《新科学》对此讨论颇多。因此,可以说,不管是原初时代还是当前时代,Artes liberalis 都是一种政治品性与诉求非常鲜明的教育与学问,都指向积极的政治行动与生活。

这些立足于古代学问的学科经常被统称为 studia humanitatis,

即前文提到的"人文教养",字面意思就是专属于人的教养,西塞罗用这个词翻译古希腊文里的 paideia,认为在智慧(sapientia)、学问(doctrina)与德性(scientia moralis)方面的学习与教养是人区别于野兽的根本所在,"人文教养"一说就是这么来的。继而,文艺复兴时期的学者们从"人文"(humanitas)这个词派生出了"人文学者"或"人文主义者"(humanistas)。

人文主义者的教育理念由于依托新近发掘的古代学问,因而在很多人眼中显得极其繁复、精致、华丽,甚至带有崇高的理想主义品质,只可仰慕,不能仿效。但是,这只是一种误解。人文主义者们的教育理念有一个很特别的地方,就是它的政治品性(civic nature),他们追随亚里士多德,强调人是政治的动物,以此来挑战中古修院教育中对人的沉思默想倾向的偏侧重。人在其本性上是国家的公民,有着积极行动的政治欲望,沉思式的生活应该服务于行动和实践的生活。因此,学问不应该成为从公共政治生活中抽离出来的借口,而是培育对公共美善或者公共福祉以及道德与政治德性的理解与关切。西塞罗的格言成为人文主义者的教育理想:"德性之美誉皆藏在行动之中"(virtutis laus omnis in actione consistat),其精神显然承袭自亚里士多德《尼各马可伦理学》第 10 卷最后关于"幸福"的讨论。因此之故,修辞、道德哲学与历史这三科成为人文主义教育规划中的重要组成部分,而逻辑、形而上学与自然科学则身居次要位置,仅仅作为前者的辅助,因为对于人的政治技艺与公民德性的培训,前三科(修辞、道德哲学与历史)无疑负有重大责任。重实践、轻沉思,笔者认为这一格局在亚里士多德的知识分类与排序中已经被暗示。我们知道,在亚氏的知识分类体系中,首先是逻辑学,其次是自然知识与形而上学,最后则是伦理、政治、修辞学与诗学。政治性的知识被置于知识序列的最后位置,隐然具有目的论的地位(《尼各马可伦理学》,1094a19—1094b11,比较该书最后章节关于"幸福"与"沉思"的讨论),这也暗合了亚氏的育人理想:人只有成为公民才算得上完人,因而,人的教育必须在政治共同体中进行,这就是政治教育。也就是在这个意义上,政治哲学家施特劳斯说,第一哲学不是形而上学,而是政治哲学。由于人文主义者们对其教育理念中的政治性的强调和追求,后来有学者称他们的学说为“政治人文主义”(civic humanism),这是一个非常精妙的标签。[2]

在很大程度上,“政治人文主义”构成了近代自然法与战争法权威格劳秀斯身居其中的历史与思想语境。而且,由于把法学与古代学问结合在一起进行研究,格劳秀斯更是当之无愧地在政治人文主义传统中占有一席之地。格劳秀斯就外交官的教养问题撰写的私人信件可以作为一个小小的佐证。这封信写于 1615 年,“三十年战争”即将开启,可以说是一个扰攘纷纭的战国时代。在这种时代,外交使节是一类格外活跃的人员,在有着漫长的以商议、辩论、争吵为特色的城邦共和政治传统的欧洲更是如此,相较之下,遥远的东方大帝国则显得过分安静了,以至于说帝国无外交也不无道理。格劳秀斯时代的主要问题是战争与和平,是典型的“国际关系”问题,处于这个问题的风暴中心的人不是别人,正是代表各个国家、集团、联盟甚至教派的外交使节,其使命可谓重大。相应的,他们也拥有高超的政治技艺与外交手腕,谈笑之间即可翻云覆雨,悄悄左右着近代欧洲的历史进程,他们可圈可点的外交成就可以说诠释了外交使节的神话原型赫尔墨斯的神奇事迹。这是古希腊神话中的十二主神之一,宙斯的儿子,道路与边界的守护神,睡眠与梦想的守护神,还是亡灵的向导,也是演说者、商人、小偷以及陌生人的守护神,他曾经赐给女妖潘多拉三件法宝:谎言、不知羞耻的心灵和欺诈的天性。传说中的上古诗圣俄耳甫斯曾经作歌咏之:

---

〔2〕 参 Hans Baron, *The Crisis of the Early Italian Renaissance*, Princeton University Press, 1966. *In Search of Florentine Civic Humanism: Essays on the Transition from Medieval to Modern Thought*, Princeton University Press, 1988. James Hankins, ed., *Renaissance Civic Humanism: Reappraisals and Reflections*, Cambridge University Press, 2000。

赫尔墨斯，宙斯的使节，迈亚之子！
他有慷慨的心，他是纷争的判官。
他不吝妙见，是飞鞋的信使，也是凡人们的朋友和先知。
他喜爱运动，计谋和掩饰，精力充沛。
他解说万物，庇护商客，除却忧愁。
他手握无懈可击的和平之杖，宽厚乐助，言语千般颜色。
他助我们劳作，爱必死的凡人，有神妙无比的言语武器。[3]

从外交使节的重要地位可以自然地想到外交官的培养教育问题，这大概就是格劳秀斯撰写这封信的内在原因。收信人是杜穆里埃（Benjamin Aubery du Maurier，1566—1636），法王路易十三的重臣，先后供职于法国财政与外交部门，主要政绩是出使荷兰联省。他著有名篇《回忆录》（*Memoires de Benjamin Aubery du Maurier, ambassadeur protestant de Louis XIII*，Librairie Droz，2010），记述了欧洲国际关系的世俗化进程，以及17世纪初荷兰联省的外交政策对于法国的重要性。格劳秀斯应邀致信，给他开具了一份书单，并就阅读次序问题予以简单说明。在信件开篇，格劳秀斯就强调了这份书单的实用性：

如果一个人仍然可以活很长时间，如果他是自己的主人，如果他求之于学识的只是一己生活的慰藉和装点，那么，他就有充分理由迈着悠游从容的步伐，沿着每一个学问领域中的分岔小径尽情地探索下去。但是，您的情形却与此有别，因为您已步入中年，而且国事繁重，常常受命周游列国，这势必限制了您的精神活动，并迫使您在获取学问的过程中不得不另辟紧迫匆忙的捷径，而不是轻松愉悦的大道。因此，审慎睿智的做法是，您需要常常谨记你是一位国家使节这个事实，让学问的实用性，而不是愉悦性，来指导您的全部学习计划。

〔3〕 吴雅凌编译：《俄耳甫斯教祷歌》，华夏出版社2006年版，第34首，第56页。

和早期文艺复兴前辈一样,格劳秀斯也仿效亚里士多德的经典分类法,把学问分为沉思性的和实践性的,他要求收信人给实践性的学问以特别的关注,把沉思性的知识放在辅助地位。格劳秀斯接下来罗列的知识门类严格遵循着亚里士多德划定的研习次序,即逻辑、自然知识、形而上学,然后就是实践性的学问,包括道德哲学、政治哲学、修辞以及诗学。亚里士多德强调过,青年人适合钻研自然与形而上学知识,不适合过早研习实践性的道德与政治学问,这是中年人的领域,涉足者必须是阅历丰富的人。也许正是这个原因,亚氏才在他的《形而上学》中强调人的求知本性,而在《尼各马可伦理学》与《政治学》中对人的求知本性保持沉默,转而强调人的政治本性。格劳秀斯对亚氏的意图可谓烂熟于心,他也明白他面对的收信人是一头地道的政治动物。因此,主导他拣选书单的原则不是"慰藉和装点",而是"实用"。沉思性的知识被大幅删节,即使有所保留,也都是为了辅助实践性学问的缘故。比如,之所以要研究逻辑,是因为"逻辑是(沉思性知识与实践性知识)这两个领域的共同分支,这样的话,理性就要求您首先从这门分支开始。"而且,格劳秀斯只看重三段论与辩证法,因为这是政治演说与外交雄辩的根基。再比如,在研究自然知识方面,格劳秀斯单列出灵魂学说的重要性,因为,在自然知识领域中,"没有什么比这一部分知识更加贴近关于道德与政治的知识了。"关于"形而上学",格劳秀斯认为那是可有可无的东西。

> 自然知识之后,我建议您去形而上学领域里浸润一下,这乃是知识或者我们称之为哲学的基本原理……但是……我还是担心这过于耽误您的时间了。

格劳秀斯对这位外交官朋友的教育规划的实用性的关切夸张到了下面这个地步:他建议他的朋友不要读亚里士多德冗长的逻辑、自然与形而上学原著,而是命令他的秘书去读,然后带着精华摘要向他报告。

相比之下，实践性的学问在格劳秀斯这里得到了优厚待遇。他把这部分学问分为道德哲学与政治哲学，分别以亚里士多德的《伦理学》和《政治学》两部著作为代表，并要求他的朋友务必研读之，因为，在实践性学问领域中，亚里士多德凭借着这两本书成为这一领域中“最崇高的教师”。接下来，格劳秀斯又推荐了很多古代文学作品，他认为，

> 在古代的文学世界中到处星散着短小但却颇为有用的书册，它们会给您带来无上的愉悦，把您从持续研读亚里士多德的枯燥烦累中解脱出来。

这类作品大致相当于中国古籍分类“经史子集”中的“集”部，格劳秀斯拣选出来的大都与道德和政治问题相关，比如《传道书》、忒俄格尼斯（Theognis）的政治抒情诗以及狄奥弗拉斯图的“神圣著作”《道德图谱》（*Characters*），此人乃是亚里士多德的学生，亚氏死后，出任逍遥学派领袖达36载，使之发扬光大，死后得到雅典的国葬，著述等身，但大都不传，其中《道德图谱》描写了36种道德与性格类型，堪称古代最早的性格刻画的尝试。除此之外，格劳秀斯又推荐了欧里庇得斯的悲剧、特伦斯的喜剧、贺拉斯的讽刺诗、西塞罗的《论公职》（*De officiis*）、波利比乌斯的罗马史中关于政治问题的选章、撒路斯特给恺撒的书信。格劳秀斯尤其建议他的外交官朋友去研读普鲁塔克的《名人列传》，这本书记载着古代希腊和罗马一流政治家、军事家的生平行迹，他们出色的治国技艺与政治德性成为不朽典范而垂诸后世。除此之外，格劳秀斯甚至认为西塞罗的书信也拥有巨大价值。

> 你必须物色一位精通这些书信写作时期的历史细节的助理，这样的话，此人就能够通过西塞罗的书信向你讲授当时的

> 罗马历史。与这些书信相比,再没有任何别的书籍能更好地展示一般性的原则是如何精妙地应用于具体历史情境中了。[4]

遵循亚里士多德的研究次序,在《伦理学》与《政治学》之后,格劳秀斯提到了《修辞学》。研究修辞术是理所应当的,因为亚里士多德认为,"必须为了劝说的艺术而去草拟道德与政治哲学。"换言之,道德哲学与政治哲学必须在修辞学的背景下去研究。这种说法可谓一语惊人,但其实非常符合古典学问的规则,我们知道,在亚里士多德的《修辞学》中,"伦理学"议题频繁出现,研究道德哲学的恰切语境正是修辞学。与此相配合,格劳秀斯提到了两种"课外读物":德摩斯蒂尼与西塞罗的演说,"我指的并非他们的诉讼演说,而是他们的政治演说,也就是那些与治国技艺有关的演说。"我们知道,有别于"诉讼演说"和"礼赞演说","政治演说"其实正是古典道德哲学与政治哲学的基本文体之一。到此为止,亚里士多德式的学问分类与学习次序安排基本完成。但是,格劳秀斯的教育规划尚未穷尽,他补充了两个部分:法律与历史。关于法律,他说,

> 我说的不是讼棍们赖以为生的私法,而是万民法与国家公法,它被西塞罗尊为最显耀的知识分支,它涵盖了民族、国家与君王之间的条约、停战协定以及盟国的缔结,这就是有关战争与和平的法律。

[4] "这个时代的一些大人物的书信被人们编到了西塞罗的名下,因为这些书信的较大部分是出自他的笔下的。从这些信中人们可以看到共和国的主要领导人由于这一突如其来的革命而感到的忧郁和绝望,因为这一革命使他们失掉了荣誉,甚至使他们无事可做;元老院既然不再行使自己的职权,他们也就不再享有过去在所有人们中间享有的威信,因此也就只能把希望寄托在一个人的统治上面了;这一点在这些书信中比在历史学家的论述中看得更清楚。这些书信是为共同的痛苦所结合起来的人们的朴直的杰作,又是这样一个时代的杰作,在这个时代里,虚伪的礼节还没有使说谎成为一种普通的习惯。最后,并不像我们今天大部分的书信那样,我们在这些书信中根本看不出人们想互相欺骗,而是不幸的朋友们相互倾诉自己心底的一切。"这段话出自孟德斯鸠的《罗马盛衰原因论》第11章,他把西塞罗的私人书信置于罗马共和国在恺撒时代寿终正寝的时局背景中,读来别有一番意味。

关于这部分典籍，格劳秀斯举出了柏拉图的《法律篇》与西塞罗的同名著作，托马斯·阿奎那《神学大全》第二卷的第二部分，也就是处理正义与法律的那一部分，其中尤其总结了基督教传统对“正义战争”的权威观点，格劳秀斯也提到了查士丁尼大帝的《学说汇纂》首卷和末卷以及《民法大全》的第一卷和后三卷，这些典籍足以为战争法权与和平法权提供道德哲学的基础。格劳秀斯特别指出：

> 我们当代的法学家很少有去触碰万民法与公法中的争议问题的，由于这个原因，那些研究这些方面的法学家，比如瓦斯奎斯（Fernandus Vasquius de Menchaca，1509—1566）、霍特曼（Francois Hotman，1524—1690）以及贞提利（Alberico Gentili，1552—1608）就显得格外与众不同了。

关于历史这门学问，格劳秀斯着墨不多，他只提醒收信人多读通史，先从当代史入手，再向古代史过渡，通过读史以培养“旁观者的眼光”。另外，值得注意的是，在格劳秀斯开具的简单的历史书目中，没有看到古希腊史家的名字，尤其没有提到《伯罗奔尼撒战争史》的作者修昔底德。

想让人文研究影响政治律法等实际事务，这是文艺复兴时期文人学者们编织的一场梦，前文提到的“政治人文主义者”对此尤其钟爱，这个梦在一定程度上也有所实现，那个时候不少君王、法官、外交官、宫廷大臣、主教与教皇都是身兼一流大学者的身份，人文素养都不低，卡斯蒂利昂尼的《论朝中大臣》描摹学者政治家的肖像，可以作为此等文人梦想之最佳写照。格劳秀斯这封讨论外交官教养的私人书信，只不过是这个梦想在两百年后的绕梁余音而已。

值得注意的是，格劳秀斯推荐的书目基本上都来自古代希腊与罗马世界：柏拉图、亚里士多德、德摩斯蒂尼、西塞罗、撒路斯特、普鲁塔克、贺拉斯……对于熟悉欧洲现代早期政治历史与思想进程的人而言,这份名单实在太眼熟了。这一串名字自从被文艺复兴时期的政治人文主义者予以"正典化"以后,他们的著作就成了16世纪已降欧洲"共和主义"及其自由事业的权威书目,通过这些著作,欧洲共和主义者从古希腊的城邦体制和古罗马的共和体制中看到了公民自由的最佳解说,这些著作堪称共和主义的圣经,其影响甚至波及马基雅维里、弥尔顿、洛克、卢梭、潘恩以及美国的建国者(联邦党人与反联邦党人),这些人与共和主义传统有着千丝万缕的关系。马基雅维里对李维罗马史撰的讲解被共和精神所主导,比如他鼓吹党派和阶级斗争有利于共和国保持健康活力,可谓一语惊人(《论李维》第1卷)。弥尔顿《为英国人民声辩》对君权的抨击可能是欧洲政论文献史上把博学、修辞、激情与政治义理结合得最为完美的共和篇章;洛克《政府论》下篇最后一章提出的革命的自然权利理论显然也流淌着共和血脉。至于卢梭,作为普鲁塔克的最伟大的读者、《论人类不平等的起源和基础》的作者,他把共和精神发挥到了令人心醉神迷的程度:

> 往昔的希腊是在最残酷的战争中繁盛起来的,公民们的德行、风尚与独立之加强国家的作用要超过一切争端之削弱国家的作用。有一点震荡倒会使人们的灵魂富于活力;真正能使一个种族繁盛的,与其说是和平,倒不如说是自由。[5]

综上所述可以推论出,格劳秀斯撰写的这份外交官教养大纲可谓是一份标准的"共和教案"。共和主义者从古代罗马共和国的两个布鲁图斯的所谓诛杀"暴君"的生平事迹中获得基本灵感,又杂糅了中古犹太—基督教政治神学中的"契约"理论,提倡人民主权学说,抵制"君权神授"(divine right of king),代之以"叛权神授"(divine right of rebellion),之后逐渐走向激进,终以极端的"弑君派"(Monarcho-

---

〔5〕 卢梭:《社会契约论》,何兆武译,商务印书馆1980年版,第108页。

mach)身份立场出现,堪称共和派的原教旨主义。[6] 共和主义的激进路向与加尔文教派的政治学说有直接关系[7]。共和激进派理论著作出现的一个历史契机是1572年的圣巴托罗缪大屠杀,这一点没有逃过博丹的注意,在1576年出版的《论共和国》(*Les six livres de la république*)中,博丹在一定程度上针对共和理论展开了最早的批判,并试图为主权君主的政治权威提供辩护。[8] 与激进共和派相比,加尔文的学说更加精致与晦涩,甚至保守,因而出现自相矛盾,这一点被博丹注意到了,后者在《论共和国》第2卷第5章对此展开过详细评析。

席卷欧洲的共和革命浪潮以及古代希腊罗马的"共和典籍"在欧洲大学的传播让17世纪的一个英国人忧心忡忡,他就是霍布斯。他一针见血地指出,"共和典籍"教导的学说之精髓就是"自由"。但是,他转而认为,民众往往惑于自由的美名,错误地把它当成"个人的遗产和与生俱来的权利",当这种意见受到古今权威典籍的支持时,势必鼓动政治骚乱,并使政权更迭不已。

> 在我们西方世界中,人们关于国家的制度与权利的意见自来就是从亚里士多德、西塞罗和其他希腊、罗马人方面接受过

---

〔6〕 "(这是)一种在希腊和意大利的一切共和国确立下来的万民法,一种意见:它把杀死篡夺国家最高权力的人的行动看成是一种美德。在罗马,特别是在赶跑了国王以后,明确地制定了这一类法律,这样都是有例可循的:共和国把武器交给每一个公民,为此授他以高级官吏的权力并承认他是自身的保卫者。布鲁图斯竟敢向他的朋友说,即使他的父亲(即恺撒,布鲁图斯的养父,被后者刺杀。——笔者按)重新回到地上来,他仍然会把他杀死的……这是对祖国的一种主导的爱,这种爱脱出了罪恶和美德的常规,它所服从的只是它自己,它是不管什么公民、朋友、好人、父亲的:美德正仿佛是为了超越自己才把自己忘掉的;在开始的时候,人们由于它残酷而不能赞许的行动,美德却使它被人们称颂为神圣的。"孟德斯鸠:《罗马盛衰原因论》,婉玲译,商务印书馆2009年版,第11章。

〔7〕 参见加尔文:《基督教要义》,第4卷第20章,比较J. W. Allen, *A History of Political Thought in the Sixteenth Century*, London, 1961,该书第三部分尤其与我们的讨论相关。

〔8〕 参《论共和国》第1卷第8、10章,第2卷第5章,这三章被当代学者Julian Franklin辑录在一起单行。

来的。这些人生活在民主国家中,对这些权利不是渊源于自然原理,而是只按照他们自己的民主国家的实际情况将其写入书中;其情形正好像文法学家根据当时的实践描述语言法则,或根据荷马与维吉尔的诗篇记述诗的法则一样。为了要避免更换政府的念头,雅典人被人教导着说他们是自由的人民,所有君主国家中的人都是奴隶。于是,亚里士多德在他的《政治学》一书(第6篇第2章)中便写道:"在民主国家中,自由是当然的,因为一般都认为在任何其他政府之下没有人是自由的。"正像亚里士多德一样,西塞罗和其他著作家的政治理论也是根据被人教导着憎恨君主政体的罗马人的意见而来的,这些教导人最初就是废黜君主、分享罗马主权的那些人,后来则是他们的继承者。人们由于读了这些希腊和拉丁著作家的书,所以从小就在自由的虚伪外表下养成了一种习惯,赞成暴乱,赞成肆无忌惮地控制主权者的行为,然后又再控制这些控制者,结果弄得血流成河,所以我认为可以老实地说一句:任何东西所付出的代价都不像我们西方世界学习希腊和拉丁文著述所付出的代价那样大。[9]

霍布斯甚至认为,"共和典籍"是导致"自然状态"或"战争状态"的深层原因,"共和状态"其实正是"自然状态"或者"战争状态"的历史体现。

古希腊罗马人的哲学与历史书以及从他们那里承袭自己全部政治学说的人的著作和讨论中经常推崇的自由,不是个人的自由,而是国家的自由,这种自由与完全没有国法和国家的时候每一个人所具有的那种自由是相同的。后果也是一样。因为在无主之民中,永久存在着人人相互为战的战争状态。……相互独立的国家的情形也是这样,每一个国家、而不是每

[9] 《利维坦》,黎思复等译,商务印书馆1985年版,第167—168页。

一个人,都有绝对的自由做出本身认为最有助于本国利益的事情,也就是代表国家的个人或议会认为最有助于本国利益的事情。同时他们却生活在永久的战争状况中。

(《利维坦》,同上,第166—167页)

霍布斯在他另一部著作《比希莫特》(*Behemoth*)中直言不讳地指出,柏拉图、亚里士多德、西塞罗、塞涅卡和古代史家们的政治学说是英国内战爆发的根本原因。而众所周知,霍布斯所谓的“自然状态”或“战争状态”的重要灵感来自于他对英国革命与内战的体认,他几乎是把内战等同于可怕的“自然状态”的现实翻版的。[10]

霍布斯从未做过大学教授,但是,他对大学的身份却有着清晰的政治判断和期许。他在《利维坦》全书倒数第二段说,大学是政治学说和道德学说的源泉,政治家和传道士们从中汲取活水,再洒在民众身上,因此,要特别当心这孔源泉的洁净,防止被种种流毒所侵染。霍布斯所谓的流毒,不仅包括基督教会的教权主张,还有来自古代异教文明的危险主张,尤其是古希腊和罗马人撰写的“共和典籍”。我们知道,基督教会以及异教文明的危险主张被霍布斯称为“圣灵的黑暗”、“外邦人的魔鬼学说”、“宗教残余”、“空虚的哲学和神怪的传说”,所有这些东西构成了霍布斯所谓的“黑暗王国”(《利维坦》,第44—46章)。霍布斯对“黑暗王国”的批判与圣奥古斯丁对古代异教神学的批判在修辞和精神层面有着相当程度的一致性(《上帝之城》前10卷),这一点也许可以激发我们去尝试探索前者的“利维坦”和后者的“上帝国”两者之间可能存在的一致性。与此论题直接相关的文献当然是霍布斯的《利维坦》第31章“论自然的上帝国(天国)”。不管怎样,在霍布斯看来,“共和典籍”在大学的转

---

〔10〕 参阅王军伟:《学究政治与17世纪英国王权的危机——霍布斯〈比希莫特〉简评》,载于林国基等主编:《自由海洋及其敌人》,海国图志系列第8辑,上海人民出版社2012年版。这是笔者读到的关于这个问题最好的中文研究。

播,使得大学之于国家就相当于雅典娜的木马之于特洛伊"高耸的城堡"。在《利维坦》第29章,他忧心忡忡地写道:

> 青年和所有其他理智不坚强、不能抵抗毒素的人,读了这些书中对于他们统领军队的人的赫赫战功得到一种强烈的心花怒放的印象,同时对于他们所作的其他一切也感到欣喜,心里以为他们那种伟大的繁荣不是由于个别人的竞胜雄心、而是由于其平民政府的形式产生的,他们没有考虑到当时由于政治不完善而经常发生的叛乱与内战。我的意思是说,人们读了这些书之后就从事弑君,因为在希腊和拉丁著作家自己的著作和政治论述中,任何人只要把君王事先称为暴君,他弑君的行为就被当成合法的和值得称道的行为。他们不说弑君(即杀害君王)是合法的,而说杀暴君(即除暴)是合法的。从同一类书里,生活在君主国中的人又得到一种看法,认为民主国家的人民可以享受自由,而他们在君主国家中则全都是当奴隶。我说的是生活在君主国家中的人而不是民主国家中的人得到这样一种看法,因为后者根本找不到这种事情。总之,我想象不出还有什么事比下述做法更加有害于君主国家,那便是现在不让谨慎周到的大师们适当地校正这些书以便除去其中的毒害,就任其公开阅读。

霍布斯认为,古代希腊人与罗马人撰写的"共和典籍"无助于国家权威与公民自由的生长,于是撰写《利维坦》,讲授"主权者的职责"与"臣民的自由和义务",旨在为战火连绵的欧洲提供一套崭新的自由公民的政治教程。在霍布斯规划的知识分类中,"政治学"(politiques)或者"政治哲学"(civil philosophy)的内容包含两部分:"政治体或者主权者的权利和义务"和"臣民的义务和权利"——霍布斯的措辞顺序值得推敲。另外,需要指出的是,灵魂德性知识、道德哲学、修辞、诗学被霍布斯从政治学领域中剔除,归入自然哲学领域,这是对亚里士多德以来的主宰西方知识分类正统的最大颠覆!即便是弗朗西斯·培根这位致力于大规模重整西洋知识体系的大哲也没有霍布斯——他的秘书——走得极端。由于这些知识门类在共和主义政治教程中占有举足轻重的地位,所以我们不妨大胆推论说,霍布斯这一举动似乎是在为政治科学清除共和主义流毒(《利维坦》,第9章,比较第18、21、29、30章),这一行动,可以与柏拉图著名的“删诗”行动相提并论。

然而,由于在书中过多地为君主辩护,他担心自己的学说不见容于深受古代希腊与罗马共和精神熏染的欧洲世界。在《利维坦》最后一段,霍布斯用罕见的动情修辞,表达了自己的无奈:

> 写到这里,现时的骚乱局势促使我对世俗政府与教权当局所作的讨论就告终了。这讨论不偏不倚、不忮不求,除开向人们阐明保护与服从之间的相互关系以外别无其他用心,人类的天性以及神律(包括明文规定的神律和自然法)要求我们神圣不可侵犯地遵守这一关系。在发生革命的国家里,由于有那些推翻旧政府的人而显得民怨沸腾,而建立新政府的人则老是被赶下台,这种性质的新学说就星宿不利,无以托庇诞生。(《利维坦》,“综述与结论”,最后一段)

霍布斯所注目的问题,格劳秀斯在为他的朋友撰写外交官的“共和教案”的时候似乎并没有太多感知。这封信写于1615年,早在7年前的1608年,格劳秀斯在其《论战利品法权》(*De praedae*)第13章,就臣民向主权君主开战的问题曾经提出了五项命题,皆有辩护其正义性的意图,而且此处的战争隐指荷兰针对其保护国西班牙的战争,这也正是《论战利品法权》的历史与思想背景,即为“荷兰反叛”(Dutch Revolt)提供法理辩护。这是一部渗透着共和主义法理精神的著作,这种精神主导了格劳秀斯的青年时代。格劳秀斯直到撰写《论战争法权与和平法权》的成熟年代(1625)才开始严肃地以立法学家的身份研究臣民与君主开战（弑君）的正义性问题（参《论战争法权与和平法权》第1卷第3章第8节和第1卷第4章第1—20节，在这些章节中，有很多思考与霍布斯一致）。需要指出的是，在格劳秀斯这份外交官教育大纲中，有一处笔者前文已经提到的微小的细节耐人寻味，那就是在历史书目中他没有提及修昔底德这位古希腊甚至整个西方有史以来最伟大的史家。如果细心检索一番近代共和主义者的图书馆，我们不难发现，修昔底德的名字异常寂寞，相较之下，撒路斯特、西塞罗、李维、塔西陀与普鲁塔克这些人的美名与影响却如日中天。这其中的原委不难索解，因为修昔底德恐怕是欧洲历史上第一个针对雅典自由政体展开全面深刻的批判者。他对雅典民主闹剧的悲剧刻画、他对政治演说术的可怕的蛊惑力的洞察、他对城邦之间野蛮内战的沉痛体认、他对摧毁一切文明痕迹的战争状态的坚定拒斥……所有这一切在精神上都与近代骚动不安的共和主义者格格不入。在格劳秀斯的“共和教案”中，修昔底德的缺席恰好佐证了青年格劳秀斯对共和精神的精确的品鉴能力。相比之下，修昔底德之于霍布斯的意义却非同小可：霍布斯很早就为世人贡献了一部修昔底德《伯罗奔尼撒战争史》最好的英文译本，而且针对修昔底德的生平与思想为我们撰写了一份最中肯的评论文章，最重要的是，霍布斯看到了修昔底德的“反共和”的罕有特质。

> 人们从未适当地关注过修昔底德，要知道只有修昔底德的著作才能教导人们服从国王的法律和英格兰的公共法令。[11]

---

〔11〕 霍布斯：《修昔底德的生平与历史》，戴鹏飞译，载《罗马古道》，海国图志系列第5辑，上海人民出版社2010年版。

斯宾诺莎《书信集》第50篇解疑

Quod ego naturale ius
semper sartum tectum conservo.

斯宾诺莎对“自然权利”的定义明确出现了“强力”这个词，换言之，“强力”本质性地参与了“自然权利”的界定。在《政治论》（II.4）与《神学政治论》（XVI.6）以及其他相关文献中，我们可以看到，在这个定义中，斯宾诺莎似乎混用了 potentia 与 potesta 两个词来指代“强力”（即英文的“power”）。施特劳斯在 *Natural Right and History* 英文版第194—196页讨论了霍布斯对这两个词的“混用”，这大概是施特劳斯这本书最难解的一段文字（比较施特劳斯 *City and Man* 英文版第38—40页）。从他的讨论来看，很难确定霍布斯对这两个词的混用和斯宾诺莎的混用是不是可以等量齐观。关键的疑难在于斯宾诺莎以“强力”解释“自然权利”，以及他对这种意义上的自然权利毫无保留的维护，后者令人十分费解。

先看斯宾诺莎的定义：“我所理解的自然权利，就是自然的法则本身，按照它，万物得以生发，也就是说，这乃是自然的强力本身。因此，这种自然强力伸张得有多远，则自然整体的自然权利，继而每一个个体的自然权利，就伸张得有多远。借此，一个人跟从着他的自然（强力）法则，不管做什么，他都是依据着最高的自然权利去做的。他的（自然）强力有多大，他就对自然就拥有多大的权利”（*Tractatus Politicus* II.4. Per ius itaque naturae intelligo ipsas naturae leges seu regulas, secundum quas omnia fiunt, hoc est, ipsam naturae potentiam. Atque adeo totius naturae, et consequenter uniuscuiusque individui naturale ius eo usque se extendit, quo eius potentia; et consequenter quicquid unusquisque homo ex legibus suae naturae agit, id summo naturae iure agit, tantumque in naturam habet iuris, quantum potentia valet.)。另一处比较完备的定义出现在 *Tractatus Theologico-politicus* XVI.6,措辞与上面大体一致,意思也完全一样,简言之,就是自然权利取决于自然强力,后者有多大,前者就有多大,也就是公众所津津乐道的所谓“强力创造权利”(Might makes right)。这个概括已成政治学的陈词滥调,但不失精当,斯宾诺莎本人毕竟非常在意去维护自然权利中的自然强力那层内质。

自然权利取决于自然强力,霍布斯未必不是这么看的,但是,众所周知,霍布斯对自然强力非常警惕,他对自然状态中的“暴死”的恐惧不容许他为自然强力说太多好话,同样,自然状态也是他极力避免的悲惨状态,人不可在自然状态中逗留太久,他们需要收敛自身的自然强力,并且以某种方式把自然权利让渡出去,进入公民政治状态。不光如此,甚至早在《论公民》中,霍布斯就提出了“诚实”原则来平衡和约束自然权利中的强力诉求:自然权利的根本原则是自我保存,但是,究竟什么才是有助于自我保存的手段,这就需要人们自己去诚实地思量;为了自我保存而为所欲为,从而导致可怕的“暴死”,这显然违反了自然权利的初衷。人们只要秉承诚实的原则,就会避免这种愚蠢。“诚实”原则后来在《利维坦》中被“审慎”原则进一步强化,这一点在施特劳斯看来可谓是霍布斯政治学说的“神经”(Natural Right and History,Preface)。从最终意义上看,霍布斯解决自然权利中的强力或暴力问题的手段是社会契约与主权者的介入:通过社会契约,自然权利被让渡给主权者,自然状态被中断,自然人进入政治状态称为公民人。

对于霍布斯的方案,斯宾诺莎不以为然。1674 年,斯宾诺莎在给友人的一封信里谈到了自己的政治学说和霍布斯的差别:“关于您问的,我的政治学说和霍布斯的政治学说有何差别,我可以回答如下，我永远要让自然权利不受侵犯，因而国家的最高权力只有与它超出臣民的力量相适应的权利，此外对臣民没有更多的权利。这就是自然状态里常有的情况。”（《斯宾诺莎书信集》第50封，洪汉鼎译）（Quantum ad politicam spectat, discrimen inter me, et Hobbesium, de quo interrogas, in hoc consistit, quod ego naturale ius semper sartum tectum conservo, quodque supremo magistratui in qualibet urbe non plus in subditos iuris, quam iuxta mensuram potestatis, qua subditum superat, competere statuo, quod in statu naturali semper locum habet.）《书信集》中的这段话被学界公认为解读斯宾诺莎政治学说特质的关键文本。“我永远要让自然权利不受侵犯”。这句话像某种信念的宣示，并非斯宾诺莎惯有的冷静修辞，这句话针对的自然是霍布斯，但是似乎不太公平。霍布斯用社会契约中断自然状态，让主权者没收自然权利，表面上的确“侵犯”了自然权利，但其目的不正是为了更有效地守护自然权利的根本目的——自我保存吗？相比之下，斯宾诺莎的方案令人费解：他为了保留自然权利的诉求，必须保留其中的自然强力诉求，这意味着，在他保留了自然权利的同时，也保留了自然权利的潜在的解构元素。自然强力堪称斯宾诺莎的自然权利理论中隐藏着的自毁装置。正像他自己承认的那样，“这就是自然状态里常有的情况”：一方面是自然权利凭借自然强力的无休止的伸张，另一方面是自然强力无休止地对自然权利的解构与毁灭。（参霍布斯：《利维坦》第13章“论人类幸福与苦难的自然状况”）

或许可以这样总结，霍布斯“侵犯”了自然权利，但却意在保护自然权利诉求的初衷，斯宾诺莎保留了自然权利，但很有可能置自然权利诉求的初衷于危险之地。二者的冲突暗示着一个在笔者看来堪称自然权利学说最根本的困境：自然权利本身并没有能力保护自然权利。

做为一点题外话，Quod ego naturale ius semper sartum tectum conservo，商务版中译文作“我永远要让自然权利不受侵犯”，由洪汉鼎先生提供。以“不受侵犯”翻译 sartus tectus，略显狭隘。Sartus 与

tecus 分别是动词 sarcio(修葺)与 tego(遮挡、庇护)的分词形式,两个分词合在一起构成拉丁习语,*Oxford Latin Dictionary* 解作(of building) wind-tight and water-tight,引申为 in a state of good repair。*Smith & Lockwood* 解为 in good repair,与 *Oxford Latin Dictionary* 基本一致,"*Lewis & Short*"亦然,中译或可作"完好无损","不受侵犯"只是达到"完好无损"的途径。具体到斯宾诺莎的相关陈述,当他说要永远让自然权利保持"完好无损"的时候,他心里自然明白,有两个可能途径足以打破这种"完好无损"的状态:其一,自然权利受到暴力侵犯,其二,自然权利被和平让渡。洪汉鼎先生的中译只顾及了前一种,没有考虑到后一种,而后一种途径对自然权利造成的损害其实是斯宾诺莎最担心的情况,这正是他执意要和霍布斯划清界限的根本原因,因为在他看来,霍布斯的社会契约理论中的自然权利让渡方案其实已经宣告了自然权利的末日。

为什么在国际法领域研究自然法？

近代国际法理论，在其三百年的“经典化”时期(16—18世纪)，最动人心魄的地方，在于其“自然法”的出身及其与自然法的复杂纠结。当今大学教科书都不讲“自然法”了，或者一笔带过，或者指其为陈旧过时，其实都是愚人之见，都是不深思的结果。自然法是一种常青的、非时间性、非历史性的普世法则，怎么会过时？为什么不讲自然法了？原因不在于过时，而在于国家主权者不喜欢讲这个东西。自然法不同于制定法(实在法)的最关键的地方在于，它涉及的是国家政体的根基部位，因而极富革命性、颠覆性，对这个部位，主权者很戒备，他们不希望民众对这个部位谈论过多、触碰过多，相反，他们希望把民众安顿在“制定法”的范围内。霍布斯设计的现代国家堪称这方面的典范，巨大的“利维坦”一劳永逸地终结了自然状态和战争状态，取消了臣民对主权者的战争权，把所有自然法收归国有。按照霍布斯的设计，自然法本身固然存在，但对政治体中的人们来说并没有法律效力，必须再经过主权者的一道认定程序以后方才生效，但是，在经过这道程序后，自然法已经不再是自然法，而是主权者的制定法了，所谓主权者的立法，就是这个认定行为，这可以说是主权者对自然法的替代与僭越，用中性的法学术语讲，就是自然法的实在法化，在哲学层面讲，就是人的技艺对自然的凌越，索福克勒斯《安提戈涅》里的国王克瑞翁就有这种派头，克瑞翁这个形象非常完美地诠释了制定法骨子里的暴力精神、不容置疑和拒绝商谈的独断和独白，柏拉图晚年长篇对话《法律篇》中塑造的“雅典客人”虽然要温和得多,但同样秉承着克瑞翁式的不容商量的品质,独断专型,这可能是实在法的共通的法律精神,没有谁比孟德斯鸠看得更清楚了。主权者对自然法的垄断,使普通民众失去了革命的自然权利。霍布斯设计的国家是密不透风的,所以不太讨好民众,尤其是在共和热浪中洗礼过的英国民众,他们不同于东方亚洲的顺民,他们大都有贵族血统,据有大片领地,是国家的不折不扣的主人,加上在共和精神下的长期熏陶,在宗教纷争中历练得强悍傲慢,所以霍布斯那套不甚灵验。洛克很聪明,他全盘接受了霍布斯的国家模型,但却在这个被制定法捆得紧紧的国家肌体上割开了一个自然法的小缺口,那就是,民众在面对暴政的时候,有重新回到自然状态的权利,重新诉诸自然法的权利,也就是革命的自然权利、与专制君主重启战端的权利。洛克设计的这个缺口既是国家肌体中的一处永恒的伤口,但也是一处缓解内部钳压的通风口。因此,研究自然法,就是研究既有国家法权的根基,研究它的起点,也可以说是研究它肌体中固有的那个或隐或现的伤口。研究自然法最终意味着研究国家的生死秘密。这是一种非常具有行动内涵和革命暗示的学术事业,一种很容易导致激进主义的知识行动,当然会引起主权者的戒备,成为学术禁忌。1949 年以后,江山初定,中国的大学便长期取消了政治学系,直到上世纪八十年代才在国际政治系里欲遮还羞地单列了“政治学与行政管理专业”,这很说明问题:政治学研究的是国家基础问题,这类问题不该对一般民众开放,它属于国家秘密,西洋中世纪政治神学里有个术语叫“帝国秘密”(arcana imperii)说的就是类似这个问题。总之,对于既有法权体系的掌控者来说,“自然法”永远是危险的、被警戒的,这也是当今大学作为既有法权体制的一部分不讲“自然法”的真正原因之一。单个国家法权体制是这样,整个国际法权体制也是这样。现代国际法的“法典化”或者“教科书化”并不是严格意义上的学术行为,而是政治行为,它从法理层面遮蔽了自然法,以制定法的身份服务于既有国际秩序的法理格局。当然,它也采用了某一种或某一部分自然法作为自身理论基础;事实上,任何法权体制都是以某一种或者某一部分自然法思想作为基础的,否则就是皮之不存毛将焉附的下场,一座失去根基的空中楼阁罢了;但是可以肯定的是,任何法权体制都不可能采纳全部自然法作为自己的基础,这是因为法权体制作为人的政治技艺的创造物是不可能与自然整体丝丝相扣的;这就给所有法权体制埋下了危机甚至毁灭的种子,因为总会有人援用另外一种或者另外一部分自然法向既有法权发动攻击,当然,那种极端反自然的暴政与革命就另当别论了。要想从根本上、用正义的方式质疑或者动摇既有法权格局,最好的办法就是回到它的起点,这是研究自然法的最大意义,尤其对于正在成长的后发国家而言,诉诸"自然法"是避开被既有制定法牵着鼻子走的最有力、最雄辩的途径。17 世纪新起的海洋国家荷兰和英国针对西班牙老牌帝国,以及后来的美国国父针对老欧洲,在自己的国家法权的论证中都是采用自然法修辞的。自然法只能被选择性回避,但不可能被驳倒和证伪。

洛克《教育片论》:洁净的源头与审慎的人

洛克的《教育片论》(又译《教育漫话》,1693)除"献辞"之外由217节构成,前30节谈论身体教育,之后谈论心智教育。洛克认为,心智的教育与身体的教育有着共同的目标,那就是"强健"。"身体的强健主要看它能否忍受困苦,心智的强健亦然"(33)。对于身体而言,困苦主要是指寒冷、炎热以及疾病等等,对于心智而言,困苦指的则是"欲望"。洛克说:"所有德行和价值的重要原则的基础在于,人能够抵制自身以克制自己的欲望,超越自己的嗜好,而仅仅追随理性所认为最好的事物的指引,虽然欲望原本是倾向另外一个方向的"(33)。洛克这段思想被卢梭的《爱弥儿》全部继承下来。

可以说,就像可爱顽皮、蒙着双眼的爱欲小神童丘比特一样,幼童本身就是欲望的化身,他的理性能力微乎其微,只有胖胖的身体及其欲求。换言之,幼童断无可能仅凭自身的力量去克制自己的欲望。这一任务需要由父母帮助完成,父母必须把克制自身欲望的力量注入幼童的心智中,这就是人类最初的教养。然而,洛克正是在父母的最初对幼童的教养中看到了人类误入歧途的危险。他说:"我发觉,人们在教养他们的幼童时有一个重大错误,即……心智在它最初的、最为娇嫩和最易于屈服的时候,没有适当地使它服从纪律,遵从理性。聪明的大自然指示父母去爱他们的孩子,但是如果这种爱没有受到理性的监督,便很容易流于溺爱。他们爱自己的小宝宝,这是他们的职责,但他们经常连同宝宝的过失也珍藏起来。"(34)洛克似乎在说,在对幼童的教养中,也就是说在教导幼童克制自己的欲望之际，作为教养者的父母首先需要克制的不是幼童的欲望，而是教养者（父母）自己的欲望——溺爱孩子的欲望。在这段话中，洛克明确承认，溺爱是自然的法则（law of nature），但是，它未必就称得上自然正确（natural right），因此需要得到另一种自然法则——理性——的矫正，使它变得正确。

为什么一种自然的法则（溺爱）需要接受另一种自然法则（理性）的矫正？洛克的回答很直接，也很费解：为了保护幼童的自然本身。“父母在孩子小的时候迎合他们，溺爱他们，就把幼童的自然本性给惯坏了，他们自己在源头投了毒，日后尝到了苦水，却又奇怪起来。”(35)人的一生宛若一条长河，幼童则是它的源头，对幼童的教养就是守护源头不被毁掉，而守护者就是在这条最初的、细小纤嫩的源头最早的逗留者。这些最早的逗留者，除了父母，再没有别人。然而，洛克发现，能够毁掉这个源头的人也正是这些最早的逗留者，他们由于没有足够的力量克制自己的欲望（溺爱），所以最终也就没有力量帮助幼童去克制同样的欲望。这些守护者是不称职的守护者，他们无助于那条河流的洁净，乃是因为这些守护者自己就是一条早已被弄脏的河流。正是由于这些人，才使得卢梭那句名言获得了合理性：

> 出自造物主之手的东西都是好的，而一到人手里，就全变坏了。（《爱弥儿》开篇）

洛克的警告值得年轻父母们记取：“本书的目的在于提醒为人父母者关心和注意他们子女的教育，让他们看看周围的情境是怎样的，让他们明白他们周围不光有各种各样的诱惑，而且还有一些直接教导他们为恶的人，这些人甚至就潜伏在他们原本认为安全的地方。”(37)“这些人甚至就潜伏在他们原本认为安全的地方。”毋庸置疑，洛克说的“这些人”也包括不能克制自己的父母们。

对于洛克而言，“一切德行和优点的原则在于克制自己耽于满足欲望的能力”(38)。由于“欲望就是理性未曾占据支配地位的地方”，又由于幼童尚不具备理性，所以，对于幼童而言，克制欲望的任务就由习惯承担，正是习惯在本质上决定了有别于自然理性的教养方向(38)。换言之，一个幼童教养的好坏首先不在于智力的高下，而在于习惯的良莠(1—2)。

在幼童的教养方面，很多恶习被人类遵行而渐渐成为常规，洛克明确地尝试向被奉为常规的恶习挑战。“我建议用与常规相反的方法，让幼童自出生起就训练他们克制自己的欲望。”(38)其实，在讨论幼童身体教养的部分(1—30)，洛克对“常规”的反叛已经令人瞠目结舌了，比如，每天应该用冷水给幼童洗脚(7)，幼童进食应该不定时不定量(15)。在克制欲望方面，洛克有违常规的告诫是“不可让幼童怀有不切实际的幻想”(38)。幼童应该明白的“第一件事情”是，他们之所以被允许得到某种东西，不是因为这种东西被他们“喜欢”，而是因为他们“适合”得到它(38)。洛克这句告诫很容易让我们想到波斯国王居鲁士在年少时期为伙伴们分配衣服的著名轶事(色诺芬《居鲁士劝学录》)。少年居鲁士以自然正义修正不公正的习俗，同样，洛克也是试图在幼童的灵魂中培植最初的自然正义，不同的是，居鲁士诉诸了暴力，洛克诉诸的是温和的习惯。

洛克深刻地研究过最容易让年轻父母丧失耐心乃至理性的事情，那就是幼童的“啼哭”(111—114)。啼哭是幼童的语言(logoi)，但这种神秘狂暴的语言却又完全不合乎理性(logoi)，甚至是理性的大敌。训练幼童用语言而不是啼哭来表达意愿的前提是理性已经在幼童灵魂里生根发芽。在此之前，一切遏制啼哭的理性的努力似乎都是徒劳的，必须诉诸“非理性”的手段来阻止啼哭，“一定不要他们一哭闹就让他们得到(他们想要的东西)”(38)，因为这样并没有消除幼童的哭闹，反而让他们发现了一个屡试不爽的规律，那就是每一次哭闹都伴随着满足，时间久了，哭闹就慢慢从弱小者的请愿示威摇身变成了暴君的命令，他们通过哭闹得来的东西，大多都是有他们“想要的”，但其中也掺杂着那些“适合他的”。这意味着，他们不仅通过不正当的手段得到不正当的东西，甚至连正当的、适合他们的东西，他们也习惯于通过不正当的手段去获得了。这种情形非常不幸，因为在这种幼童的灵魂里，已经没有一寸土地适合播下正义的种子了，毋庸置疑，他们最终将成长为罪犯。事实上，在每一个暴君身上，每一个暴徒身上，我们不是都能依稀看到一个哭闹不休的孩子的身影吗？

幼童和暴君一样，二者都是因为匮乏理性而变得柔弱和狂暴的。出于这个重大原因，洛克明确认为：“我认为幼童越小，就越不应该纵容他们难以控制的欲望；他们自己拥有的理性越少，就越应该把他们置于管教者的绝对权力和约束之下。”(39)这里，“管教者的绝对权力与约束”这种有着强烈的政治意味的措辞又一次让我们想到为伙伴们分配衣服的少年居鲁士。这一次，我们感到的似乎不再是洛克与少年居鲁士的区别，而是二者的相似，换言之，洛克和居鲁士一样，似乎开始倾向于某种程度的暴力了。然而，恰恰在这个关头，恰恰在针对幼童的暴力即将被批准适用的关头，洛克立刻补充到：“正因此，我承认，它(即把幼童置于”管教者的绝对权力与约束“之下)必须有如下一个前提，那就是唯有审慎的人才能呆在幼童身边。”(39)换言之，那个将要把幼童置于其“绝对权力与约束”之下的“管教者”应该是一个“审慎的人”。

博丹的“和声正义”

Ecce, quam bonum et quam jucundum, cohabitare fratres in unum, non diatonicis vulgaribus aut chromaticis, sed enharmonicis rationibus, diviniori quadam modulatione compositum, quo suavissime omnes delectati ac seipsos mutua caritate amplexati discesserunt. Deinceps mirabili concordia pietatem ac vitae integritatem communibus studiis ac convictu coluerunt, sed nullam postea de religionibus disputationem habuerunt, tametsi suam quisque religionem summa vitae sanctitate tueretur.

(Jean Bodin, *Colloquium heptaplomeres de rerum sublimium arcanis abditis*, Ad fin.)

1576 年，博丹(1530—1596)的六卷巨著《论国家》(*Les Six livres de la République*)以法文出版，十年后，1586 年，拉丁文版问世。直到去世，博丹始终没有停止对自己这两部书稿的删增、注释和修订工作。博丹的精益求精给后世学者造成了一个巨大的麻烦，那就是他们一旦开始决定研究博丹，就会首先发现《论国家》的版本无比混乱。如果把法文版和拉丁文版合起来看的话，就会发现，在博丹生前，《论国家》就有 15 种版本(法文版 1576, 1577, 1578, 1579, 1580, 1582, 1583, 1587, 1588, 1591, 1593, 1594;拉丁文版 1586, 1591, 1594)，博丹去世后不到 50 年，则又出现了至少 13 种版本(法文版 1599, 1600, 1608, 1610, 1612, 1629;拉丁文版 1598, 1603, 1609, 1619, 1622, 1624, 1641)，除此之外，还有数种盗版。这几十种版本，彼此差异大小不一，在每一个版本中都会发现其他版本所没有的东西。

博丹的这部巨著是近代政治学文献史中版本情况最混乱的范例。由于过度混乱，也由于篇幅巨大，更由于作者旁征博引，牵涉古今文献甚众，加上那个时代的著述没有注释的习惯，所以，四百多年来，纵使欧洲出现过 Jean Barbyrac 这样技艺高超的古书编辑，然而这部巨著的编辑工作却始终无人问津。长期以来，学界也默认了这个不幸的事实，但凡引用博丹，均以 1576 年第一版法文版为准，少数学者则会参考 1586 年的第一版拉丁文版。在一定程度上，由于缺乏一个严整权威的版本，博丹身后没有出现所谓的“博丹主义”或者“博丹学统”之类的东西，他更多的只是被认定为“马基雅维里主义”传统的一个重要代表而已。博丹的这部巨著几乎成了一座无人看管的神庙，里面散乱地堆满了闪闪发光的珠宝神器，被后来人随意地偷窃掳掠。鼓吹父权制的费尔默就大段大段地把博丹的文字搬进自己的著述中，博丹的“主权”思想经过改头换面也悄悄进入了霍布斯的《利维坦》，而博丹的庞杂史料充实了加尔文教派大思想家约翰·奥图修斯（Johanne Althusius）的《由神圣史与世俗史所阐发的政治学说汇纂》《*Politica Methodice Digesta*, *Atque Exemplis Sacris et Profanis Illustrata*》。

在《论国家》开篇第一句针对“国家”给出的定义中，博丹强调国家必须是“正当地组织起来的”，这使得博丹心目中的“国家”有别于《理想国》中被柏拉图谴责过的“强盗团伙”。任何在国家建构中追求“正当性”的努力，都不可避免地使这种努力成为柏拉图式的努力。换言之，对“国家”的探究最后都会成为对“正义”的探究。博丹正是这样做的，正像《理想国》以“正义”为主题一样，“正义”也是《论国家》的最高主题。我认为，这个具有柏拉图特质的主题把博丹与“国家理由”学派清晰地分隔开来了。

《论国家》以对“正义”的讨论结束（第六卷）。博丹的贡献是，在传统的“分配正义”与“交换正义”的分类之外,提出了一种特殊的“和声正义”(la justice harmonique)。博丹学者 M. J. Tooly 在他翻译和编辑的《论国家》节本(Oxford,1955)中指出了博丹的“和声正义”的柏拉图渊源:

> As a Platonist, Bodin thought that moral as well as physical relationships could be expressed mathematically. So, commutative justice, or the principle of equality, is like an arithmetical progression—3, 9, 15, 21—arising from the addition of a constant number. Distributive justice, or the principle of similarity, is like a geometrical progression—3, 9, 27, 81—made by multiplication in a constant ratio. The only way of combining these diverse kinds of proportion is in a harmonic progression—3, 4, 6, 8, 12—in which alternate terms are in a constant ratio, but consecutive terms linked by a number alternately added and multiplied. This he thought provided a scheme of subtle and complex relationships more expressive of right order in the commonwealth than either of the other two, which only allow of one uniform relationship.

博丹指出,与其他两种正义相比,“和声正义”更加精致复杂,因为它的职责乃是谐调前两种单一的正义方式。博丹的逻辑很明晰:如果说“交换正义”对应着民主政体的原则,“分配正义”对应着贵族政体的原则,那么,旨在协调这两种自古以来就格格不入的正义原则的“和声正义”必然只能对应着“君主政体”,博丹称之为“王权君主政体”(monarchie royale)。在这里,我们到达了《论国家》的最高点,也遇到了博丹针对国家问题提供的最迷人的、最具“博丹品质”的思考。博丹以其“主权”思想闻名后世,后来者从中看到了威权专制。这并非博丹本意。博丹的“主权”施行的是“和声正义”,它恰恰抵制所有意义上的不正义的专制。正如博丹自己所说:一个王国越是接近‘和声正义’，它就越接近完美。这种正义是正当的分配奖赏与惩罚，它必须和谐地兼顾交换正义与分配正义的原则。遗憾的是，博丹在希腊人、罗马人以及迄今几乎所有国家的司法与统治中都没有看到这种正义的影子。尽管如此，或者正因为如此，博丹断言，这是最完美的正义形式，它专属于王权君主政体，这种政体部分地凭借民主制、部分地凭借贵族制实施统治。博丹在此警告说：

> 我（关于“和声正义”的思考）没有把专制君主政体包括进来，在那种政体下，国王作为他的子民的自然主人，把后者当成奴隶来统治，随心所欲地处置后者的人身与财产。我更不认同暴政，在这种政体下，国王不是人民的自然主人，他僭夺了统治权，对人民的人身与财产实施不正当的处置，使人民沦为奴隶，甚至把他们变成施暴的对象。我主张的是一种正当的君主政体，不管它来自选举，还是来自自愿臣属的征服，在其中，国王与臣民的关系宛如父子，因为他在他们之中施行和声正义。（《论国家》卷六）

我不敢肯定，维柯在写下《新科学》第1009—1019那几节文字之前，是否真的读到过博丹这段话。“和声正义”的提出，给《论国家》奠定了一层古典的理想主义底色，而博丹也因此上升到具有柏拉图精神特质的政治哲学家。

从文献学的意义上看，《论国家》讨论“和声正义”的篇幅不多，真正深入的、专门的讨论乃是由博丹的另一部长达600多页的对话体巨著所承担：《七智者论崇高事物的秘密》（*Colloquium heptaplomeres de rerum sublimium arcanis abditis*）。这是博丹在1588年用拉丁文撰写的，学界通常简称为 *Colloquium heptaplomeres* 或者是更为简便的 *Heptaplomeres*。这部对话向以艰深著称，它以当时有着“共和国的典范”之称的威尼斯为场景，假想了七个智者在一座风景美丽的私人华园里,围坐在一起,讨论人世间最崇高的事物。七个智者来自不同的哲学、神学与宗教派别,代表着七种看待世界与真理的伟大传统:自然哲学家、加尔文派神学家、穆斯林、罗马天主教神学家、路德派神学家、犹太人以及怀疑论者。七智者针对最终极的问题分别提出最终立场,并由此展开为期数天的讨论。讨论在欢愉和平的氛围中展开,没有肉身性的意气和怨恨,只有心灵与智慧的交流和触碰。那崇高的、秘密的真理,在七位智者用睿智的言辞谱成的"和声"中,庄严神圣地向世界敞开和呈现。而这部著作描绘的那座美丽的庄园,那座位于完美的共和国威尼斯的庄园,正是博丹理想中的"君主国"。

在西塞罗的《国家篇》第六卷"西比阿之梦"中,笔者似乎找到了博丹"和声正义"的最终依据,至少也是可以和博丹相呼应的一段古代文献。罗马共和国的政治家西比阿在梦中上升到了"布满星辰、无比光明的"天国,看到了九个星体的运动形成的九个圆,听到了一种洪亮、甜美的声音。父亲的亡魂向他解释道:

> 这种以不相等的间隔相联系,但仍以一定的对应关系合理分布的声音是由各个圆本身的震颤和运动发出的,并且使尖锐的和低沉的声音相协调,构成各种均衡的和声。要知道,这样的运动不可能在寂静中发生,而且自然也让最边缘的部分从一个方面发出低沉的声音,从另一个方面发出尖锐的声音。由于这个原因,携带着星辰、以较快的旋转速度运行的天空发出高亢的、尖锐的声音,月亮的低速运行则发出最为低沉的声音;(位居于)第九个圆的地球停住不动,固定在一个地方,占有世界的中心位置。就这样,一共八条运行路线,其中两条力量相同,发出七种有间隔区分的声音,这个数目(即"7")可以说是一切事物的秘密所在。学识渊博的人们用琴弦和歌唱对它进行模仿,为自己打开返回这里(即天国)的道路,如同其他一些才能出众的人在世时献身于那些由神明启示的知识一样。人们的耳

> 朵被这些声音充塞,失去了对它的听觉。要知道,我们没有任何比听觉更脆弱的感觉,就像尼罗河由高山流至称为卡塔杜帕的地方,居住在那里的人们由于巨响而失去对它的听觉。整个世界急速转动产生的声音如此巨大,以至于人的耳朵不可能听到它,如同你们不可能迎面观看太阳,你们的视线被太阳的射线制服一样。
>
> (西塞罗《国家篇》,18—19,王焕生译文)

没有什么文字能更好地解释博丹的“和声正义”了。这里需要记取的是,星体急速运转所产生的声音太过巨大,以至于凡人的耳朵根本听不到它。同样,博丹在威尼斯那座美丽的庄园里探索到的“和声正义”也太过完美,那些生活在邪恶的国家中,已经习惯了暴力、不义与苦难的人们永远都不会相信它真的存在(比较《旧约·阿摩司书》5:23—24)。

船:一个古老的国家隐喻

掌舵人,你要让船只远离那边的烟雾和波澜,靠近这边悬崖,切不可漫不经心地把船只驶往那里,把我们抛进灾难。

——荷马《奥德赛》XII 219—221

先生们,我们国家这只航船,在巨浪中颠簸之后,诸神再一次把它平安地稳定下来了。

——索福克勒斯《安提戈涅》162—163

看哪,船只虽然甚大,又被大风催逼,只用小小的舵,就随着掌舵的意思转动。

——《雅各书》3:4

柏拉图曾经提出过一个关于国家统治权的根本问题:“谁应该来统治?”不幸的是,这个问题的答案似乎不止一个。柏拉图本人至少就列举出了七种。他继而看到,由于这个问题的答案过于纷乱杂多,而且在本性上相互冲突,所以国家往往从内部瓦解,这就是古代希腊诸多王国灭亡的根本原因(《法律篇》689e—690d)。

在七种答案里,柏拉图十分排斥诗人品达称之为“自然法则”的那个答案,也就是“强者应该统治,弱者应该被统治”。柏拉图说,品达的方案只是“在动物王国中通行无阻”,他自己比较心仪的答案是另一种自然法则:“无知的人应该听从有智慧的人的统治”。所谓“有智慧的人”就是哲人。哲人治国早已经成为柏拉图的专属思想标签，它在《理想国》中得到过匪夷所思的激进表述：除非哲人成为国王，或者国王追求哲人的智慧，否则国家将永远受制于罪恶，永远没有安宁的日子（《理想国》473d）。柏拉图甚至"发现"了一款看似奇怪的"自然法则"，它为"哲人王"的论证提供了强大支持：权力与智慧在本性上就像男女情人那样彼此爱慕、互相追逐（《书信集》之七）。为了求得经验性的印证，他拖着老迈的身躯远赴叙拉古小城，试图以智慧的化身表达对国王狄奥尼修斯二世的爱慕之意。遗憾的是，三赴叙拉古，不仅无功而返，甚至还曾被老狄奥尼修斯卖为奴隶。柏拉图写给门徒的书信记载了这次哲人经受过的罕见的羞辱。笔者认为，这次事件所引发的关于哲学与政治的处境问题，同苏格拉底审判事件一样富于教益。

柏拉图似乎至死都没有发现 16—17 世纪政治思想家发现的"国家理由"学说。国家自身就有其存在和维续的理由，这个理由就是国家自己，它和柏拉图式的哲人"智慧"完全是两个东西。霍布斯对这一点看得比任何人都清楚："国家理由"就是"利维坦"自己，而所谓哲人的"智慧"在政治上的职分只不过是"咨议"（counsel）。也就是说，哲人在政治层面上顶多就是个参事院的"参事"。参事提建议，而利维坦下命令，前者凭借审慎的政治智慧多方权衡，后者则凭借不容更改的成文律法维护正义（《利维坦》第 25 章）。这里体现的是审慎与正义这两种古典政治德性的分工问题，而不是混淆甚至僭越。可是，柏拉图"哲人王"理论所致力的目标恰恰反"国家理由"之道而行之：哲人不是去给国家提建议，而是要教育国家、训诫主权者，甚至索性自己变成君主，直接下命令。哲人在"国家理由"之外又提出了一个"哲学理由"，这就像一个人长了两个头，酷似中世纪政教并立的国家统治样式。哲学与政治的所谓冲突，其根源就在于此。

由于哲人据说拥有高超的智慧，哲人心目中的国家体制样式和统治国家的政策技艺也似乎异常艰深复杂（据说竟然包括了天文学和辩证法)。这意味着,哲人有时候必须以教育者的身份出场。然而,他们的技艺也许太高超了,简直成了少数人秘而不宣的教义(arcana imperii),以至于这个教育者面对民众的时候往往欲言又止。这样,哲人一方面与一般民众保持距离,但另一方面似乎又十分热心地去教育民众。这直接导致了哲人在国家身体中的尴尬地位以及由此引发的混乱。如果去教育民众,那么哲人权力的秘密基础被暴露在光天化日之下,很可能因此丧失权力;如果不去教育民众,那么又有谁会在一开始就信服并跟从哲人呢?柏拉图屡次用“船”的隐喻来说明国家需要哲人来统治的道理。遗憾的是,这个隐喻与其说是澄清了问题,不如说使问题更加混乱了。

以“船”隐喻“国家”,以“大海行船”隐喻“统治国家”,以“航海术”隐喻统治国家的技艺、知识乃至秘密,这在古代希腊文史与政治文献中屡见不鲜。国家被视为一艘脆弱的船,凭借着卑微的航海术在大海上航行。大海被希腊人隐喻为捉摸不定的命运的偶然性,它一方面酷似海面上空密布的乌云,随时准备着召唤一场暴风雨;另一方面,它又仿佛是一团神秘的原始力量,潜伏在黑暗的大海深处,一旦海面狂风大作,它势必涌出大海,腾起滔天巨浪。这种诡秘难测的力量在《奥德赛》里由两种海怪所象征:斯库拉(Scylla)和卡律布狄斯(Charybdis)。前者生有六个头、十二只脚、三层尖牙;后者则是吞噬一切的大旋涡,它们守护在墨西拿海峡两侧,给路过的船只带来灭顶之难。像“斯库拉”和“卡律布狄斯”一样,神秘莫测的“偶然性”也深嵌在国家政治体的肌体深处。寻取金羊毛的英雄依阿宋在女神赫拉的佑助下曾经幸运地通过墨西拿海峡,但是,仅仅凭借人力安然通过的只有足智多谋的奥德修斯。奥德修斯的航海术因此成为人类实践智慧的典范,成为统治国家的技艺、知识乃至秘密的典范。

这个隐喻从一开始就藏着深刻的危机,既然国家的安定就像大海行船取决于高超的治国技艺,那么谁才是拥有这种技艺的人呢?

这个问题也就是柏拉图曾经表述过的问题："应该谁统治？"它的提出是以下面的思考为前提的：国家自身没有存在的理由（cause），这个理由必须要在国家以外寻找。诗人品达在强者身上寻找，柏拉图则在哲人身上寻找。世上再也没有比这类思考更加反国家的了。品达找到的仅仅是强者的理由，而柏拉图找到的只不过是哲人的理由罢了，两者都不是国家之为国家的理由。奥德修斯之所以能够平安穿过墨西拿海峡，既不是因为他是强者，也不是因为他是哲人，而只是因为他是奥德修斯。

哲人向国家索要统治权，或者说，哲人以"哲学理由"代替"国家理由"，必然使哲人在国家中的处境成为问题。正像柏拉图书信和《理想国》第六卷表明的，这种僭越不仅给哲人的生活带来麻烦，同时也给国家带来了混乱。这两点在柏拉图自己提出的大海行船的国家隐喻中表露无遗：

> 你已把我置于如此进退维谷的辩论境地，现在又来讥笑我了。不过，还得请你听我的比喻，然后你可以更清楚地看到，我是比喻得多么吃力了。因为，最优秀的人物他们在和城邦关系方面的感受是很不愉快的，并且世界上没有任何一种单一的事物和这种感受相像，因此为了比得像，以达到替他们辩护的目的，需要把许多东西凑到一起来拼成一个东西，像画家们画鹿羊之类怪物时进行拼合那样。好，请设想有一队船或一只船，船上发生这样的事情：船上有一个船长，他身高力大超过船上所有船员，但是耳朵有点聋，眼睛不怎么好使，他的航海知识也不太高明。船上水手们都争吵着要替代他做船长，都说自己有权掌舵，虽然他们从没学过航海术，都说不出自己在何时跟谁学过航海术。而且，他们还断言，航海术是根本无法教的，谁要是说可以教，他们就准备把他碎尸万段。同时，他们围住船长强求他，甚至不择手段地骗他把舵交给自己；有时他们失败了，别人被船长同意代为指挥，他们就杀死别人或把别人逐出船

> 去,然后用麻醉药或酒之类的东西把高贵的船长困住;他们夺得了船只的领导权,于是尽出船上库存,吃喝玩乐,他们就照自己希望的这么航行着。不仅如此,凡是曾经参与阴谋,狡猾地帮助过他们从船长手里夺取权力的人,不论是出过主意的还是出过力的,都被授以航海家、领航、船老大等等荣誉称号,对不同伙的人,他们就骂是废物。其实,真正的航海家必须注意年、季节、天空、星辰、风云,以及一切与航海有关的事情,如果他要成为船只的真正当权者的话;并且,不管别人赞成不赞成,这样的人是必定会成为航海家的。如果不是事实如此的话,那些人大概连想都没想到过,在学会航海学的同时精通和实践这一技术是有可能的。你再说说看,在发生过这种变故之后的船上,一个真正的航海家在这些篡了权的水手中会被怎样看待呢?他们不会把他叫做唠叨鬼、看星迷或大废物吗?(《理想国》487e—489a)

出自苏格拉底之口的这段话是柏拉图设计的著名隐喻,用来反证其哲人王学说。其中“航海术”就是哲人在国家之外为国家提出的“哲学理由”。这段话的关键其实只有一句话,那就是“其实,真正的航海家必须注意年、季节、天空、星辰、风云,以及一切与航海有关的事情,如果他要成为船只的真正当权者的话;并且,不管别人赞成不赞成,这样的人是必定会成为航海家的”。这说的就是哲人,只有他一个人精通这些知识,又由于国家需要哲学提供理由,所以,这个哲人自然就成了王。与之相比,国家或国王却被柏拉图语焉不详地隐喻为一个无能的船长,“他身高力大超过船上所有船员,但是耳朵有点聋,眼睛不怎么好使,他的航海知识也不太高明。”国王或者国家的“航海知识”是有缺陷的,他需要哲人的教育,甚至取代。这就是哲人王的真相。所谓智慧与权力像爱恋中的男女一样互相爱慕的说法其实是一句模棱两可的谎言,真实情况是,孤独恨世的哲人深深地受制于自己对最高权力的爱欲。《理想国》精心设计的洞喻、辩证法、厄尔神话等都是对这一真相的隐藏和论证。

除了“真正的航海家”和“船长”之外,柏拉图的船喻还提到了另外一种人,那就是“水手们”。“水手们”并非一般民众,而是自认为拥有“航海术”的“真正的航海家”,这些人不是别的,正是“哲人们”。这些人似乎拥有和柏拉图一样的知识,并且对权力抱有同样热烈的爱欲。因此,在追逐权力这个事情上,而不是在知识的真伪这件事情上,他们对柏拉图构成挑战,事实上也的确给柏拉图造成了很大的麻烦,因为他们同样认为船长已经老眼昏花,便纷纷威迫船长,试图凭借哲学的理由来获得国家的统治权。在这一点上,他们和柏拉图并无二致。柏拉图这个隐喻一方面影射“船长”的无能,另一方面则在攻击那些“水手们”,在通向权力的道路上,这些人与柏拉图构成竞争关系,这些人就是被柏拉图刻画的臭名昭著的“诡辩家”(sophists)。柏拉图在其所有对话录中都重复着这场与诡辩派们漫长而又啰唆的争斗,这场无节制的文字游戏甚至被他引入现实当中的叙拉古宫廷,并直接导致了他的朋友、叙拉古政治领袖狄翁(Dion)的惨死,也使国王狄俄尼修斯对柏拉图失去耐心,哲人王的理想终成南柯一梦。“水手们”争先恐后地要当“船长”,这个让以“哲人”自居的柏拉图倍感烦恼的难题完全是“哲人”自己一手造成的。既然在国家的身体上嫁接了一个哲学的理由,既然哲学的知识并非不可习得,那么,在权力欲的支配下,又有哪个“聪明人”不会站出来要求驾驶这艘国家巨船呢?(柏拉图与叙拉古政局的复杂纠葛,可以参考普鲁塔克《希腊罗马名人传》的“狄翁”专卷,也可参考奈波斯《外族名将传》中的狄翁章节,以及黑格尔《哲学史讲演录》第二卷“柏拉图”章节的生平部分,拉尔修的《名哲言行录》“柏拉图”卷也有参考价值。)

柏拉图的“船喻”无疑鼓励并塑造了一种思考国家问题的哲学化风气,这种风气之烈,甚至侵蚀到了历史编纂领域。最具有哲人气质和修养的古代史家波利比阿(约公元前200—118)在检讨雅典人的性格和雅典政体的衰败时这样写道:

> 雅典在一连串的幸运和成功之后终于在海军大将特米斯托克利的时代达到了顶峰。然而,在他之后,雅典反复无常的本性颠覆了它自身的命运。因为雅典人多多少少像一艘失去了船长的船。在这样一艘船上,当水手们出于对风浪的恐惧而理性地服从舵手的命令时,他们的作为将是令人羡慕的。可是,当他们由于过分自信,以至于陶醉于对上司的蔑视和彼此间的争吵时,他们就不再万众一心了;有些人决定继续航行,而有些人则催促锚手抛锚,有些人要张帆,另一些人却主张收帆。如此之喧嚷纷争不但让船上的其他人感到可耻,而且其本身更成了致所有人于危难境地的源泉。所以,通常的情形是,在他们逃离了凶猛的海浪之后竟往往在近岸的港湾里翻船搁浅。这是一种经常发生在雅典的情形。凭借其公民及其领袖们的超凡能力,雅典得以安渡最可怕的危险,然而由于其疏忽大意、缺乏理性,它又往往在安宁中突然毁灭。和底比斯一样,雅典就是这样的一个政治体:所有的政务都受制于民众漫无节制的欲望和冲动,他们的刚愎固执和心怀叵测往往导致暴力和激情。关于这一点,我不必再多说什么了。
>
> (波利比阿:《罗马史》,第六卷残篇,第44节)

令人遗憾的是,柏拉图念兹在兹的难题仅仅是哲人一己的权力欲望难题,也就是著名的哲人的爱欲难题,但是他通常将其转化成哲人对僭主的教育难题,就这样,本来是哲人的难题被不怀好意地转嫁给了那个被称为僭主的人身上,而哲人自身的僭主习性却被悄悄回避了。这个完全出于哲人灵魂中的一己私念所惹起来的难题,对国家的身体造成了巨大的损伤,以至于连"恺撒的归恺撒,上帝的归上帝"这样极富创造性的解决方案也无法平复,直到17世纪的霍布斯把所有这些神妙莫测的哲人、神学家、先知、祭司、教士统统赶进"黑暗王国"(regnum tenebrarum)之后,"国家理由"的根本法则才从早已被花花绿绿的油彩涂抹的面目全非的"航海图"上呈现出来(霍布斯的“黑暗王国”研究与柏拉图难题有关的部分见《利维坦》第46章)。

“哲人王”学说把君主的统治问题刻意改写成君主的教育问题,君主不再是独一无二的存在,在他身边时刻徘徊着一个甚至一群瘦小的幽灵般的影子——哲人。政治问题从此变成哲学问题的一部分,国家共同体的目的不再是安全与和平地行驶在波涛汹涌的大海上,而是晦涩、艰深、甚至关乎来世幸福的德性生活和性格教养。柏拉图借着一位高度哲学化的立法者之口表明了这一点:

> 当然,你们知道,当一个造船木工着手造船的时候,他做的一件事情是安装龙骨作为一个基础,并在大体上显示出船的形状。我觉得现在我们自己的做法与此完全相像。我设法为你们区别开各种方法,借助这些方法,我们的性格影响着我们的生活类型。我们真的在设法安装龙骨,因为我正在给我们想要过的生活方式以适当的考虑——如果我们打算胜利地扬帆驶过生活的航程,那么我们必须安装性格的龙骨。[1]

这位立法哲人所说的“我们自己的做法”就是指由哲人实施的德性教育。这段忠告出自柏拉图《法律篇》中以教育为主题的第七卷,据说,在整个《法律篇》里,这一卷具有至高地位,难怪德性的教育被视为国家的“龙骨”。

要想改变这一令人感慨的状况,必须针对那艘古老的航船实施革命性的改装。作为16世纪那批最早开始探寻“国家理由”的思想家之一,意大利思想家康帕内拉撰写了具有魔幻色彩的政论名篇《太阳城》。根据他的记载,“太阳城”的居民们制作了一艘结构奇怪的船:

> 他们在船尾安上一个带有杆子的大风扇,在杆子上挂着一

〔1〕 柏拉图:《法律篇》803b,张智仁、何勤华译,上海人民出版社2001年版。

> 个能使它平衡的重物,这样一来,连小孩子都能用一只手把它举起或者放下。在大帆船上,用两个叉形零件把大风扇加固在自由旋转的轴上。此外,他们的某些船只还用两个轮子来推动,这两个轮子之所以能在水中转动,是借助于安装在船首的大轮子那里来的粗绳,它交叉地套在船尾的轮子上,使水中用两个小轮子转动的大轮子非常容易开动,就像卡拉布里亚的女人和法国女人用来搓线、捻线、纺线的那种设备一样。[2]

在康帕内拉对这艘船的叙述中,他没有提到船长、舵手或者水手们,这艘船只是一个巨大的机械装置,它的动力由风扇、支杆、转轴、轮子和绳索等物件合力输出,与人无关,与人的性格或者美德更加无关。尤其值得注意的是,康帕内拉提到了小孩子和女人:那个提供动力的大风扇可以被小孩子用一只手举起来,而有些轮子简直就像女人的纺线设备。这可能意味着这艘船工艺精巧,无须复杂艰深的知识和德性就足以轻松驱动。在康帕内拉的想象中,这艘船正是从形形色色的"哲学理由"中挣脱出来的国家的最佳隐喻。国家——这艘巨大的机械装置——没有"性格的龙骨",无须多余的教导,甚至无须"船长"和"水手",仅仅凭靠自身的动力,就足以平稳地遨游大海。自己推动自己,一如那"思想着自己的思想"(thinking thinking itself),这在西方形而上学知识传统中,可是一种神一样的存在!

康帕内拉的政治想象得益于他对人类技艺的魔幻般的创造能力拥有的敏锐预见力,在这一点,他酷似《新工具》的作者培根,后者甚至长时间地把技艺(art)径直理解为魔术(magic)。一个世纪以后,当这种魔幻般的技艺被大胆地理解为对上帝的创世行动的模仿以后,国家及其理由的论证正式宣告完成。这,就是霍布斯的事业。在《利维坦》的"引言"里,霍布斯几乎是以先知的口吻断然宣告:

---

〔2〕〔意〕康帕内拉:《太阳城》,陈大维等译,商务印书馆1960年版,第142页。

……上帝用以创造和治理世界的技艺,也像在许多其他事物上一样,被人的技艺所模仿,从而能够制造出人造的动物……被称作“国民的整体”或者“国家”(civitas)的这个庞然大物“利维坦”就是凭借技艺而造的……它是一个“人造的人”,它比自然人身高力大,它以保护自然人为其目的……国民的安全是它的事业……(《利维坦》,引言)

和康帕内拉的船一样,霍布斯的“利维坦”也是一个巨大的机械装置,由“齿轮”、“发条”以及人造器官等部件构成,它没有灵魂,无法接受任何有关“德性”的教导,但它拥有超强的动力,足以胜任它本分的事业——国民的安全。

在“利维坦”中,“主权”是使整体得到生命和活动的“人造的灵魂”;官员和其他司法、行政人员是人造的“关节”;用以紧密连接最高主权职位并推动每一关节和成员执行其任务的“赏”和“罚”是“神经”,这同自然人身上的情况一样;一切个别成员的“资产”和“财富”是“实力”;人民的安全是它的“事业”;向它提供必要知识的顾问们是它的“记忆”;“公平”和“法律”是人造的“理智”和“意志”;“和睦”是它的“健康”;“动乱”是它的“疾病”,而“内战”是它的“死亡”。最后,用来把这个政治团体的各部分最初建立、联合和组织起来的“公约”和“盟约”也就是上帝在创世时所宣布的“命令”,那命令就是“我们要造人”。(《利维坦》,引言)

从霍布斯开始,国家的事业以及理由得到清晰的确认:不是“哲人”教导的德性,而是国民的安全(salus populi)。正是由于这个原因,霍布斯以拟定《利维坦》的副标题为契机,把亚里士多德的“四因理论”中的“目的因”毫不客气地予以删除——《利维坦》副标题是“论国家的质料、形式与动力”,其中没有“目的”。

没有遥不可及的“目的”,只有此时此刻的“安全”。这就是国家的理由。还能有什么别的理由呢?世人卑微一如蜉蝣,在渺茫宇宙一隅度过苦短一生,这正如在大海上,冥冥中的力量把几个陌生人投放到一艘颠簸的船上。这艘船没有目的口岸,因为无边的大海吞噬了所有陆地,而船上的人也将用一生的时间去做一件事情:在船上活着,直到老死。他们所祈求于这艘船的,也唯有一件事,那就是它要足够坚固和强大,能够保护他们,不至于命丧大海。其实,生命的保全,这正是被称为“国家”的这艘航船与万能的上帝签订的一项古老而神圣的契约:

上帝观看世界,见是败坏了;凡有血气的人,在地上都败坏了行为。上帝就对挪亚说:“……因为地上满了他们的强暴,我要把他们和陆地一并毁灭。你要用歌斐木造一只方舟……我要使洪水泛滥地上,毁灭天下……我却要与你立约,你同你的妻子,与儿子、儿妇,都要进入方舟……好在那里保全生命。”(《创世记》6:12—19)

霍布斯的国家构想在古代罗马法及其卓越的研习者博丹那里已经有过预示。博丹在论证其主权绝对权威的时候,曾经引用过公元2世纪罗马法学权威凯奇利乌斯(Sextus Caecilius Africano)的一个著名比喻:

主权性权威和绝对权力的精义就是不经臣民的同意,(君主)可以颁行对全体臣民适用的法律……主权君主必须将法律掌控于手中,并根据情势变更来改变和修正它们。正如法学家凯奇利乌斯所比喻的,君主就像一名船长,在等候旅客们的意见时,如果要使船不下沉,就应该审慎地将船掌握在自己手中,以决定其前进的航向。(博丹:《主权论》,李卫海、钱俊文译,北京大学出版社2008年版,第60—61页)

可以看到,柏拉图认为,国家这艘航船终归是要驶过凶险的大海,最后到达某一处美好乃至神圣的港湾,而霍布斯则认为,这艘船没有目的地,因为大海无涯,从来就不存在什么港湾。这就是某些"现代人"和某些"古代人"争吵的前提。

跋：灵泊里的婴儿

整群的亡灵像潮水一样涌向河滩……
他们痴情地把两臂伸向彼岸。
——维吉尔

“灵泊”一词是笔者生造，用来翻译但丁《地狱》中的 Limbo，取其浸满亡灵的水泊之意。灵泊其实是地狱的第一层，是一处点缀着青翠草坡、美丽小河的地方。但丁称之为 Limbo，意从拉丁语 Limbus，自然是取了阿刻隆河的青青草畔又或者九重地狱之最外缘的意思。在但丁的地狱里，灵泊是唯一一处没有惩罚、林青木秀的地方，它收留了一些非常特殊的亡灵。

《埃涅阿斯纪》第六卷也浓墨重彩地描绘过一处坐落在阿刻隆河畔的地方，也被维吉尔称作 Limbo——灵泊，其地理貌相没有但丁笔下的灵泊那样明丽清秀，而是略呈黯淡苍茫，有“哀伤的原野”(lugentes campi, VI. 41)之谓，不过，其中却也有广袤森林、通幽小径这样的别致风景(Hic, quos durus amor crudeli tabe peredit, secreti celant calles et myrtea circum silva tegit. VI. 42—44. Inter quas Phoenissa recens a volnere Dido errabat silva in magna. VI. 51)。

其实，在《埃涅阿斯纪》里，另有一处地界与“灵泊”两字最为契合，那就是与之遥遥相望的阿刻隆河对岸的一片水滩，所有亡者的灵魂都是在此处集结，然后再渡过阿刻隆河，之后才算真正进入地狱。维吉尔用以摹绘那片水滩的诗文模仿了荷马《伊利亚特》中“世代如落叶”的著名意象，是古典文学里一段摄人心魄的文字，杨周翰先生的译文也颇能传其神蕴：

> 整群的亡魂像潮水一样涌向河滩，有做母亲的，有身强力壮的男子，有壮心未已但已丧失了生命的英雄，有男童，有尚未婚配的少女，还有先于父母而死的青年，其数目之多恰似树林里随着秋天的初寒而飘落的树叶，又像岁寒时节的鸟群从远洋飞集到旱陆，它们飞渡大海，降落到风和日丽的大地。这些亡灵到了河滩就停下来，纷纷请求先渡过阿刻隆河，他们痴情地把两臂伸向彼岸。

> Huc omnis turba ad ripas effusa ruebat, matres atque viri, defunctaque corpora vita magnanimum heroum, pueri innuptaeque puellae, impositique rogis iuvenes ante ora parentum: quam multa in silvis autumni frigore primo lapsa cadunt folia, aut ad terram gurgite ab alto quam multae glomerantur aves, ubi frigidus annus trans pontum fugat, et terris immittit apricis. Stabant orantes primi transmittere cursum, tendebantque manus ripae ulterioris amore. (VI. 305—315)

在但丁的灵泊里，收留了一类特殊的亡灵，他们并没有犯罪，他们的“缺陷”仅仅是没有来得及受洗或者由于生在基督教以前的世代而没有机会受洗，所以他们不受惩罚，这也解释了为什么判官米诺斯被安排在了地狱第二层的入口。灵泊中的亡灵“在向往中生活而没有希望”，因此，“叹息”，而不是哀哭，静静地笼罩着灵泊。没有来得及受洗者大凡都是夭折的婴儿。婴儿是但丁灵泊里的主要居者，他们同样也居住在异教诗人维吉尔的灵泊里，不同的是，米诺斯出现在维吉尔的灵泊里，而埃涅阿斯听到的恰巧不是婴儿的叹息，而是哭泣：

> 立刻他们听到一片呼号的哭声，这是入口处一群哭泣着的

> 婴儿的灵魂发出来的,他们从来没有享受到生活的甜蜜,就被黑暗的天日从母亲的胸脯上夺走,淹没在痛苦的死亡里。(《神曲·地狱篇》第6卷第426—428行,杨周翰译本)

夭折或者早逝的确是一桩伤感的事情。罗马哲人普鲁塔克生有五个儿女,其中三个早逝,最小的女儿提谟克塞娜去世的时候还是个咿呀学语的幼童。在一封"给妻子的安慰信"里,开篇第一句,年迈的父亲悼惜亡女,款款深情忧然而现:

> 普鲁塔克向妻子问好:你派来通报女儿夭折的人在去雅典的路上与我错过了……

在古代罗马文学众多的"安慰文章"中,这封信是一篇非常特殊的典范:安慰自己的妻子,悼念自己的亡女。其特殊的地方还在于,普鲁塔克不仅用传统的斯多亚道德法则叮嘱妻子在悼亡中不要过度哀伤,而更在于他似乎尝试提出了一种品质奇异的哲学思考——其奇异的品质迫使我们想起与他时隔千载的但丁。

我们来看普鲁塔克的原文。他首先简短地否定了伊壁鸠鲁学派的观点,即对于"那已经消散的东西"来说,既不会遭受灾难,也不会承受痛苦。接着,普鲁塔克阐述了自己的思考:

> 我想,我们的灵魂是不朽的,但是若长期生长在肉体内,由于诸多身体的行为以及与身体的亲近,就逐渐被驯服地认同这种生活了,宛如一只笼子里的小鸟,它每次落下都重新进入肉体,在重生中总是一而再地卷入世间的悲喜祸福。别以为老年是因为那些皱纹、白发和衰弱的身躯而遭人辱骂指责;不,它最为令人痛心的错误乃是使灵魂不再能够鲜明地记住另一个世界,而是顽固地依附于此世,因为它在牢牢的执著中保持着身体强加给它的形状,受到它的扭曲和约束。而那些在被捕获后只在肉体中逗留片刻便被更高的力量解放的灵魂,就进入到它

> 源初的自然状态……因此,根据那位诗人,那些生活上乘的灵魂乃是注定在没有来得及产生对此世生活的爱恋、也没有来得及被肉体软化并与之糅合之前,“便很快就要通过阴间的大门的”(Theognis,427)。这些事情的真相倒是可以在我们古代祖先的习俗和仪轨中看到,因为我们不为夭折的婴儿举行祭酒仪式,也不举行任何活人应该为死者举行的其他仪式,因为这些婴儿尚未经历尘世和世俗之事;而在坟墓边或在灵堂举行葬礼时,婴儿也不许逗留,也不许他们守在亡者的身体旁边。法规禁止我们为婴儿哀悼,因为婴儿即将步入一个更加美好、更加神圣的领域。如果我们还为之哀悼,法律便会认为这是亵渎神灵。(据 Loeb Classical Library 版译)

普鲁塔克这段文字的奇异之处在于,其精神气质非常切近基督教,这在他那个时代的罗马文学界十分罕见!这段话很难不让读者联想到但丁神秘而略带哀伤的灵泊,后者亦有其奇异的地方,那就是其中的亡灵既不受地狱的酷刑惩罚,也无须去炼狱洗身净罪——“地狱”乃黑暗的绝望之地,“炼狱”则许诺至福荣光中的希望,而“灵泊”中的亡灵只是在轻轻的叹息中守着一片“只能驱散一半黑暗的火光”(un foco ch'emisperio di tenebre vincia)。罗马人不为夭折的婴儿举行祭酒仪式,并禁止哀悼,普鲁塔克从这古老的罗马律法中看到了一个奇异的立法理由,那就是那些早逝的婴儿的灵魂本就纯净无瑕,他们正走在一条通往“更加美好、更加神圣的领域”的道路上。这种令人激动的情形恰恰也发生在但丁的灵泊中,在那里,亡灵们不需要地狱和炼狱繁多的洁净仪式,因为他们已经在纯真和幸福之中,哪怕仅仅是简单微茫的幸福。

略显奇怪是,栖息在但丁的灵泊中,和婴儿的亡灵朝夕相伴的,还有古代希腊罗马世界的诗人、哲人和禀有德性的英雄们的亡灵,他们“既不悲哀、也不欢喜”(né trista né lieta),而是峨冠博带、面色肃然,一起轻声谈论着崇高的事物:

Genti v'eran con occhi tardi e gravi,
di grande autorità ne'lor sembianti:
parlavan rado, con voci soavi.

(Dante, *Inferno*, iv. 112—114)

后　　记

过去的三年，我和荏兮小朋友朝夕相处、形影不离，岁月宁静，也有些琐碎，倒是读闲书的好时光，其间陆续写了些读后感之类的文字，大都是残章断稿，用来打发光阴的，而与此同时，荏兮也渐渐长大了。

九月三日，荏兮甩开了我的手，欢呼雀跃着冲进了幼儿园大门，而我却是一个人回到静谧的书房，这是一处荏兮和我曾经共享的小天地，她常常把叮叮当当的玩具搬进来玩一个上午，或者把她的插图小人书塞到我的书架上，取出来再摆上去，有时候也会爬到书桌上摆弄一会儿积木、拼图什么的，甚至干脆骑到我脖子上，吵着玩“愤怒的小鸟”，或者，累了，就在旁边沙发上沉沉睡去。她就是这样在我的放任中自由自在地度过了人生中的最初三年……我记得古希腊有个诗人叫赫西俄德（Hesiod），写过一首很奇妙的诗，叫做《劳作与时日》，提到有个古老的“白银时代”，里面的人都是孩子，他们围着善良的父亲和母亲终日玩耍，一百年都长不大。——午后的阳光静静西晒的时候，我强烈地意识到，我们一起度过的“白银时代”就此结束了。

在随后的几天，我从那堆诞生在荏兮的小床边和欢语中的残章断稿堆里挑选了数十篇文稿，逐一编订修缮，结集成册，这本小书也就诞生了。我把全书细分了六个章节，皆冠以古希腊神祇的名字，其中前五位是缪斯女神中的五姐妹，最后一位是她们的母亲，她们分别掌管抒情诗、历史、天文、悲剧、史诗与回忆。我是一名大学教师和书斋里的学者,平日里讲的、读的、研究的,都是西洋文史学领域的老书,这一点可以从这本小书中反映出来。另外,我主要的研究方向是政治学,或政治哲学,所以,平常读书作文,会更多地留意其中的政治与道德含义,这本小书对这一点也有所反映。

赫西俄德对“白银时代”的刻画总让我奇怪地联想起法国风景画大师柯罗(Jean-Baptiste Camille Corot)1864 年的名作《摩特枫丹的回忆》(Souvenir de Mortefontaine),我觉得画家在这幅画里捕捉到了风的影像,它从画面右侧吹来,模糊了树叶、衣衫、容颜和记忆……我认为,这是时间和永恒的最好隐喻,好得令人心碎。——这也是这本小书的标题“在灵泊深处”的题中之义。像卢梭的“爱弥儿”一样,荏兮也要慢慢长大,在未来的日子里,她将学会识字,学会阅读,还将懂得回忆。——这虽然不是本书的全部意义,但却是最特别的意义。

这本小书中的部分章节曾刊发在《海国图志学刊》《上海文化》《艺术世界》《现代哲学》等刊物中,在此一并致谢。“海国图志书系”编委会以及该书系的主办方——上海世界观察研究院对我支持颇多。北京大学出版社的倪宇洁女士最终促成了此书出版。经济科学出版社的申明先生对此书多有厚爱,这得益于他的博雅修养,这让我感到无比欣慰。在本书成书过程中,我的北大校友毛晓秋女士无疑处于“动力因”的关键位置,聪慧和专注保证了她高度专业的执行力。

我的两位老师乐黛云和刘小枫对这本小书的成长问世多有支援,小枫老师甚至就标题择取、篇章布局等问题提出了专业的改善建议。很久以前,乐老师曾经认定我是一个“灵魂世界的漫游者”,令我感慨万千,也正是她把我交托给了刚刚从瑞士巴塞尔大学学成归国的小枫老师,从此开启了我的精神之旅,这段往事值得终生记取。我记得十九世纪法国政治家、浪漫派文学家夏多布里昂说过,自古以来存在着两类漫游者,一类像奥德修斯一样在海上漂泊,一类却像斯特拉波一样在陆地上摸索,他们的游记使古老的历史编纂成为可能。作为类比,“灵魂世界的漫游者”则使得对精神历史的考古成为可能,这部小书也许正是要立意写成这样一部游记,把它献给两位老师是再恰当不过了,因为他们是极容易被精神的秘密与魅力所诱惑的人。

林国华

2012 年 9 月 20 日初稿

2013 年 11 月 24 日补记于

Andover-Harvard Theological Library

图书在版编目(CIP)数据

在灵泊深处:西洋文史发微/林国华著.—北京:北京大学出版社,2014.1

(海国图志)

ISBN 978-7-301-23708-3

Ⅰ.①在…　Ⅱ.①林…　Ⅲ.①文史-研究-世界　Ⅳ.①C

中国版本图书馆 CIP 数据核字(2014)第 006735 号

书　　名:在灵泊深处:西洋文史发微

著作责任者:林国华　著

责 任 编 辑:倪宇洁

特 邀 编 辑:毛晓秋

标 准 书 号:ISBN 978-7-301-23708-3/D·3502

出 版 发 行:北京大学出版社

地　　址:北京市海淀区成府路 205 号　100871

网　　址:http://www.pup.cn

新 浪 微 博:@北京大学出版社

电 子 信 箱:ss@pup.pku.edu.cn

电　　话:邮购部 62752015　发行部 62750672
编辑部 62753121　出版部 62754962

印　刷　者:三河市博文印刷厂

经　销　者:新华书店

730 毫米×980 毫米　16 开本　22.5 印张　282 千字

2014 年 1 月第 1 版　2014 年 1 月第 1 次印刷

定　　价:42.00 元
